企业知识产权风险
标准化管理

中规（北京）认证有限公司 ◎ 编著

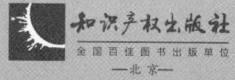

图书在版编目（CIP）数据

企业知识产权风险标准化管理/中规（北京）认证有限公司编著. —北京：知识产权出版社，2021.4
ISBN 978-7-5130-7446-9

Ⅰ.①企… Ⅱ.①中… Ⅲ.①企业—知识产权—管理—案例—中国 Ⅳ.①D923.405

中国版本图书馆 CIP 数据核字（2021）第 045911 号

内容提要

为解决创新型组织的知识产权风险管理盲区，本书借鉴 ISO 31000 及 GB/T 29490 实施经验，从创新型企业经营管理角度明确了知识产权风险管理的基础、原则与程序，总结出不同风险源的识别、防控与监测预警方式。

本书融合了对世界知识产权组织、最高人民法院发布的典型案例的分析，和知名企业桂林三金药业股份有限公司、三一集团、合肥美的电冰箱有限公司、林德（中国）叉车有限公司、陕西煤业化工集团神木天元化工有限公司、西安西电高压开关有限责任公司及同济大学上海国际知识产权学院的知识产权风险与标准化管理的思路/实践，可为知识产权从业者提供从理论到实务的参考。

责任编辑：安耀东　　　　　　　　　责任印制：刘译文

企业知识产权风险标准化管理
QIYE ZHISHI CHANQUAN FENGXIAN BIAOZHUNHUA GUANLI

中规（北京）认证有限公司　编著

出版发行：	知识产权出版社有限责任公司	网　址：	http://www.ipph.cn
电　话：	010-82004826		http://www.laichushu.com
社　址：	北京市海淀区气象路 50 号院	邮　编：	100081
责编电话：	010-82000860 转 8534	责编邮箱：	anyaodong@cnipr.com
发行电话：	010-82000860 转 8101	发行传真：	010-82000893
印　刷：	三河市国英印务有限公司	经　销：	各大网上书店、新华书店及相关专业书店
开　本：	720mm×1000mm　1/16	印　张：	15.5
版　次：	2021 年 4 月第 1 版	印　次：	2021 年 4 月第 1 次印刷
字　数：	238 千字	定　价：	78.00 元

ISBN 978-7-5130-7446-9

出版权专有　侵权必究
如有印装质量问题，本社负责调换。

编辑委员会

主　　　编：徐媛媛
副　主　编：郭　亮　马　圆　彭　娟
执行副主编：彭　娟
委　　　员：陈　彤　马一然　彭　娟　王大方　高松筠
　　　　　　郑　聪　陈文财　陈路长　张世国　柯家昌
　　　　　　赵　宁　康　鹏　徐　明
审　　　稿：陈　彤　高松筠　王大方　彭　娟
统　　　校：高　淼

前　言

我国正处于科技创新发展战略转型的关键机遇期，机遇与挑战并存。知识产权作为科技创新成果的重要保护手段，已成为影响企业生存与发展的重大风险源。如何有效监测、合理防控知识产权风险已成为当前强国强企的首要任务。

企业面临哪些知识产权风险？应如何实施管理？是否有前车之鉴？本书将以海量案例分析，结合国际标准化管理理论及实务经验总结，为更多科创型企业在知识产权风险管理之路上提供指引；通过全面防控企业经营各环节的知识产权风险，为创新与发展护航。

本书分为理论基础、案例分析、名企经验三大部分。

第1、2章为理论基础篇。第1章主要对风险与知识产权的基本概念、特性、类型等进行介绍，并将风险与知识产权二者的特性相结合，分析知识产权风险的类型、成因、后果及其管理的要求。第2章主要对知识产权风险管理标准、原则、方法与流程进行介绍，包括对 ISO 31000 系列国际标准的解读、知识产权风险管理过程指引及阐释，并附案例加以说明。

第3、4章为案例分析篇。第3章从企业管理实务案例出发，全面排查研发、采购、销售、市场营销、企业 IPO、合作创新、知识产权运营、人力资源和基础资源管理、产业联盟及标准化组织等涉及的知识产权风险源，依次分解并总结提炼风险监测与防控指南。第4章从 WIPO/最高院案例出发，依次分析商标、专利、著作权、商业秘密、不正当竞争等知识产权典型风险源类型，总结风险监测指标、预警应对经验及司法裁判动向。

第5章为名企实务经验篇，从企业管理层、业务部门等角度，对知识产权风险管理体系在企业中的应用及实施的效果进行分析。

本书特邀桂林三金药业股份有限公司、三一集团、合肥美的电冰箱有限公司等企业的知识产权管理人员，从企业管理层、业务及知识产权管理职能部门等多角度出发，总结知识产权风险防控体系建设及风险管理实务经验。期望以智能家电、清洁新能源、电子电力、医药、机械重工、互联网新媒体等重大科技产业的知名企业风险管理经验为蓝本，能为广大科技企业提供有力参考。

实践是检验真理的唯一标准。全书从理论基础到实务案例、指标分析、名企经验总结，完成过程实属不易。很荣幸本书最终能够作为国家社科基金重大项目"国家重大科技产业项目知识产权安全风险监测预警与防控体系研究"配套书目出版。在此，本书编委会对参与本书编著的各位作者的辛苦付出及合作单位的鼎力支持表示衷心的感谢；同时，要特别致谢朱雪忠教授，让本书有幸参与到其作为首席专家的国家社科基金重大项目中。

欢迎读者对本书提出宝贵意见。

目 录

第1章 知识产权风险 1
  1.1 风险 1
  1.2 知识产权 5
  1.3 知识产权风险 8

第2章 知识产权风险管理 13
  2.1 知识产权风险管理标准 13
  2.2 知识产权风险管理原则 16
  2.3 知识产权风险管理方法与流程 27

第3章 企业知识产权风险源监测与防控实务 34
  3.1 人力资源管理中的知识产权风险及防控 34
  3.2 基础资源管理中的知识产权风险及防控 45
  3.3 研发中的知识产权风险及防控 52
  3.4 采购中的知识产权风险及防控 57
  3.5 销售中的知识产权风险及防控 62
  3.6 市场营销中的知识产权风险及防控 68
  3.7 企业IPO上市中的知识产权风险及防控 72
  3.8 合作创新中的知识产权风险及防控 77
  3.9 知识产权运营活动中的风险及防控 80
  3.10 产业联盟、标准化组织的知识产权风险及防控 87

第4章 WIPO/最高院典型 IP 案例及风险指标体系 ... 90

- 4.1 专利篇：风险指标体系（含案例分析） ... 92
- 4.2 商标篇：风险指标体系（含案例分析） ... 105
- 4.3 著作权篇：风险指标体系（含案例分析） ... 126
- 4.4 反垄断、不正当竞争篇：风险指标体系（含案例分析） ... 137
- 4.5 植物新品种篇：风险指标体系（含案例分析） ... 153
- 4.6 集成电路布图设计篇：风险指标体系（含案例分析） ... 158
- 4.7 知识产权刑事篇：风险指标体系（含案例分析） ... 162
- 4.8 知识产权风险指标案例篇小结 ... 165

第5章 名企知识产权风险管理实务指南 ... 167

- 5.1 基于实务经验浅谈桂林三金药业股份有限公司中成药知识产权保护策略 ... 167
- 5.2 三一集团知识产权风险管理实务 ... 178
- 5.3 合肥美的电冰箱有限公司知识产权风险防控与管理经验谈 ... 184
- 5.4 林德（中国）叉车有限公司知识产权风险识别与防控 ... 191
- 5.5 陕西煤业化工集团神木天元化工有限公司商业秘密风险管理体系的构建与实施 ... 198
- 5.6 西安西电高压开关有限责任公司新产品开发管理的工具方法在企业专利风险防控中的应用 ... 207
- 5.7 开源软件限制许可声明的法律风险及防控 ... 226

第1章 知识产权风险

陈 彤 马一然

作者简介

陈彤,中规学院讲师,标准化工程师,企业标准化良好行为评价专家。曾任全国专业标准化技术委员会秘书,从事标委会管理、国际标准化、行业标准化和企业标准化工作多年。

马一然,毕业于中国计量大学标准化工程专业。在标准化理论、标准知识管理与服务、标准文献、标准化知识传播方面有较为深入的研究。

1.1 风险

1.1.1 风险的概念

关于风险的概念说法不一,例如风险是导致损失的危险、风险是结果与期望的偏离、风险是损失发生的可能性、风险是结果的不确定性等等。风险和不确定性有关,如果某一事件发生的可能性有两种或两种以上,则认为该事件存在风险。风险有一种较为普遍接受的含义,即风险是指某种特定的危险事件发生的可能性与其产生的后果的组合。

国际标准化组织(International Organization for Standardization, ISO)在其标准 ISO 31000:2018《风险管理指南》中将风险定义为"不确定性对

目标的影响"。并且进一步通过注释说明：影响是与预期的偏差，它可以是积极的、消极的或二者兼而有之；目标可以有不同的方面和类别，并且可以应用于不同层面；风险通常以风险源、潜在事件、后果及其可能性来表示。

1.1.2 风险三要素

风险三要素包括风险因素、风险事件和风险损失。风险的产生、发展和结果由三要素共同决定。

1.1.2.1 风险因素

风险因素，指能够引发或者增加风险事件发生的可能性或所导致损失的严重性的因素，是发生事故的潜在条件。风险因素又可分为有形因素和无形因素。

（1）有形因素，指具有实际形态且能够影响事物的物理因素，是增加风险的发生可能性或增加损失严重性的直接条件，又称为实质因素。例如，家电产品质量不合格、飞机发动机故障等。对于有形风险因素，某些可以在一定程度上予以控制，某些受技术条件的限制暂时无法解决。

（2）无形因素，指与人的心理或行为有关的风险因素，又包括心理因素和道德因素。心理因素是与人的心理状态有关的各种表现，即因为人的过失、疏忽或在主观上心存侥幸，不关心、不在意、从而增加了风险，例如违章操作，下班忘记关掉机器等。道德因素是指个人怀有犯罪企图、欺诈或恶意，造成或增加损失机会的情形。例如投保后故意纵火损坏自己的财物以骗取保险赔偿。道德因素强调人们的恶意行为或故意行为所造成的损失。

1.1.2.2 风险事件

风险事件又称为风险事故，是造成风险损失的直接原因，其为各种风险因素综合发挥作用后产生的结果。风险事件促使风险因素从可能性变为现实性。风险事件的发生具有一定的概率。例如某工厂车间因火灾受损，车间电路老化，可燃物堆放，消防器材不足等都是风险因素，但调查发现有人在车间抽烟,乱丢烟头点燃了油料,是火灾发生的直接原因,因而该次损失的风险事件应该是在车间抽烟并乱丢烟头。由此可见风险事件有别于风险因素,两者在风险损失形成中所起的作用不同。同一个事件,如果是造成损失的直接原因,则为风险事件;如果是造成损失的间接原因,则为风险因素。例如在冰雹天气时,假如冰雹直接导致人身伤害,冰雹就是风险事件;假如冰雹使得开车人视线受阻,发生车祸导致路人伤亡,此时车祸是风险事件,冰雹则为风险因素。

1.1.2.3 风险损失

风险损失是指无意的和预期外的利益减少。风险损失有两种形式:一种为直接损失,包括财产、收入或费用等的受损。第二种是间接损失,包括企业形象、商业信誉、业务关系、社会利益等的受损,以及其他由直接损失引起的次生损失。风险指发生损失的可能性,损失是实际发生的财产或人身的损坏,伤害或灭失。风险转换为现实后才可能造成风险损失。

风险因素、风险事件和风险损失三要素的关系为原因和结果的关系,即风险因素引发风险事件,风险事件导致风险损失。风险因素是风险损失发生的间接和内在原因,风险事件是风险损失发生的直接和外在原因。三要素三位一体构成了风险发生的全部过程。风险三要素是风险识别、风险分析和风险应对的基础。

1.1.3 风险的类型

风险的种类繁多,依据不同的标准,可以将风险划分为不同的类型。各类型的风险,其在原因、形式及损失程度等方面都具有各自的特点。因此风险类型的划分,有助于更好地识别、度量及控制风险。

1.1.3.1 按照风险产生的原因

(1) 自然风险,是指自然现象或自然力不规则运动引起的风险,如洪水、暴风、雷击、地震等可能造成人员伤亡和物质损毁。

(2) 社会风险,是指个人或群体行为异常所引发的风险,如罢工、抢劫、盗窃、战争、玩忽职守等可能造成各种损失。

（3）经济风险，是指企业由于经营管理不善或市场变动导致的风险，如市场预测失误造成企业经济损失、通货膨胀而引起物价上涨等。

（4）技术风险，是指科学技术的进步带来的负面因素引起的风险，如核燃料泄漏可能造成巨大的损失。

1.1.3.2 按照风险的性质

（1）静态风险，或称纯粹风险。静态风险的产生与自然力的破坏或人们的行为失误有关。静态风险只存在损失而无获利的可能，是纯粹的损失风险。静态风险的变化有一定规律，大数法则可以被用来预测静态风险的概率。风险管理主要针对的就是静态风险。

（2）动态风险，或称投机风险。动态风险是指盈亏可能并存的风险。譬如证券价格的波动既可能给投资者带来损失，也可能带来盈利。动态风险一般和政治、经济、社会、技术的变化紧密相连，远比静态风险复杂，它呈不规则变化，因而大数法则难以预测。

1.1.3.3 按照风险的可控程度

（1）可控风险，是指人为因素引起的、在一定程度上可以控制或部分控制的风险。这种风险的运行规律，人们已有较多的了解并能较好地掌握，或随着科学技术的进步，人们找到了相应有效的预测和控制方法。

（2）不可控风险，是指人们仅靠自身力量无法左右和控制的风险。这种风险的运行规律，人们没有较多的了解和掌握，难以抵御及防范。

1.1.3.4 按照被保护的标的

（1）财产风险，是指财产毁损或贬值的风险，如建筑、汽车等有形资产和品牌、企业形象等无形资产因天灾人祸而遭受损失。

（2）人身风险，是指疾病或意外事故等对人的健康或寿命带来损失。

（3）责任风险，是指由于行为违背法律、合同或道义上的规定，给他人造成人身伤害或财产损失，加害方必须承担的法律上的损害赔偿责任，如产品质量问题，雇主责任问题。

(4) 信用风险，是指在经济交往中，一方当事人因种种原因，不愿或无力履行合同条件而构成违约，使其他当事人受到经济损失的可能性。例如进口商不接收货物，银行和出口商可能受到损失。

1.1.3.5　按照经营管理的内容

按照经济主体经营管理的内容，可分为战略决策风险、新产品开发风险、营销风险、投资风险、组织风险、财务风险、人力资源风险、知识产权风险等。

1.2　知识产权

1.2.1　知识产权的概念

知识产权概括来讲是权利人对创造性的智力成果依法享有的专有权利，也称智力成果权。知识产权的英文为"Intellectual Property Right"，其原意为"知识财产所有权"，在我国台湾地区，则被译为"智慧财产权"。知识产权的类别较多，有的类别上溯久远，但作为统称，知识产权一词最早于17世纪中期由法国学者卡普佐夫提出，后为比利时法学家皮卡第所发展，皮卡第将知识产权定义为"一切来自知识活动的权利"。《成立世界知识产权组织公约》1967年签订后，知识产权一词才得到世界上大多数国家和国际组织的认可，得到广泛的使用，并且还扩展覆盖了一些工商经营活动的成果。

目前世界上没有关于知识产权的统一定义，在此列出以下几种。

《成立世界知识产权组织公约》第2条8款："知识产权包括下列有关的产权：文学、艺术和科学著作或作品；表演艺术家的演出、唱片或录音片或广播；人类经过努力在各个领域的发明；科学发现；工业品外观设计；商标、服务标志和商号名称及标识；以及所有其他在工业、科学、文学或艺术领域中的智能活动产生的产权。"

《与贸易有关的知识产权协定》（Agreement on Trade–Related Aspects

of Intellectual Property Rights，TRIPS）第一部分第1条："本协定所保护的知识产权是指该协定第二部分第1节至第7节中所列举的著作权与邻接权、商标权、地理标志权、外观设计权、专利权、集成电路布图设计权、商业秘密权。"

《中华法学大词典：民法学卷》对知识产权的定义："知识产权是指法律赋予知识产品所有人对其智力创造成果所享有的某种专有权利"。

我国 GB/T 21374—2008 国家标准《知识产权文献与信息基本词汇》对知识产权的定义："知识产权：在科学技术、文学艺术等领域中，发明者、创造者等对自己的创造性劳动成果依法享有的专有权，其范围包括商标、专利、著作权及相关权、集成电路布图设计、地理标志、植物新品种、传统知识、商业秘密、遗传资源以及民间文艺等"。

这些定义对知识产权的范围既有列举式也有概括式。从中可以看出，知识产权是基于创造性智力成果和工商业标记所依法产生的权利的统称。不同类型的知识产权如专利权、商标权、著作权等有共性也有各自的特点。在不同历史阶段的不同国家，受政治、经济、科技、文化等因素的影响，知识产权的范围也有所差异。随着科学技术的进步，人类智力成果受到法律保护的对象日益增多，如特定的声音标记、互联网域名、手机界面等，知识产权的领域还在扩大，因此知识产权是一个发展中的概念。

在法律上知识产权是一种私权。私权是相对于公权而存在的概念，其指的是私人（自然人、法人和其他组织）享有的法律赋予的民事权利。知识产权是特定人享有的私权，而非所有人共同享有的公权。

1.2.2 知识产权的特性

1.2.2.1 无形性

知识产权的客体智力成果，是一种无形的精神财产，权利人依法享有的知识产权不是针对个别的有形产品或设计本身，而是针对凝结于其中的非物质形态的创造性劳动。虽然知识产权是通过一定的客观形式表现出来的，但知识产权的物化载体是传统的财产所有权，而不是知识产权本身。知识产权的无形性决定了其不会发生有形的占有和损耗。例如有人购买了一件专利产品，其占有的只是有形的产品，而非蕴含在产品中的专利。再如，一本书给不同的出版社多次再版，印刷很多册，权利人的著作权也不会发生任何的有形损耗。然而由于知识产权的无形性，权利人自己也缺乏有形的占有，所以侵犯知识产权的情形容易发生而不易发觉。

1.2.2.2 专有性

专有性即独占性或垄断性，除非权利人同意或者法律另有规定，权利人之外的任何其他人不得享有或者使用该项权利；对于相同的智力成果或工商标记，不得有两个或两个以上同一性质的知识产权同时存在。这表明权利人独占或垄断的专有权受到严格保护，不受他人侵犯。作为绝对权，知识产权的效力及于一切人而非特定人，即任何人均不得妨害权利人行使其知识产权。权利人对其知识产权的权利无须通过实施一定的行为另行实现，就可以对抗不特定人。

1.2.2.3 地域性

知识产权的专有性在空间上有限制，即只在所确权和保护的地域内有效。知识产权依法享有，而不同国家的法律不同，司法主体不同，体现了一种主权思想。除签有国际公约或双边协定外，一国或拥有独立司法权的地区的法律所保护的某项知识产权，仅在该国或该地区的范围内发生法律效力，其他国家对这种权利不会自动保护。

1.2.2.4 时间性

知识产权的专有性在时间上也有限制，也即法律对知识产权的保护具有一定的期限。不同国家的各类知识产权的保护期限可能相同，也可能不同。知识产权只在法律规定的有效期内受到保护，一旦超过该期限这一权利就自行灭失，相关知识产权则成为整个社会的共同财富。知识产权的时间性，是既要注重保护智力成果创造者的合法利益，又要有利于促进科学文化发展和传播。

1.3 知识产权风险

1.3.1 概述

知识产权风险系指组织的专利、商标、著作权、商业秘密等知识资产流失、被非法占有、遭受侵权纠纷导致费用、损失或损害的可能性。作为一种资产，知识产权自身有保值增值的要求，而在知识产权从确权到丧失的生命周期中，与之相关的活动始终伴随着企业的生产、经营、管理和服务过程，知识产权风险始终存在。当前企业之间在产品和技术上的竞争愈发激烈，除了自行研发，企业往往还会选择合作研究、引进技术、OEM加工等方式来增加自我发展的动力。这些协作关系让知识产权交易、合作、质押等活动已成为企业常见的经营行为。专利、商标、商业秘密、著作权等知识产权已属企业利益争夺的焦点，成为市场博弈的矛头和盾牌，知识产权纠纷时常见诸报道。随着商业活动的加强，市场上还出现专门运营知识产权的非执行实体NPE，专门发起专利诉讼。由此可见，知识产权风险日益增加。

按不同的标准，可以对知识产权风险进行不同的分类。按企业在风险中所处的位置，可分为侵权风险和被侵权风险。侵权风险指企业的生产经营活动涉嫌侵犯他人的知识产权而可能使企业遭受损失。被侵权风险指企业因其知识产权被他人侵害或与他人发生知识产权纠纷而可能遭受损失。依据知识产权风险的性质，可将其分为技术风险、法律风险和市场风险。技术风险系指单纯由于技术原因导致知识产权的损失，例如专利权利的不稳定、商业秘密保护无效、技术进步导致原技术的贬值等。法律风险指的是知识产权的风险已涉及与他人的纠纷等风险，需要法律介入。市场风险指由于市场环境、市场竞争带来的知识产权受损的风险，例如知识产权宏观政策的调整，国家间围绕知识产权的谈判等。按知识产权管理工作内容，可分为创造风险、运用风险、管理风险和保护风险。按知识产权的类型，又可分为专利风险、商标风险、著作权风险、商业秘密风险等。按生产经营阶段，又可分为研发阶段的风险、采购阶段的风险、生产阶段的风险和营销阶段的风险。各种的分类，只是为了从不同角度认识知识产权风险，并不能囊括所有的风险。具体某一风险的发生，可以同时属于不同的类型，也包含了更细节的风险因素。

1.3.2 不同类型知识产权的风险

专利权风险既包括专利作为一种独占权利所面临的特有的风险，也涵盖了专利作为一种财产权所面临的普遍的风险，大致可以分为：①权利风险，如无法通过法定程序获得专利权风险、专利许可权滥用风险、专利申请权争议风险、被侵犯专利权的风险、被竞争对手提起专利侵权诉讼的风险、专利转让纠纷风险等；②技术和管理风险，如未能有效开发和实施专利的风险、管理不善导致专利失效的风险等；③资本风险，如专利投资风险、专利融资还款风险、专利许可费用风险等。

商标权风险包括商标申请风险和商标使用风险。商标申请风险包括：①商标未注册或被他人抢先注册；②申请类别不全、重点类别保护力度不够；③申请的标识不全面，如实际使用中英文标识，仅申请中文商标，商号未申请；④申请地域不全，未对目标市场全面布局。

商标使用方面的风险包括：①商标侵权或被侵权；②侵犯他人驰名商标；③侵犯他人在先权利；④对商品或服务类别越权使用或许可他人使用；⑤商标变形、分拆等不规范使用等。

著作权风险主要为未经他人同意、擅自使用他人具有著作权的作品而导致的损失，侵权或被侵权都有可能。著作权风险包括：①权属确定风险，例如职务作品、委外创作、版权商；②作品素材侵权风险，例如使用的文字和图片的最终来源；③互联网信息网络传播权侵权；④许可使用和转让风险，著作权下的经济权有很多种，例如复制权、发行权、表演权、翻译权等，而许可也有期限和范围等，具体许可和使用中不可越权。

商业秘密风险主要分为泄露风险和侵权风险。泄露风险包括：①被他人盗窃、以间谍或黑客手段窃取；②内部员工被收买；③对外宣传、合作过程中泄露；④员工离职带走。侵权风险则与泄露风险相对应。此外商业秘密的价值也具有动态性、不确定性的风险。

地理标志权风险主要包括：①价值不确定性风险，地理标志对企业能带来多少的利益，一个地理标志背后有许多的厂商，好厂商的质量信誉可能受到差厂商的影响；②使用风险，地理标志与其他注册商标、集体商标、证明商标或其他知名的商业标识相冲突，导致专用权权属纠纷。

集成电路布图设计权风险主要包括：①权利的真实性和有效性风险，例如布图设计在世界任何地方首次商业利用之日起2年未申请的，无法取得专用权；②反向工程风险，集成电路布图设计允许反向工程破解，只要再设计具有独创性；③独立性风险，集成电路多为产品的一个组件，应考虑分散的布图设计和整体技术的关系。

植物新品种权风险主要包括：①权利稳定性风险，品种权必须具有新颖性、特异性、一致性和稳定性，否则很容易在后期被无效；②繁殖材料来源风险，任何单位和个人未经权利人许可，不得为商业目的生产或销售该授权品种的繁殖材料；③品种名称与其他人商标、商号的冲突风险；④反垄断监管风险，新植物品种的生产销售容易造成垄断，而受到监管机构的反垄断调查。

1.3.3 生产经营各阶段的知识产权风险

研发阶段的风险包括：①在研发立项环节，未全面和准确地检索现有技术，导致重复研发、时间和费用的浪费及自主开发的成果无法使用的风险；②研发完成后，未对研发成果进行有效保护，导致研发成果被他人剽窃、自身被他人授权专利限制使用的风险；③产学研合作中，未明确合作成果的知识产权归属，造成各当事人之间出现知识产权纠纷的风险。

采购阶段的风险包括：①采购了侵犯他人知识产权的原材料、零部件、办公软件等；②引进涉及他人知识产权的技术；③采购阶段未约定知识产权责任的承担等。

生产阶段的风险包括：①将采购阶段的风险代入生产阶段的风险；②委托他人制造时未明确规定研发所获的知识产权的归属、保密和使用，从而引起的知识产权纠纷；③对于上游或下游单位未明确规定知识产权归属以及保密责任，造成企业知识产权流失的风险。

营销阶段的风险指在市场推广、产品销售活动期间涉及的产品商标、广告语、设计方案、使用的图片等均可能引发侵犯他人知识产权的风险。

1.3.4 知识产权风险的成因和后果

与知识产权风险的分类一样，知识产权风险产生的原因也涉及多种因素，可以从知识产权的环境、权利人的行为和侵权人的行为三个维度来考虑。

（1）环境方面。某些法律法规的规定尚比较模糊，生活中知识产权维权意识不强，部分地区的地方保护主义，违法成本不高，市场不公平竞争，新出现的知识产权类型和网络发展带来保护的困难等。

（2）权利人方面。权利人缺乏必要的知识产权法律知识、申请知识产权的意识不强、日常维权工作不到位，目标市场和竞争对手了解不足，生产经营环节控制不严，权利人的侥幸或疏忽行为等。

（3）侵权人方面。侵权人知识产权法律知识欠缺，目标市场和竞争对手了解不足，生产经营环节控制不严，侵权人的侥幸、疏忽或故意行为等。从企业知识产权管理实践的角度，导致风险的因素也有很多，例如：企业现有知识产权管理混乱，保护不力；缺乏专有技术和商业秘密内部保护机制，导致无形资产流失；未能根据市场优势和商业价值定位核心技术，区分知识产权保护的重点；缺乏对同行业竞争对手核心技术、知识产权状况及相关法律政策的实时监控，因此失去了商机。不了解海外知识产权的保护规则，甚至遭遇诉讼。这些原因所带来的知识产权风险将制约企业的发展，甚至破坏企业苦心经营的成果。知识产权风险可能给企业造成巨大的损失。

案例：

某泰股份诉某德公司侵犯专利权纠纷案中，温州中院一审判决某德公司赔偿某泰股份各项经济损失3.34亿元。后经浙江省高级人民法院调解，涉案双方于2009年4月在该案的二审阶段达成和解，某德公司向某泰股份支付补偿金1.575亿元。案例2：2016年6月，某为将某星起诉至泉州中院，诉称包括某星最新款 Galaxy S7 在内的共计 16 款某星手机产品涉嫌专利侵权，并索赔 8050 万元（含合理支出费用 50 万元）。2017 年 12 月，福建省高院经审理做出二审终审判决，驳回某星上诉请求，某星须支付某为 8050 万元侵权赔偿额，同时，按照法院判决停产、停售共计 23 款某星手机。某星不仅在经济上遭受损失，在中国市场的占有率也受到重创，持续下滑，到 2019 年年底，某星关闭了其在惠州的最后一家手机工厂，某星在中国智能手机市场的份额已从 2013 年的 15% 降至不足 1%。

  商场如战场，如今知识产权已成为企业能够在异常激烈的市场竞争中决胜的法宝。然而知识产权风险巨大，知识产权纠纷的处理，尤其是诉讼处理，程序复杂，周期长，人力财力消耗大，甚至影响企业的发展。因此企业应当加强知识产权风险管理，建立预警机制，主动防御知识产权风险。企业应建立并不断完善知识产权管理体系，积极采取挖掘、布局、导航、预警等有效手段，防范和管控知识产权风险，保障企业的创新成果，更好地助力企业开拓国际国内市场，促进企业不断创新、发展、再创新、再发展。无数案例已证明企业应当重视知识产权风险，力争在全球竞争中立于不败之地。知识产权风险管理，将为企业在形成核心竞争力中提供重要支撑和保障。

第 2 章 知识产权风险管理

彭 娟 王大方

作者简介

彭娟，知识产权师，司法鉴定人，两化融合评定员，中国认证认可协会 IPMS 注册审核员教师，国家知识产权运营公共服务平台专家库专家。已出版专著三本，参编国家级培训教材两本。

王大方，北京理工大学硕士，标准化工程师，标准化良好行为评价专家。从事专业标准化管理和公共安全标准化领域的研究，对风险管理有独特的理解。

2.1 知识产权风险管理标准

2.1.1 国际标准：ISO 31000 系列风险管理指南

2.1.1.1 ISO 31000

国际标准化组织（International Organization for Standardization 或 International Standards Organization，ISO）是由各国标准化组织组成的世界性的联合会，成立于 1947 年 2 月 23 日。截至 2020 年初，ISO 风险管理标准族已发布 5 项标准：ISO Guide 73：2009 风险管理词汇；ISO 31000：2018 风险管理指南；ISO 31010：2019 风险管理——风险评估技术；ISO/TR 31004：

2013 风险管理——ISO 31000 实施指南；IWA31：2020 风险管理——在管理系统中使用 ISO 31000 准则。

从上述标准名称可以看出，各标准的定位和功能是不同的。其中，ISO Guide 73：2009 风险管理词汇排名第一，该标准提供了与风险管理相关通用术语的定义；ISO 31000：2018 是风险管理管理标准族的核心，明确了风险管理的原则、框架和流程；ISO 31010：2019 侧重于风险评估方法与技术，是标准用户使用 ISO 31000：2018 的技术补充；ISO 31004 是风险管理框架和过程实施的指南。对于组织开展风险管理工作，不仅提供了统一的语言，而且提供了完整的解决方法。

2.1.1.2　ISO 31000：2018

标准提供了组织管理面临风险的指南和管理任何类型风险的通用方法，标准可用于组织的整个生命周期，可应用于任何活动，包括各层级决策。ISO 31000：2018 主要内容包括风险管理原则、风险管理框架和风险管理过程三个部分。风险管理的目的是创造和保护价值，围绕着创造和保护价值，风险管理共有 8 项原则：

（1）整合的。风险管理是所有组织活动的组成部分。

（2）结构化和全面性。风险管理的结构化和综合性方法有助于获得一致的可比较的结果。

（3）定制化。风险管理框架和过程是根据与组织目标相关的内外部环境来制定的，并与内外部环境有密切关联。

（4）包容性。风险管理需要考虑利益相关方的适当和及时的参与，融入他们的知识、观点和看法，增强风险意识。

（5）动态性。风险会随着内外部环境的变化而变化，风险管理应以适当和及时的方式预测、监督、掌握和响应这些变化和事件。

（6）最佳可用信息。风险管理的输入是基于历史和当前信息以及未来的预期。风险管理应明确考虑到与这些信息和期望相关的任何限制和不确定性。信息应及时、清晰地提供给利益相关方。

（7）人员及文化因素。人员行为和文化影响着各阶级风险管理的各个方面。

（8）持续改进。通过学习和积累经验，不断提高风险管理水平。

ISO 31000：2018 风险管理框架的目的是协助组织将风险管理整合到重要的活动和职能中。风险管理的有效性取决于是否被纳入组织的治理和决策中。这需要利益相关方，特别是最高管理者的支持。该框架包括整个组织对于风险管理的整合、设计、实施、评价和改进风险管理。

风险管理流程涉及系统地将政策、程序和实践应用于沟通和咨询活动，建立环境和评估、应对、监督、审查、记录和报告风险。

2.1.2 国内标准

2.1.2.1 GB/T 29490—2013

GB/T 29490—2013《企业知识产权管理规范》由国家知识产权局和中国标准化研究院共同起草，于2013年发布实施。该标准提供了基于过程方法的企业知识产权管理模型，指导企业对知识产权管理体系策划、实施、检查和改进，明确了企业知识产权管理的三个指导原则：一是战略导向，统一部署经济发展、科技创新与知识产权战略，使三者相互支撑，互相促进；二是领导重视，最高管理者的支持和参与是知识产权管理的关键，最高管理者应全面负责知识产权管理；三是全员参与，知识产权涉及企业所有业务领域和业务环节，应充分发挥全体员工的创造力和积极性。并规定了知识产权管理体系的策划、实施、检查和改进的要求。适用于需要建立知识产权管理体系、运行并持续改进知识产权管理体系或寻求外部组织对其知识产权管理体系的评价的企业。事业单位、社会团体等其他组织可以参照标准相关要求执行。

该标准一共有九章，主要内容有知识产权管理体系、管理职责、资源管理、基础管理、实施和运行、审核和改进。

2.1.2.2 GB/T 33250—2016

GB/T 33250—2016《科研组织知识产权管理规范》由中国科学院、国家知识产权局和中国标准化研究院共同起草。标准指导科研组织依据法律法规，基于科研组织的职责定位与发展目标，制定并实施知识产权战略。通过实施 GB/T 33250—2016《科研组织知识产权管理规范》标准，科研组织可以实现全过程的知识产权管理，增强科研组织技术创新能力，提升知识产权质量和效益，促进知识产权的价值实现。

该标准分为十一章，主要有总体要求、基础管理、组织管理、知识产权应用、科研项目管理、资源保障、知识产权保护、检查和改进。

2.1.2.3　GB/T 33251—2016

GB/T 33251—2016《高等学校知识产权管理规范》由国家知识产权局、教育部和中国标准化研究院共同起草。标准规定了高等学校知识产权的组织管理、文件管理、资源管理、获取、运用、保护、检查和改进等要求。

高校是科技创新的重要主体，知识产权管理是高校创新管理的基础性工作，也是高校科技成果转化的关键环节。制定和实施高校知识产权管理标准，对于激发高校创新活力、增强高校创新能力具有重要意义。标准指导高等学校依据法律法规，基于自身状况和发展战略，将知识产权有效地融合到高等学校的科学研究、社会服务、人才培养、文化传承创新中，制定并实施知识产权战略。高等学校根据自身发展需求、创新方向及特点等，在实施过程中可对本标准的内容进行适应性调整，建立切实可行的知识产权管理制度。通过此标准的实施，可以实现全过程的知识产权管理，提高科技创新能力，促进科技创新成果的价值实现。

该标准分为十章，主要内容有组织管理、文件管理、资源管理、知识产权获取、运用、保护以及检查和改进。

2.2　知识产权风险管理原则

2.2.1　ISO 310000 风险管理原则

ISO 31000《风险管理指南》提供了组织管理面临的风险的指南。这些指南的应用可以针对任何组织及其背景环境进行定制。同时，ISO 31000《风险管理指南》还提供了管理任何类型风险的通用方法（并非行业或某一领域特定的），可用于组织的整个生命周期，可应用于任何活动，包括各层级决策。

知识产权风险管理，作为组织管理（尤其是创新型组织）可能面临的典型风险之一，贯穿于组织整个生命周期，涉及各行业各领域的组织各层级的风险决策。因此，知识产权风险管理应适用于 ISO 31000《风险管理指南》。下面我们就先来系统地回顾一下 ISO 31000 中对于"风险""风险管理"和"风险管理原则"的定义与描述。

ISO 31000《风险管理指南》对风险的定义是"不确定性对目标的影响"；从这个意义上来说，知识产权风险所存在的不确定性，在法理上和商业贸易中都是客观存在的，其可以带给组织目标正面的（积极的）、负面的（消极的）或两者兼而有之的影响。

知识产权风险可以创造组织未来发展机遇，亦可能导致组织面临法律、技术或商业层面的多重威胁。

知识产权风险对于组织目标的影响，可涉及组织目标的不同方面和类别，例如组织的品牌、VI 设计、人资管理，以及组织创新和技术发展、市场贸易与竞争以及供应链管理等多个方向。并且，知识产权风险还可以在组织内外部的封闭式、开放式创新活动的不同层面加以应用。

知识产权带来的风险与收益在组织内部并存。

知识产权的风险管理，按以上 ISO 31000《风险管理指南》对风险管理的定义，应为：指导和控制组织知识产权风险的协调活动。

通过此种风险管理协调活动，将知识产权风险可能带给组织目标正面的（积极的）、负面的（消极的）或两者兼而有之的影响，加以控制与引导，从而创造组织未来发展机遇，并将知识产权风险可能导致组织面临法律、技术或商业层面的多重威胁加以消除。

2.2.2 知产风险管理原则

参考 ISO 31000《风险管理指南》所给出的有效风险管理原则及要素，

可对知识产权风险管理的原则，进一步解释如图2-1所示。

图2-1 风险管理原则

（1）整合的。

风险管理是所有组织活动的组成部分。

知识产权风险管理也应是所有组织活动的组成部分，而不应仅仅停留于知识产权管理活动本身。

整合的知识产权风险管理应融入组织战略、人事、财务、信息、研发、采购、生产、销售管理活动以及组织价值创造与保护活动中，成为上述活动的有机组成部分。

（2）结构化和全面性。

结构化和全面的风险管理方法有助于取得一致的和可比的结果。

只有形成了结构化和全面性的风险管理方法，才有可能获得一致的、可预期和可比较（横向或纵向的）的结果。

知识产权风险管理也应当按这一管理原则，建立全面结构化的风险管理机制，从而形成系统化的管理，获得可控的、可预期的、可横向或纵向对比的、合理的结果。

（3）定制化。

风险管理框架和流程是建立在与组织目标相关的外部和内部环境之上

的并与其密切相关。

知识产权风险管理的框架和流程不应该是一成不变的，而是根据组织与其知识产权目标相关的内外部环境来制定的，并与组织环境特性、发展和变化密切相关。

组织若不能形成定制化的知识产权风险管理框架和流程，无异于削足适履，难以真正实现知识产权风险管理的战略目标；亦无法适应组织与其目标相关的内外部环境的变化；最终将成为无效的、无用的管理。

（4）包容性。

需要考虑利益相关方的适当和及时的参与，纳入他们的知识、观点。这可以增强风险意识并明智的管理风险。

管理的一大基本原则就是包容。知识产权的风险管理往往涉及海量信息的处理与应变，更应该履行包容性原则，从利益相关方的知识、观点和看法中，提取关键信息，适当考虑引入、借鉴和强化自身的风险意识，从而更为明智的管理知识产权风险。

例如，供应链的知识产权风险管理，就应有效地利用包容原则，将供应链上下游之间的相关方有价值的风险管理知识和观点，及时地相互借鉴和参考，这样可以有效地避免因供应商知识产权风险意识的盲区，导致发生在全供应链的知识产权侵权风险牵连或叠加效应。

及时考虑利益相关方的看法，将有效提高组织的知识产权风险意识，规避因一叶障目可能出现的风险管理上的漏洞，避免因知识产权风险被忽视或处置不当，带来不必要的损失。

（5）动态的。

随着组织内外部环境的变化，风险可能会出现、变化或消失。风险管理将以适当和及时的方式预测、监督、掌握和应对这些变化和事件。

知识产权本身存在着动态变化的特性，一项知识产权权利如果是未公开的，那么知识产权风险会在某一特定保密范围之内出现、变化或消失；一项知识产权权利如果是以公开来换取保护的，那么这一权利也不是一成不变的，在一定期限内的保护也可能会出现、变化或最终消失。因此，随着组织内部环境与外部环境的变化，知识产权风险随时可能出现、变化或消失。在知识产权风险管理方面，要适时、适当地预测和监督知识产权风险，及时掌握和应对这些变化和风险事件。

例如，拟上市企业对于知识产权权利维护风险的监督与掌握，和知识产权侵权风险的预测与响应，就将极大地决定最终权利的稳定性与价值性，从而对企业的上市成功与否，起到关键性甚至决定性的作用。

这一类的典型案例屡见不鲜，但都反映了知识产权风险的动态管理原则，对于全流程、全周期组织管理的重要性。

（6）有效信息利用。

风险管理的输入基于历史和当前信息以及未来预期。风险管理应明确考虑到与此类信息和期望相关的任何限制和不确定性。应及时、清晰地向利益相关者提供信息。

知识产权本身具有信息属性，知识产权的风险管理，也同样应基于历史和当前信息以及对未来预期；组织应清楚考虑到与这些信息和期望有关的任何限制和不确定性，并及时将这些信息传递给组织经营及利害相关方，以此来创造知识产权风险管理所带来的价值。

例如，知识产权创造过程的风险管理，首先应基于历史和当前信息的输入，以及对未来的知识产权预期，来判断知识产权创造的可行性，然后在考虑到这些信息和期望相关的任何在先/公开的技术或商业壁垒所带来的限制和不确定性之后，做出决策并将最佳可用的信息及时、清晰、准确地提供给利益相关方，如股东、董事会、上市审批机构或合作方等。

（7）人员与文化因素。

人员行为和文化明显影响着各级和各阶段风险管理的各个方面。

知识产权的创造主体即为组织人员，因此人员的行为和文化将明显影响到知识产权风险管理的各级、各阶段要求的各方面因素。

例如，缺乏知识产权基本保护意识的人员和企业文化，很可能将抄袭他人知识产权的技术直接应用于产品，或是将组织商业秘密的信息公开泄露或披露，造成知识产权的侵权或流失的风险。这些人员的行为和文化的影响，将直接威胁到组织在快速扩张期所面临的知识产权风险，成为破坏知识权风险管理基石的自毁式因素。

(8) 持续改进。

通过学习和经验积累,不断提高风险管理水平。

任何体系均应具有持续改进的基础循环能力,组织的知识产权风险管理,也应通过不断的学习,和基于实践经验的自我评价与有效积累,来不断提高组织的知识产权风险管理水平。否则,停滞不前的知识产权风险管理水平将无法满足组织不断发展变化的内外部法律、市场和技术环境的要求,也无法帮助实现组织战略目标。

综上,ISO 31000《风险管理指南》是从风险管理的原则性、基础性、全面性和变化性的要求出发,给出了组织可参照的管理方法论。知识产权风险管理作为组织风险中不可忽视的一员,同样也应遵循这些基本的风险管理原则及要素,为实现组织战略管理目标而有效创造价值,发挥潜移默化的作用。

2.2.3 知识产权风险管理框架

2.2.3.1 概述

建立知识产权风险管理框架,是为了将知识产权风险管理更好地植入组织的活动中,并配套相应的职能。只有将知识产权风险管理列为组织治理和决策时作为重要参考因素,并得到利益相关方,尤其是最高管理层的支持,才能发挥知识产权风险管理的最佳效果。

知识产权风险管理框架包括了,以"领导力与承诺"为核心依托的,组织整合、设计、实施、评价和改进等风险管理措施。图 2-2 直观地说明了知识产权风险管理框架的要素。

组织应评估其现有的知识产权风险管理实践和流程,参照下文中所给的指南,评估任何可能的差距,并依照框架解决这些差距。框架的组成要素和它们协同作用的方式应该根据组织的具体需求进行定制。

下面我们就对知识产权风险管理的框架,按以下几个基本组成要素来依次展开:领导力与承诺—整合—设计—实施—评价—改进。

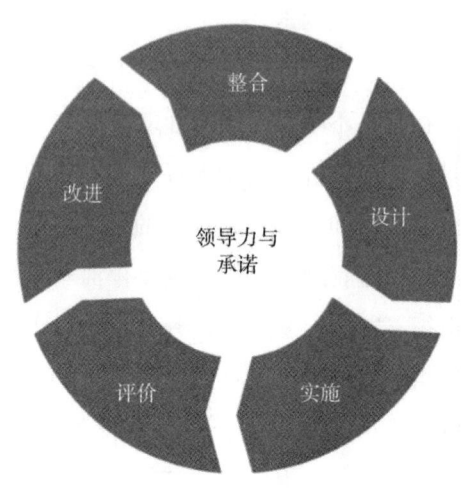

图 2-2　风险管理框架（参考 ISO 31000《风险管理指南》）

2.2.3.2　领导力与承诺

首先，应明确在知识产权风险管理框架中，组织最高管理者、高级管理人员和监督机构应履行的承诺，及其在知识产权风险管理中所应发挥的作用，和这种行为对组织的益处。

组织的最高管理者是知识产权风险管理的第一责任人。作为组织风险管理的高层领导者和监督者，首先应确保知识产权风险管理与组织目标相适应，并充分融入组织的所有活动当中，同时为确保风险管理的最终目标实现，履行相应的领导力和承诺。

在制定组织的发展战略目标时，最高管理者应充分考虑以下知识产权风险管理事项：

①首先应了解组织所追求的目标将面临的知识产权风险；

②确保管理知识产权风险的体系得到有效实施和运行；

③确保组织在当前的目标下可承担适当的知识产权风险；

④确保有关这些知识产权风险及其管理的信息在组织内外部相关方处得到了适当传达。

组织的最高管理层应针对性地设计和实施知识产权风险管理框架的所有要素；并以最高管理方针发布建立风险管理方法、计划或行动方案的声明或政策；具体而言，要确保领导作用与承诺的履行，最高管理者还应进行适当的风险管理职能的任命。

组织的最高管理者作为知识产权风险的最终责任承担者，应在高级管理层中授权任命专门的责任人和责任部门担任统筹实施和监督机构。这样可避免组织因"一言堂"而产生风险管理的缺失或偏差。

同时组织还应有计划地培养若干知识产权风险管理专业人员，以使组织的风险管理目标得以有效落实。这些知识产权风险管理人员，应分布于组织经营管理的各个环节与过程，同时应具备知识产权基础知识与技能，风险管理能力与经验，能够为组织的知识产权风险管理承担适当的职责。

组织的最高管理者以对组织内部人员任用和职能设置，实施领导作用，并通过对资源的分配和使用保障承诺的实现。

知识产权风险管理目标的确立，和风险管理组织架构的建立健全，将有助于组织系统地实现以下目标：

①将知识产权风险管理与组织的目标、战略和文化相结合；
②由最高管理层承担和界定所有风险义务并发布承诺；
③确定知识产权风险的数量和类型，指导风险准则的制定，确保将知识产权风险准则传达给组织及利益相关方；
④将知识产权风险管理的价值有效传达给组织及其利益相关方；
⑤通过管理手段，促进组织系统性的对知识产权风险进行监测；
⑥确保知识产权风险管理框架适合组织的内外部环境。

我们总结以往接触的企业知识产权风险管理案例后发现，任何组织的领导者如不能充分重视知识产权风险管理，缺乏基本知识产权风险意识，组织在知识产权方面遭遇的风险将难以得到有效控制。反之亦然。

因此，知识产权风险管理框架中最核心的因素就是领导作用与承诺，它决定了组织战略发展目标的成败。最高管理者在知识产权风险管理中所能发挥的作用与价值是决定性的。

2.2.3.3 整合

组织的知识产权风险管理需要融入组织架构中的每个角落，包括组的目标、战略、运营、治理都应该考虑知识产权风险管理的价值，并且系统化衔接，而不是相互分离。每一个组织成员都肩负管理知识产权风险的责任。整合的过程是一个动态和反复优化的持续性活动，要根据组织的需求和文化，由风险管理机构制定阶段性的实施计划。

在组织内部建立知识产权风险管理架构，将治理的方向转化为战略和相关目标，来实现组织理想水平的风险管理绩效和永续经营的目标。因此，确定组织内部的风险管理责任和监督角色是组织治理中不可或缺的一部分。

在常见的企业知识产权管理架构中，需要将知识产权风险管理的职责和监督责任有效分配至组织经营链条的每一环，以此来确保知识产权风险管理为组织处理内外部关系，设置风险管理的规则、流程和实践，以及实现其管理目的提供明确的指引。

具体而言，在实践中，知识产权风险管理职责通常应整合到组织的最高管理层、专门的知识产权风险管理机构、人资、财务、技术、生产、市场、销售以及供应链等各环节，同时应在各环节的接口处建立监督机制和角色，以此确保知识产权风险管理与组织经营的无缝有机整合。

2.2.3.4　设计

要结合组织知识产权风险管理实践，对知识产权风险管理的框架进行设计。

组织在设计知识产权风险管理框架时，应充分关注并理解其所处的内外部环境及其可能的变化趋势，包括但不限于《风险管理指南》中所要求的环境因素，以使得知识产权风险管理框架能充分适应组织自身特点，符合内外部环境要求，适应于组织发展阶段和内外部相关利益方的需求。

简单而言，组织的知识产权风险管理框架的设计，应该是定制化的设计，而不是模板化的套用；应该适应于组织内外部环境的发展变化，而不是一成不变的。

2.2.3.5　实施

良好的知识产权风险管理框架设计并不能保证知识产权风险管理能够

取得必然的效果，只有将理论框架转化为具体的组织行动，才能达到知识产权风险管理的预定目标。

知识产权风险管理框架的实施，是一个动态管理过程，从产生风险管理需求的初期到可有效控制风险的成熟期，企业的组织结构、管理方法策略、对风险的认知都会随着内部和外部环境的变化而变化。不同类型的企业，企业所处发展周期的不同阶段，企业不同的知识产权风险管理的需求，风险管理人员经验不同，都会导致各企业的知识产权风险管理框架设计策略不同，其实施框架的方式、管理应用的制度也会千差万别。

ISO 31000 提供了组织风险管理所遵循的一般实施原则，以及实施运行风险管理必经的步骤。它适用于各种类型、各行业的企业，可应用于企业经营的整个生命周期，使其能够渗透到企业的每一项具体活动的实施中，进而达到知识产权风险控制的目标。

2.2.3.6 评价

企业在实施知识产权风险管理框架后，需要对框架的有效性进行评价。对框架设计是否适合企业当前状况、实施框架后能否达到预期目标进行判断和分析，然后得出是否需要改进框架以及如何改进框架的结论。

评价是持续改进框架的必要环节，客观、全面的评价是良性改进框架的前提。

（1）根据其目的、实施计划、指标和预期行为定期衡量风险管理框架的绩效。

这里的绩效是指企业设计的知识产权风险管理框架的绩效。

绩效应是可衡量的，应包括一系列可以反映出企业实施框架后的效果和效率，可度量的指标。并且框架的绩效应与企业的经营绩效一致，在实际应用中，不同的企业的经营绩效不是一个独立的过程，而是与企业的各项活动或过程相关的多个过程的组合。

知识产权风险管理框架的绩效指标应与这些过程紧密联系，符合过程的特征，并通过管理这些特征实现了可计量的贡献。

例如，A 公司为了监测行业中新技术动向，在其知识产权风险管理框架中设置了每季度进行一次专利检索的活动，并对检索要素、必要的分析、应交付的文档进行了规定，以达到避免重复研发及了解行业技术发展动向的目的。

那么在评价该项活动时应衡量：①其是否能够达到预期设置的目的，考察该项活动设置的检索要素和必要分析等指标是否能够避免重复研发及了解行业技术发展方向；②考察该活动是否与该公司的整体战略目标以及是否与其他相关部门相融合，例如是否与公司创造利润的目标相一致，显然防止不必要的研发投入与盈利的目标是一致的；③与其他部门融合，例如衡量该活动的设计是否定期地将分析结果和应交付的文件交付给了研发部门，这些交付的文件设计是否能够帮助研发部门避免重复设计。

(2) 确定它是否仍然适合支撑组织目标的实现。

ISO 31000 中的风险定义为：不确定性对目标的影响。目标可以从不同的角度和类型，并且可以在不同的层面应用。

知识产权风险管理并不是一个独立的管理体系，知识产权风险管理框架中的活动要融入企业的各个活动或过程中，所以需要关注框架对企业活动和过程目标的贡献，同时应注意框架与这些活动和目标时效上的匹配。

此外，还应关注到知识产权风险管理框架对企业各项活动所面临的知识产权风险的后果、发生可能性以及风险诱因、风险源等方面的控制效果或目标。这些目标应重点关注对企业正常经营影响较大的重大知识产权风险，例如产品上市侵权风险，商业秘密泄露风险，上市、并购、重组过程中的知识产权风险，被他人侵犯知识产权的风险，合同中的知识产权条款不当等等。

框架实施后应该评价框架的实施是否降低了这些风险发生的可能性，或对这些风险进行了有效控制。

2.2.3.7 改进

改进是指以知识产权风险评价的结论为基础，对知识产权风险管理框架进行有针对性的改变，使框架能够更加适应当前企业的内外部环境，能够更好地完成知识产权风险管理的目标。

(1) 适应性。

适应性是指知识产权风险管理框架的活动内容、绩效指标、对绩效测量的方法对于内外部环境的变化是否适宜。

知识产权风险管理框架的实施是一个动态的过程，而改进框架的过程就是调整框架不断适应变化的内外部环境的过程。为了保持框架的适应性，企业应持续监控和调整风险管理框架。

(2) 不断改进。

不断改进是指通过循环的活动来改进知识产权风险管理框架，改进的结束与开始是周而复始，循环往复，螺旋上升的。每一轮改进不是复制上一轮，而不断提高要求的攀升。不断改进的内容是知识产权风险管理框架的适用性、充分性和有效性，以及风险流程的整合方式。

最终，在框架评价结论的基础上，发现实际知识产权风险管理框架与理论框架的不足或需要完善的改进，然后制定方案和改进措施，并交给负责人员实施，通过动态的，不间断地实施这些改进措施，达到持续加强知识产权风险管理的作用。

2.3 知识产权风险管理方法与流程

2.3.1 概述

知识产权风险管理流程涉及系统地将制度、流程和工作内容应用于企业各项活动，建立起良好的知识产权风险控制流程，包括营造适宜的知识产权环境，识别、分析和评价知识产权风险、应对突发知识产权事件、监督和审查知识产权风险控制工作，记录和报告知识产权风险。这个流程如图2-3所示。

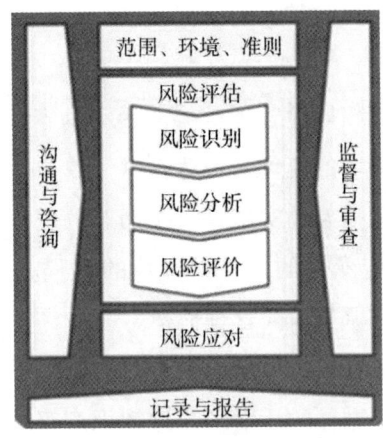

图2-3　知识产权风险管理流程图

知识产权风险管理是一种与这些年推行的各种管理体系，如质量管理体系等，由外部施加管理所不同的一种管理制度。不少企业为了满足各类管理方法的形式化要求，在推行中忽视了管理体系原本的目的和宗旨，无可避免地走向了"两张皮"的结局。而知识产权风险管理更像是一种精神融入，在企业长期运行过程中形成的管理体系中加入风险意识元素，成为企业管理和决策的一个组成部分，并融入企业的架构、运营和流程中。

2.3.2　沟通和咨询

沟通和咨询是从知识产权风险管理框架的设计到知识产权风险管理流程运行始终需要特别强调的重要性活动。它是知识产权风险管理工作开展的基础，和利益相关方的沟通和咨询对整个知识产权风险管理框架和制定，以及知识产权风险管理范围、知识产权风险评估都具有参考意义。

沟通和咨询的目的包括：帮助利益相关方了解和理解风险、明确做出决策的依据以及需要采取措施的原因。在知识产权风险管理的流程中，与内外部利益相关方的沟通和咨询应插入每一个步骤。通过咨询有关人员能够在获取反馈和信息的同时，学习到风险管理的知识，并提高相关的技能以支持决策，实现风险管理目标。沟通和咨询的密切协调将会促进真实、及时、相关、准确和易于理解的信息交换。

在进行知识产权风险管理的沟通和咨询时，还要特别考虑信息的保密性和完整性。

2.3.3 风险评估

知识产权风险评估是知识产权风险管理的关键环节，包括对风险本身的识别、对风险作用方式的分析和对风险后果的评价三个方面。

知识产权风险评估的主要任务是识别企业面临的各种风险，包括发生风险的类型、风险发生的位置（环境）、风险发生的可能性。界定风险对企业的负面影响，预期的风险严重程度、风险持续时间、作用范围，引发衍生风险的类型、可能性、严重程度等。估算风险的后果，若是纯粹风险，要估算风险发生将会产生损失的大小，若遏制风险需付出的成本范围。若是投机风险，要估算可能产生的盈利和成本。根据企业可承受风险的能力，制订知识产权风险管理措施，确定对纯粹风险的控制水平、优先顺序。

（1）风险识别。

知识产权作为企业的无形资产，作为知识产权风险管理对象时，可以参考其资产属性实施资产定量的识别，以区分其重要程度。按照知识产权的核心程度的不同，知识产权布局完整性，以及知识产权可用价值程度等维度进行知识产权资产的等级划分。收集企业的不同维度知识产权的相关信息，如保护的知识产权内容、直接和间接价值，根据企业自身的特点，对知识产权重要性、完整性和可用性作综合判定，确定企业知识产权识别的结果。

在全面识别了企业的知识产权资产之后，从企业的整体性风险出发，要对潜在的、可能破坏这些知识产权资产的威胁因素进行识别。考虑公司内部和外部两个方面，关注企业知识产权风险管理目标实现的全局性风险因素。应辨识风险的来源、风险触发原因，直接影响和潜在影响后果和范围。

在识别过程中应考虑以下以及这些因素之间的关系：
①有形和无形的风险源；
②原因和事件；

③威胁和机会；

④短板和长板；

⑤外部和内部环境的变化；

⑥新出现的风险征兆；

⑦资产和资源的性质和价值；

⑧后果及其对目标的影响；

⑨知识和信息可靠性的局限；

⑩时间相关因素；

参与者的个人价值取向、主观偏见和假设。

（2）风险分析。

知识产权风险分析是知识产权风险评估中最为复杂的一个环节，涉及对风险源、风险形成因素、可能发生的后果及其发生的概率的全面分析。

根据不同的风险事件或情景，通常应做出以下几个方面的分析结论：

①事件和后果的可能性；

②后果的特征和强度；

③复杂性和关联性；

④现有控制的有效性；

⑤敏感性和置信水平。

对于复杂的风险事件可能由多种原因引起，并导致多种后果，并可能影响多个目标。

（3）风险评价。

风险评价的任务是基于知识产权风险分析的结果，与既定的风险准则进行比较，做出采取何种应对措施的决策。

风险评价包括"定量评价"和"定性评价"两种方式，根据风险的特点和评价需求的结果进行适当的选择。

定量评价是以打分形式来定义风险水平。例如对风险矩阵中的可能性和严重性赋以数值，采用"*可能性分数*×*严重性分数*"方式计算风险的分值，并以此分值评价风险水平。采用定量评价可精确地对比不同风险水平并排序。方法的优点是数据直接客观，但适用于风险因素简单，结果唯一,衍生风险少的情况,在现实中并不多见。

定性评价是根据企业的决策规则和风险偏好设置风险等级的定性分类,同样是通过风险矩阵,将风险分成有跨度的5个级别。可以沿用知识产权风险分析的成果,根据知识产权风险管理目标设计的风险级别。

2.3.4 风险应对

经过了风险识别、风险分析和风险评价三个阶段,对知识产权风险采取必要的应对措施以回避、承受、降低或分担等策略处置风险,风险应对通常包括以下内容:

(1) 制定和选择知识产权风险应对方案。

知识产权风险应对方案是企业处置风险的纲领性文件,是全面知识产权风险管理或知识产权风险管理的重要组成部分。知识产权风险应对作为企业知识产权风险管理流程中重要的环节,知识产权风险应对方案应包括总体方案和专项方案。

制定和选择应对风险的方案应考虑实施方案的成本和所带来的潜在收益间的关系,以实现利益最大化为选择最佳方案的准则,可选的应对风险的方案原则包括以下一项或多项:

①采取停止实施有风险的活动方式避免风险的发生;

②为追求更大的潜在收益而主动承担风险;

③在不影响活动实施的前提下,采取行动消除风险源;

④采取行动降低风险发生的可能性;

⑤采取行动降低风险发生所导致后果的严重性;

⑥寻求可以分担风险的相关方(例如通过合同,购买保险)。

(2) 准备和实施知识产权风险应对计划。

根据知识产权风险应对的方案,制定明确详细的知识产权风险应对计划,落实应对方案,明确相关人员的任务和职责,并对照计划进行监测。

知识产权风险应对计划中应包括:

①实施计划的预期目标;

②关于风险的信息;

③实施人员；

④建议的行动；

⑤保障措施；

⑥绩效评估；

⑦约束；

⑧报告与监测；

⑨时间安排。

2.3.5 监督和检查

监督和检查是对知识产权风险管理重点活动进行的一种控制，目的是持续提升管理流程效率、科学评价实施的有效性和结果。监督和检查的主要内容有企业的基本信息、风险评估策略、关键点控制程序、风险管理方案和计划的事情情况，以及重大风险事件、决策和核心业务流程的风险管理活动。监督和检查要注重两个层面的考察，一是知识产权风险管理的实施的过程，二是对实施的有效性。

监督和审查包括计划、收集和分析信息、记录结果和提供反馈。企业的知识产权风险管理部门在最开始规划知识产权风险管理流程时，就应该将待续监督和定期审查作为其中的一部分内容，所有阶段都应该进行监督和审查，明确界定其职责。

企业的知识产权风险管理职能部门应负责收集和分析报告信息，定期检查业务部门的知识产权风险管理，主要查验提交的文档是否真实，内容是否完备，并通过报告反映的情况对知识产权风险管理过程的完整性和有效性进行分析。评估知识产权风险管理策略的适宜性，重点对跨部门的、需要协调的知识产权风险管理方案的可操作性，以及权责合理性进行评价，提出整改建议。

知识产权风险管理职能部门是监督实施的最重要关卡，负责对企业知识产权风险管理的全局策略、方案以及执行情况进行检查和检验并出具报告。

2.3.6 记录和报告

为了实现知识产权风险管理的监督与审查，应建立完善的记录和报告机制，以反映知识产权风险管理流程及其成果。

记录和报告的目的是：

①在整个企业内传达知识产权风险管理的活动和成果；

②为决策提供信息；

③改进知识产权风险管理活动；

④与利益相关方的联络证明，包括对知识产权风险管理活动负有责任的相关方。

企业可以利用信息管理系统进行知识产权风险管理的记录和报告，设置自查报告模板、知识产权风险管理部门的检查评估报告模板、单位的知识产权风险管理工作报告模板等。

第3章 企业知识产权风险源监测与防控实务

高松筠

作者简介

高松筠,中规学院讲师,曾就职于三一集团,具有机械研发背景以及10余年企业知识产权管理经验,对企业如何利用运营方法提升知识产权价值,以及如何进行知识产权风险控制有较为深入的研究。

3.1 人力资源管理中的知识产权风险及防控

在知识产权风险管理过程中,人是做出决策活动的主体,也是利益相关方中重要的组成部分。人的因素决定了知识产权风险管理的内容和结果,因此在对知识产权风险管理框架进行设计、实施、评价、改进以及将知识产权风险管理流程系统地应用于各项经营活动时必须考虑人的因素,并且针对人力的管理应作为知识产权风险管理的最重要部分。

对一般类型的企业而言,人力资源的范畴包括:

①管理层,如股东、董事会成员、总经理等;

②员工,如研发人员、市场人员、销售人员等;

③利益相关方中的工作人员,如顾客、供应商、代理商、债务债权人、投资人、政府部门的联络人、管理者等。

人的因素主要指人员的能力、感知、意愿和行为。在各类人员中，管理层的影响最大，管理层决定着知识产权风险管理的目标，对实现这些目标所采取的方法、计划、行动起到审、监、促的作用，并且能够分配适当的资源保障知识产权风险控制活动顺利进行。在 2018 版的 ISO 31000 中突出了高级管理人员的领导职责和风险管理的整合，阐述了以领导力与承诺为核心的风险管理框架要素，并明确说明"风险管理的有效性取决于是否将其纳入组织治理和决策中。这需要利益相关方，特别是最高管理层的支持。"可见管理层对企业开展知识产权风险管理活动的重要性。

此外，员工决定着方法、计划、行动能否实施到位以及实施的质量。而利益相关方中的工作人员决定着知识产权风险发生的概率及风险管理目标调整方向。这些人员同样也影响着知识产权风险管理的结果。

ISO 31000 的风险管理原则中指出"人员行为和文化明显影响着各级和各阶段风险管理的各个方面。"在企业进行知识产权风险管理过程中，在其内外部环境所涉及的人的范畴中，充分考虑人的因素才能促进知识产权风险管理目标的实现。

本节通过三个案例来说明容易发生的与人力资源管理相关的知识产权风险点以及如何防范这些风险的发生。

3.1.1　相关案例

案例：

陈某诉广州市某生物科技有限公司劳动争议案

广州市某生物科技有限公司（以下简称"生物公司"）。陈某于 2007 年 12 月入职并担任区域销售经理。双方签订了竞业限制条款，约定陈某离职 2 年内，负有竞业禁止义务，生物公司支付一定的补偿金，如陈某违反协议，应支付 30 万元违约金给生物公司。劳动合同期满后，双方又重新签订劳动合同，但未重新签订竞业限制协议。2013 年 3 月，陈某提出辞职，同年 4 月，生物公司向陈某的原工资账户汇出第一笔补偿金 2500 元，遭陈某退款并销户。陈某离职后入职与生物公司存在同业竞争关系的企业。陈某于同年 7 月代表该公司向生物公司的客户推销过相关食品添加剂。双方遂因竞业限制违约责任产生纠纷。

仲裁裁决：一、陈某立即停止竞业的违约行为，继续履行竞业限制义务；二、陈某支付生物公司违反竞业禁止协议违约金30万元。陈某不服该裁决，向一审法院提起诉讼。

裁判结果：一审判决：一、陈某无须向生物公司履行竞业限制义务；二、陈某无须向生物公司支付违反竞业禁止协议违约金30万元。判后，生物公司提起上诉。二审判决：一、撤销原审判决；二、陈某于本判决生效之日起10日内向生物公司支付违约金5万元。三、驳回生物公司的其他诉讼请求。❶

案例解读：

《中华人民共和国合同法》第四十三条规定："当事人在订立合同过程中知悉的商业秘密，无论合同是否成立，不得泄露或者不正当地使用。泄露或者不正当地使用该商业秘密给对方造成损失的，应当承担损害赔偿责任。"

《最高人民法院关于审理劳动争议案件适用法律若干问题的解释（四）》第六条规定，"当事人在劳动合同或者保密协议中约定了竞业限制，但未约定解除或者终止劳动合同后给予劳动者经济补偿，劳动者履行了竞业限制义务，要求用人单位按照劳动者在劳动合同解除或者终止前十二个月平均工资的30%按月支付经济补偿的，人民法院应予支持。前款规定的月平均工资的30%低于劳动合同履行地最低工资标准的，按照劳动合同履行地最低工资标准支付。"

在该案中，虽然陈某在入职时与公司签订了竞业限制条款，条款限定了陈某负有竞业禁止义务的时间期限及陈某违约需要承担的违约金，但是未明确生物公司应支付的经济补偿金，这是其一。其二，在陈某与生物公司合同期满后，双方重新签订了劳动合同，但未重新签订竞业协议，使得竞业协议在陈某离职后是否仍然有效产生争议。竞业协议上的两个漏洞导

---

❶ 广州法院劳动争议典型案例（2014-2016）［EB/OL］.（2019-02-25）［2020-12-04］. https：//wenku.baidu.com/view/c2d72e1d9a6648d7c1c708a1284ac850ad0204d1.html.

致了该案对陈某是否应履行竞业限制义务并支付竞业限制条款中约定的30万元违约金难以判定。使得该案双方争持不下，经历了仲裁、一审、二审三次裁决/判决，并且每次裁决、判决的结果差异较大，大大拉长了诉讼周期，增加了诉讼成本。另外，本案二审判决陈某向生物公司支付违约金5万元，这与生物公司在竞业协议中约定的30万元相差较大，虽然尚无法估量陈某自离职后2年内代表新公司向生物公司客户推销相关产品会对生物公司造成多少实际损失，但至少本案例中的生物公司与员工签订的竞业协议并没有达到其预防员工损害公司商业秘密的目的。

案例：

梁××职务发明创造发明人、设计人奖励纠纷案[1]

2011年11月至2013年7月，原告梁××在被告上海中技桩业股份有限公司任职期间单独作为发明人、设计人共完成发明专利8项、实用新型专利50项、外观设计专利19项。其中8项发明专利正在审查中；有6项实用新型专利的申请人及专利权人并非被告。2010年1月1日，被告制定的《技术革新、技改奖奖励办法》（以下简称《奖励办法》）规定，每项发明专利奖励金额为1000元至20000元；每项实用新型专利奖励金额为500元至10000元；每项外观设计专利奖励金额为300元至8000元。纠纷发生前，被告对涉案专利中的48项实用新型专利进行了评审，奖励金额从500元至4000元不等，其中专利权人并非被告的5项实用新型专利的评审金额共计3000元，其余专利的评审金额共计25000元。原告认为，被告应当按照《专利法》的规定支付奖励，即一项发明专利应给付奖金3000元，一项实用新型专利或者外观设计专利应给付奖金1000元。原告遂诉至法院请求判令被告向原告给付职务发明创造发明人、设计人奖金人民币98000元。

裁判结果：

法院对该43项实用新型专利的奖励数额共计人民币25000元予以确

---

[1] 2014年度上海法院知识产权司法保护十大案件［EB/OL］．（2019-05-24）［2020-12-04］．https：//www.docin.com/p-1220124560.html．

认。对于尚未评审的 1 项实用新型专利及 19 项外观设计专利，法院结合被告《奖励办法》规定的奖励幅度范围以及上述专利的实际情况酌情予以确定。据此判决被告向原告支付职务发明创造发明人、设计人奖励人民币 45000 元。一审判决后，当事人均未上诉，判决生效。

案例解读：

《专利法实施细则》第七十七条中规定："被授予专利权的单位未与发明人、设计人约定也未在其依法制定的规章制度中规定专利法第十六条规定的奖励的方式和数额的，应当自专利权公告之日起 3 个月内发给发明人或者设计人奖金。一项发明专利的奖金最低不少于 3000 元；一项实用新型专利或者外观设计专利的奖金最低不少于 1000 元。"也就是说在单位对职务发明创造的奖励数额已通过规章制度进行规定的情况下，有约定的从其约定，无约定的不得低于专利法中规定的最低奖励标准。在本案中，上海中技桩业股份有限公司的《奖励办法》中对奖励数额的规定是一个范围，实际发放的金额根据公司评审确定，《奖励办法》为员工所知晓，评审过程对员工公开，因此对已经通过评审的奖励应予以确认。对于未评审的奖励应结合具体专利的实施情况、创造性等因素酌情确定具体的数额，不应直接适用专利法规定的最低奖励标准。由此可见，建立奖励制度，根据企业财务及经营状况，对申请专利的发明人给予适当奖励，并将奖励制度，奖励流程公开化，必要时提供相应的培训确保发明人按照相关制度获得奖励是必要的。

需要注意的是《专利法实施细则》第七十八条还规定了被授予专利权的单位对发明人、设计人应支付报酬的金额下限："被授予专利权的单位未与发明人、设计人约定也未在其依法制定的规章制度中规定专利法第十六条规定的报酬的方式和数额的，在专利权有效期限内，实施发明创造专利后，每年应当从实施该项发明或者实用新型专利的营业利润中提取不低于 2% 或者从实施该项外观设计专利的营业利润中提取不低于 0.2%，作为报酬给予发明人或者设计人，或者参照上述比例，给予发明人或者设计人一次性报酬；被授予专利权的单位许可其他单位或者个人实施其专利的，应当从收取的使用费中提取不低于 10%，作为报酬给予发明人或者设计人。"也就是说企业在制定专利奖金分配制度时，不仅要考虑到奖励的范围，还应考虑到报酬的范围。

案例：

某机械（北京）有限公司与天津某环保工程技术有限公司专利权权属纠纷案❶

原告某机械（北京）有限公司（以下简称"机械公司"）于2006年2月28日成立，其经营范围为生产、组装各种城市生活垃圾、工业垃圾的粉碎装置设备等。天津某环保工程技术有限公司（以下简称"环保工程技术公司"）于2014年12月成立。环保工程技术公司的发起人、股东：曹某某、蒋某某、杨某某、贾某某、王某某五人及技术人员朱某某系原告机械公司前员工，六人与机械公司的劳动关系实际解除时间均在2015年8—9月。

2015年7—12月，环保工程技术公司先后申请了9项发明专利和12项实用新型专利。机械公司主张涉案发明创造系该公司在专利申请日前已经完成的发明创造，并提供机械公司某项目及相关设计图纸等证据。机械公司认为涉案专利是发明人为完成在机械公司的本职工作完成的专利，主要利用了机械公司的物质技术条件，应属于职务发明。故机械公司起诉，请求判令：涉案实用新型专利为职务发明，其专利权属于机械公司所有。

裁判结果：

法院生效裁判认为，第一，通过将机械公司某项目相关技术内容与涉案发明创造的必要技术特征相比较，可以认定涉案发明创造的必要技术特征均包含在某项目中的"单柱塞泵SPPs35"的技术部件和技术结构中，故涉案专利技术系机械公司在专利申请日前已经完成的发明创造。第二，依据某项目合同约定，机械公司作为卖方应当对项目下的技术享有所有相关专利权等知识产权或者取得相关权利人的授权许可使用。第三，环保工程技术公司利用其公司股东杨某某、贾某某等原在机械公司担任技术人员，能够接触到机械公司"单柱塞泵SPPs35"产品的便利条件，在杨某某、贾某某等离开机械公司2—3个月后，即以环保工程技术公司为申请人，将机械公司已经完

---

❶ 天津法院服务保障京津冀协同发展典型案例（2019）[EB/OL].（2019-06-16）[2020-12-04]. https：//www.chinacourt.org/article/detail/2019/06/id/4052957.shtml.

成的"单柱塞泵SPPs35"产品申请专利的行为，属于不正当获取他人发明创造成果的行为，在环保工程技术公司没有相反证据证明"单柱塞泵SPPs35"产品中体现的技术成果权归属于案外人的情况下，涉案实用新型专利权应当归属于机械公司所有。综上，判决：确认名称为"一种固体泵"（专利号为201520933410.1）的实用新型专利权归属于机械公司所有。

案例解读：

我国《专利法》第六条规定："执行本单位的任务或者主要是利用本单位的物质技术条件所完成的发明创造为职务发明创造。职务发明创造申请专利的权利属于该单位；申请被批准后，该单位为专利权人。非职务发明创造，申请专利的权利属于发明人或者设计人；申请被批准后，该发明人或者设计人为专利权人。利用本单位的物质技术条件所完成的发明创造，单位与发明人或者设计人订有合同，对申请专利的权利和专利权的归属做出约定的，从其约定。"

本案中原告机械公司中的高级销售管理人员、销售人员及技术人员在正式离职前于异地成立了新公司，并将在原单位完成的研发成果以新公司名义申请了专利，成为原公司的竞争对手，侵害了原告机械公司的申请权、专利权与经济利益。由于原告公司了解职务发明的范畴，以及知晓技术成果、专利权应属于用人单位，并且在曹某某等六人发生侵权行为后能够及时地发现侵权行为，提起诉讼，并提供了机械公司某项目及相关设计图纸等有效证据，最终得以维护了自身的权益，及时制止了由于人员非正常离职而造成的经济损失。因此可以看出，在企业日常经营活动中，应对经营中的关键文档进行有效管理，如合同、图纸等，以备不时之需。而当企业中的高级管理人员、关键研发人员、关键设计人员发生离职后应留心离职人员的去向，防止关键人员离职侵害自身利益。当前员工发生侵害行为时也要懂得果断地拿起法律武器，维护其自身利益。

3.1.2 风险监测与防控指南

（1）与人力资源管理相关的常见知识产权风险。

人是企业进行管理活动的主体，除不可抗力因素外，几乎所有的知识产权风险都与人相关，或由人导致或由人管理，表 3.1 针对企业内部人员从入职、在职、离职三个方面阐述常见的人力资源知识产权风险。

表 3.1 企业内部人员常见知识产权风险表

类型	风险点	不良后果
入职前	劳动合同或附属协议中未明确知识产权权属、保密条款	员工入职后对知识产权权属、保密义务等职责不清楚，无约束，造成工作失误，或遭恶意窃取秘密信息，但维权困难
	对高级研发管理人员、关键研发人员未进行知识产权背景调查	对人员资质、能力判断不清，入职后不能胜任
	入职前未签署知识产权声明，包括与第三方无纠纷以及同意并遵守本单位知识产权制度	入职员工侵害他人知识产权，产生纠纷，进而影响本单位工作的正常进行
在职	知识产权管理人员不满足岗位任职条件	对技术理解不深入，不能进行全面、准确的检索，影响对侵权风险的预判和先进技术动态的掌握，进而产生重复研发或不能充分对创新成果进行良好保护的风险；对知识产权流程业务不熟练、不清楚导致维护不当，甚至权利丧失；对知识产权布局缺乏认识导致产品保护不足，影响市场机会；对相关法律了解不深入，导致不能全面识别风险，或不能按照法律法规准备维权要件
	中高级管理人员缺乏对知识产权运营策略的充分认识	不能提供适当的资源，企业运营各环节知识产权风险管理控制投入不足，包括资金、人员等，导致创新成果不能得到有效保护，增大风险发生概率；知识产权目标制定不符合企业现阶段需求，知识产权的质与量不平衡，质不足量有余造成资源浪费，量不足则是筚路蓝缕，难以对创新成果形成有效保护

续表

类型	风险点	不良后果
在职	研发、生产等与技术创新相关的人员	专利挖掘技能不足导致创新不能得到保护； 对专利申请相关知识不了解导致技术交底书中技术方案介绍不充分，导致专利保护范围缩小或产生偏差； 对检索知识不了解，不会检索，导致不能及时获取新技术信息或竞争对手技术动态，闭门造车降低研发质量与效率； 对自身知识产权权利、义务不知晓或无相关约束，导致产生泄密、知识产权署名纠纷、职务发明纠纷、权属纠纷、奖励报酬纠纷，进而影响企业正常经营活动
在职	商务、市场、销售、人力资源部门人员	商务人员对知识产权不了解，导致对供应商知识产权情况了解不深入，供应商因侵害第三方知识产权被诉时受到连带影响； 市场、销售人员对知识产权的不了解，导致遇到风险却不知晓风险，不能及时提出预警； 人力资源部门由于对知识产权的了解不足，导致在员工入职、离职过程中不能及时督促员工签订有关保密、竞业限制等协议，对协议内容不能有效说明，导致企业利益受到损失
	合同、协议、制度对人员约束不足	导致泄密或纠纷
离职	劳动合同终止、解除后未对员工进行相应的知识产权事项进行强调、提醒； 未签署竞业限制协议；竞业限制协议条款不充分，权利责任、期限约定不全； 对关键人员未给予竞业协议补偿；	对离职人员不能做出有效约束，造成泄密，客户流失

除内部人员外，由人导致的知识产权风险还包括外部相关方产生的风险，如知识产权代理机构中的人员、临时外来人员等。这类外部人员主要风险点在于秘密信息对外管理不当，导致泄密的风险。例如专利代理人如

果同时代理本单位和竞争对手的案件，其在撰写专利时可能会不自觉或有目的地将本单位的技术方案通过上位化的表达或增加实施例的方式公开到竞争对手的专利中，导致技术秘密的泄露。

（2）与人力资源管理相关的知识产权风险管理实施指南。

首先，了解企业内外部环境。对企业现阶段对人员知识产权风险管理的目标、组织架构、现有流程制度、人员资质状况以及外部涉及知识产权风险的相关方进行梳理，参考常见风险梳理出本单位主要人力资源知识产权风险点，及现有流程制度的不足，将梳理结果作为设计风险管理活动的依据。可通过制定风险排查表来进行梳理，如表 3.2 所示。

表 3.2 人力资源知识产权风险排查表

岗位/人员	合同/协议/流程制度约束	问题点	解决方案
高级管理人员	有□ 无□ 不完备□		
专利管理人员	有□ 无□ 不完备□		
研发设计人员	有□ 无□ 不完备□		
商务人员	有□ 无□ 不完备□		
销售人员	有□ 无□ 不完备□		
代理机构	有□ 无□ 不完备□		
临时外来人员	有□ 无□ 不完备□		
……	……		

第二，明确风险管理承诺。明确企业内外部人员对知识产权风险管理的权限和职责，并统计所需资源（见表 3.3）。

表 3.3 内外部人员权限和职责统计表

岗位/人员	权限和职责	所需资源
高级管理人员	保密、资源分配、决策等	信息、培训、汇报机制、人员等
专利管理人员	保密、信息获取、知识产权管理、提供知识产权风险应对方案、对其他人员的培训等	数据库、IP 管理软件、培训、激励等
研发设计人员	保密、专利挖掘等	信息、培训、激励等
商务人员	供应商考察等	培训等
销售人员	市场监控等	培训等

续表

岗位	权限和职责	所需资源
代理机构	保密等	避免代理竞争对手的案件，公开充分的技术交底书等
临时外来人员	保密，对本单位制度的遵守	适当的告知等
……	……	……

第三，分配组织角色、权限、职责。根据上表内容将各类人员的权限、职责和所需资源加入到现有制度、流程及合同中，并通过高级管理层和监督机构确保企业各级明确本岗位的风险管理的权限和职责。包括但不限于：

①人员入职时，签订知识产权条款、保密协议，明确在职期间的知识产权权属、署名权权属、保密范围及违约后果。

②人员离职时对关键人员签订竞业协议，在入职时已签订协议的需由人力资源部门进行再次提醒、告知，竞业协议中明确禁止就业范围、补偿金额、时效及违约后果。

③人员离职后，指定专人对关键人员的工作去向进行适当的追踪。

④建立知识产权管理人员定期与高级管理人员进行风险汇报及向研发、工艺等相关岗位定期提供专利情报的制度。

⑤建立培训制度，包括新员工入职及员工日常培训，提升各相关岗位人员的知识产权风险管理能力，并不断强调所有岗位所应承担的责任和义务。

⑥建立奖励报酬制度，对参与申请专利的研发人员给予奖励和报酬，规定分配时间和分配方法。

⑦将对代理人的需求加入到代理协议的条款中，对代理人的资质提出明确要求，并规定代理本单位案件的代理人不得同时代理竞争对手单位的案件，同时向代理机构提供竞争对手清单。

⑧建立临时外来人员管理制度，规定适当的人员对外来人员的出入进行记录和陪同，使外来人员明确和参观、考察或审查的范围，必要时须与外来人员签订保密声明。

第四，分配资源。由高级管理层和监督机构根据企业现有资源、能力和需求提供合理的资源分配。包括培训、购买合适的数据库、专利管理软件、聘请外部专家顾问等。

第五，建立沟通和咨询。高级管理人员应将对人力资源相关的知识产权风险的管理要求通过流程、制度、合同和其他沟通方式如培训、会议等向企业的员工进行宣贯、推广。企业不应该只停留在理论上，而是应将这些风险管理的理念深入到经营活动的方方面面。

第六，实施、评价与改进。将经过审批的流程、制度、合同推进实施，定期评价并持续改进。

3.2 基础资源管理中的知识产权风险及防控

基础资源，包括网络、办公设备、办公场所以及存储于办公介质中的信息数据等。这些资源承载着企业的技术秘密，如果对基础资源管理不当，将使企业面临信息泄露的风险。

3.2.1 相关案例

案例：

南京某压缩机有限公司侵犯商业秘密案❶

被害单位南京某制造有限公司（以下简称"制造公司"）系一家生产空气压缩机的民营高新技术企业，其研发的中小型空气压缩机拥有系列自主知识产权，打破了国外长期垄断，填补了国内市场空白。2012年至2014年间，被告单位南京某压缩机有限公司（以下简称"压缩机公司"）法定代表人梁某为获取制造公司商业秘密，以高额利益收买该公司员工龚某，被告人龚某利用负责管理技术图纸的便利，多次秘密窃取制造公司83SH、09WM、09SH、35VZ等多款型号压缩机技术秘密图纸并拷贝至私人电脑。

---

❶ 江苏省人民检察院. 2016年度江苏检察机关打击侵犯知识产权犯罪典型案例［EB/OL］. (2017-04-28)［2020-12-04］. http：//www.jsjc.gov.cn/xinwenfabu_34003/201704/t20170428_144548.shtml.

随后再通过 QQ 传输、U 盘传递、打印等方式，将图纸交给被告人梁某。压缩机公司利用所窃取图纸，生产出某牌 K1、K2、K3、K4VZ 等与制造公司系列产品对应型号多款空气压缩机，同时还利用制造公司原销售人员和渠道在市场上销售侵权产品，造成制造公司产品销量直线下降，直接损失 120 万余元，间接损失近千万元。

该案于 2014 年 7 月 22 日由南京市公安局雨花台分局立案，2015 年 6 月 30 日移送南京市雨花台区检察院审查起诉。2015 年 12 月 8 日，南京市雨花台区检察院以被告单位压缩机公司、被告人梁某、龚某涉嫌侵犯商业秘密罪向南京铁路运输法院提起公诉。2016 年 12 月 6 日，南京铁路运输法院一审判决压缩机公司、梁某、龚某构成侵犯商业秘密罪，判处压缩机公司罚金 40 万元；被告人梁某有期徒刑十个月，并处罚金 20 万元；被告人龚某拘役五个月，并处罚金 6 万元。一审宣判后，三被告人（单位）未提出上诉，判决已生效。

案例解读：

本案中，由于制造公司对商业秘密保护不足，图纸未设置加密软件，可任由员工拷贝至个人电脑，导致其员工利用职务之便多次窃取图纸，最终给公司造成巨大的财产损失。

案例：

吴某侵犯商业秘密案[1]

2010 年 9—10 月间，被告人吴某利用其在上海某新药开发有限公司（以下简称"新药开发公司"）担任合成研究员的工作便利，先后数次采用拆换其他研究人员办公用保密电脑硬盘的方法，窃取新药开发公司的研发资料。2011 年 3 月至 6 月间，被告人吴某为虚假宣传个人研发能力，将窃取的新型化合物结构式中的 89 个在互联网网站公开披露，导致新药开发公司直接经济损失人民币 2686103.43 元。

经审查，浦东新区人民检察院于 2012 年 9 月 26 日提起公诉。浦东新

---

[1] 依法惩治侵犯商业秘密犯罪 加大对侵犯商业秘密犯罪的打击力度 [EB/OL]. (2016-07-15) [2020-12-04]. http://newspaper.jcrb.com/2016/20160715/20160715_003/20160715_003_4.htm.

区人民法院受理后，于 2013 年 8 月 5 日召开庭前会议，同年 8 月 22 日、9 月 22 日不公开开庭审理了本案。判决书确认了起诉书指控的犯罪事实，认定被告人吴某构成侵犯商业秘密罪，判处被告人吴某有期徒刑三年六个月，并处罚金人民币十万元。

案例解读：

该案中上海某新药开发有限公司未对关键研发人员电脑采取有效的物理保密措施，也未对关键办公区域配置摄像头等有效监控措施，导致被告人吴某通过拆换硬盘的方法窃取研发资料，而未被及时发现，从而给公司造成巨大财产损失。可见对办公设备的物理防护，以及对办公环境的合理管控也是十分必要的。

案例：

某电子有限公司诉被告曹某侵害商业秘密纠纷❶

原告深圳市某电子有限公司（以下简称"电子公司"）于 2017 年 5 月注册了电商平台从事外贸业务。电子公司将客户信息、交易数据等列为公司机密，为此原告制定了公司保密规定。被告曹某于 2017 年 11 月 19 日入职原告公司从事外贸工作，试用期 3 个月，但被告以窃取原告商业秘密为目的，多次以不满公司福利条件等为理由拒绝签订劳动合同，于 2018 年 3 月 16 日离职。被告在职期间私自做主，以变更客户交易单价和货运费用方式，给公司带来直接经济损失折合人民币 2134 元；被告离职后，多次与其他人交谈商量窃取公司机密客户信息资料，并与原告的多家客户保持联系，其中有印度，英国和澳大利亚等多家客户，私自承诺客户事项，导致客户终止后期合作，并要求退货，已成交直接损失货款金额和运费合计人民币 54698 元；原告通过公司付费平台，分配客户信息 110 家，且有多家客户前期密集型下单，月营业额 3 万元以上。后因被告离职后，私自联系客户导致原告再无订单，原告投入推广费用所带来客户资源全被窃取，现原告公司外贸部面临倒闭，所有业务均因效益严重下滑面临解散，损失十

---

❶ （2019）粤 0306 民初 3069 号 ［EB/OL］. （2020 - 01 - 02）［2020 - 12 - 04］. https：//wenshu.court.gov.cn/website/wenshu/181107ANFZ0BXSK4/index.html? docId = f1c86af48996478ea131ab3401065061.

分巨大，间接经济损失约60万元人民币。原告认为，被告曹某从入职之日起即以窃取被告商业秘密为目的，以种种不合理条件为理由拒绝签订劳动合同，拒不履行原告的保密制度，严重侵犯了原告的商业秘密，给原告造成了巨大的经济损失，为维护原告的合法权益，现原告依法提起民事诉讼，请求法院依法判令被告：1. 被告立即停止侵犯商业秘密的侵权行为；2. 被告支付原告经济损失120000元；3. 被告支付原告为制止侵权行为而进行的合理开支5000元、律师费用10000元，共15000元；4. 本案诉讼费由被告承担。

被告辩称：1. 商业秘密是指不为公众所知悉，能为权利人带来经济利益，具有实用性并经权利人采取了保密措施的技术信息和经营信息，在该定义中，不为公众所知悉以及是否采取保密措施在本案中均未体现，原告所提到的客户信息、产品信息、价格信息、成本信息、技术信息在本案证据中均未体现，本案证据无法看出原告公司存在商业秘密，也无法看出被告存在实际侵害行为。2. 原告所提到的在职期间造成的损失，该损失并不是因为被告侵害原告商业秘密所造成的，与本案无关，且也非被告本人原因造成的。3. 原告在本案中所提到的客户信息在相关的互联网中很容易获取，且原告也未对涉案信息作任何保密措施，故上述信息不属于商业秘密的保护范畴，原告诉求没有事实依据。4. 原告与被告未签署任何保密协议，原告也未向被告支付过保密费或竞业限制补偿费。无论是在职期间还是在离职之后，被告均未通过不正当的方式获取原告所称的商业信息，也未实施相应的侵害行为。综上，原告主张缺乏事实根据和法律依据，请法庭依法驳回其全部诉讼请求。

经审理，广东省深圳市宝安区人民法院认为被告曹某自2017年11月19日至2018年3月16日在原告公司从事外贸工作，双方未签订书面劳动合同，亦无签订保密协议。原告提交的在案证据不足以证明被告侵害了其商业秘密，原告认为被告实施了侵犯原告商业秘密行为的主张证据不足，本院不予采信。关于原告全部诉讼请求应予以驳回。本案受理费人民币3000元，由原告负担。

案例解读：

本案中，原告某电子有限公司在注册成立的第七个月招聘了被告曹某入职，公司成立时间短，各项制度不完善，对风险意识不充分。其在被告拒绝签订劳动合同的情况下仍未禁止被告变更客户"交易单价"和"货运费用方式"的权限，无审批审查环节，也未对本公司客户信息等资料采取保密措施，不能证明信息符合"秘密性""保密性""实用性""商业价值"等构成要件，导致在发现被告侵权行为后不能提供有效证据，无法维权。原告将被告离职后的"再无订单""外贸部面临倒闭"完全归咎于被告，认为被告从入职之日起便带着窃取商业秘密的目的，这种控诉最终因证据不足未得到法院的认可，然而不论原告对被告的指控是否属实，原告公司中管理的混乱，对商业秘密概念认识的不足都是显而易见的。因此建立有效的商业秘密管理制度、实施足够的保密措施、提高知识产权风险认知水平远比完全依赖员工良好品德要可靠的多。

3.2.2 风险监测与防控指南

（1）与基础资源管理相关的常见知识产权风险。

随着科技的发展，办公设备信息化程度的不断提高，企业的办公效率得到了提高，但同时也面临着泄密的隐患。表3.4列出易于发生知识产权的风险的基础资源，为知识产权风险管理提供参考。

表3.4 基础资源管理中常见知识产权风险表

类别	风险点	不良后果
研发计划、项目任务书、设计计算书	打印、拷出、外带、电子档外发不受控	技术秘密泄露
图纸、工艺文件	打印、拷出、外带、电子档外发不受控	技术秘密泄露
专利分析报告	密级设置不当，可阅读人员范围过广	知识产权策略、布局方案泄露
侵权分析报告	密级设置不当，可阅读人员范围过广	侵权风险暴露

续表

类别	风险点	不良后果
含有技术要求的合同	合同中保密条款设置不当、约束不足	技术秘密泄露、维权困难
保存涉密资料的设备、载体、输出设备	管理投入不足	遭到偷盗不知情、技术秘密泄露
产生涉密资料的办公地	管理投入不足	遭到窃取而不知情、维权困难

对于不同的企业，易于发生知识产权风险的基础资源可能不限于上表所列内容，在进行风险管理设计时，应首先对本单位存在风险的资源进行逐一排查，然后针对风险点设置适当的管理措施。

（2）与基础资源相关的知识产权风险管理实施指南。

首先，了解企业内外部环境。对企业现阶段对基础资源类知识产权风险管理的目标、组织架构、现有流程制度、人员资质状况以及外部涉及知识产权风险的相关方进行梳理，参考上节常见风险梳理出本单位主要人力资源知识产权风险点，及现有流程制度的不足，将梳理结果作为设计风险管理活动的依据。可通过制定风险排查表来进行梳理，见表3.5。

表3.5 基础资源类知识产权风险排查表

内容	软、硬件防护	流程管控	问题及解决方案
网络类	有□ 无□ 不完备□	有□ 无□ 不完备□	
设备	有□ 无□ 不完备□	有□ 无□ 不完备□	
环境	有□ 无□ 不完备□	有□ 无□ 不完备□	
电子文件	有□ 无□ 不完备□	有□ 无□ 不完备□	
纸质文件	有□ 无□ 不完备□	有□ 无□ 不完备□	

对表中内容一栏中需根据企业自身状况逐项展开，尽量保证无遗漏风险点。

第二，明确风险管理承诺。明确企业各岗位人员对知识产权风险管理的权限和职责，并统计所需资源，如表3.6所示。

表 3.6 岗位人员权限和职责统计表

岗位	权限和职责	所需资源
高级管理人员	保密、资源分配、决策等	信息、培训、汇报机制、人员等
IT 工程师	对网络、电脑、存储设备、摄像头进行管理和维护，对加密软件等程序进行定期维护，对设备非正常使用的监控，指定相关制度	相关设备及软件
研发设计人员	遵守保密制度，按规定使用电脑、存储器、打印机等设备	培训、制度规定
专利管理人员	遵守保密制度、提供知识产权风险应对方案，制定相关制度	培训、制度规定
……	……	……

第三，分配组织角色、权限、职责。根据上表内容将需要设置的管控流程加入到现有制度、流程及合同中，并通过高级管理层和监督机构监督、推进执行。包括但不限于：

①涉密岗位人员与非涉密人员网络分开管理，内外网设备不可共享，也不可共享打印机等输出设备，建立定期网络维护制度。

②涉密计算机设锁、安装加密软件；其安装软件、外接设备需受控；使用者定期更换密码，并对该计算机负责。

③存储介质的使用建立管控流程，由专人管控存储介质的使用和收回。

④文件资料设置秘密等级，根据等级不同实行分级管理。

⑤对于图纸等涉密信息需要有严格的控制流程，打印复印图纸等操作需经过审批，文件拷入拷出需设置一人以上审批节点。

⑥建立文件带出管控制度，员工携带图纸等秘密文件需有审批文件。

⑦办公场所设置监控设施及监控人员。

⑧员工入职时应当签署保密协议，离职人员视其岗位的关重程度履行竞业限制协议。

第四，分配资源。由高级管理层和监督机构根据企业现有资源、能力和需求提供合理的资源分配。包括购买加密软件、办公环境安装摄像头、聘请外部专家顾问等。

第五，建立沟通和咨询。高级管理人员应将对资源方面的知识产权风险的管理要求通过流程、制度、合同和其他沟通方式如培训、会议等向企业的员工进行宣贯、推广。使企业不应该只停留在理论上，而是应将这些风险管理的理念深入到经营活动的方方面面。

第六，实施、评价与改进。将经过审批的流程、制度、合同推进实施，定期评价并持续改进。

3.3　研发中的知识产权风险及防控

研发是指企业运用科学技术知识，进行创造性活动或对现有技术进行改进，是为了创造或改进产品或服务而进行的目标明确的系统活动，主要包括基础研究，新产品开发，产品升级改造，工艺方法及装备设计、试验检测方法及设备设计等。研发环节的知识产权风险管理，需要贯穿整个研发活动周期，包括研发前的调研，研发过程及研发后的成果保护。

3.3.1　相关案例

案例：

药品重复研发❶

为了避免低水平重复和资源浪费，2019年9月6日在河北省石家庄市举办的2019年中国药学大会上，中国药学会发布第五批过度重复药品目录。该目录包含303个通用名品种，涉及临床药理学和治疗学分类的14个大类、60个亚类，均为临床多发病、常见病用药。

---

❶　第五批过度重复药品目录公布包含303个通用名品种均为临床多发病、常见病用药［EB/OL］.（2019－09－09）［2020－12－04］. http：//www.360doc.com/content/19/0909/10/77611_859974967.shtml.

案例解读：

由于开发药物的周期长，投入大，因此在开发一种新药物之前，需要通过全面的专利检索，了解现有技术的情况，以确保无在前已经完成的同种药物，避免重复研发。

案例：

仿制药企和原研药企的布局案例❶

以色列某制药公司（以下简称"制药公司"）是全球著名的跨国制药企业，致力于非专利药品、专利品牌药品和活性药物成分的研究开发、生产和推广。2012年，该制药公司仅在美国的年处方量就多达6.29亿张，占全美处方量的16.1%，是全球排名前20位的制药公司，也是世界上最大的仿制药制药公司，发展历程如图3.1所示。

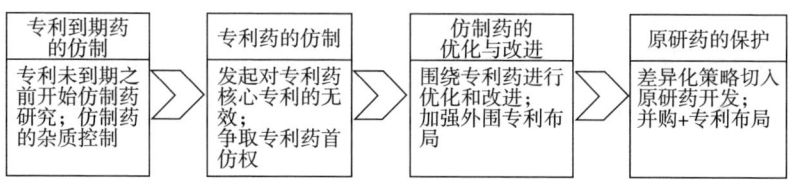

图3.1 制药公司发展历程

制药公司经历了对专利到期的药物仿制、专利挑战、技术优化和改进、开发原研药四个阶段。

第一阶段：对专利到期药物的仿制。制药公司在全球建立了多个仿制药研发中心，研发内容包括原料药开发、制剂工艺探索、生物等效性研究等。尤其在仿制药杂质控制技术方面，杂质控制是药品质量的关键因素之一，是药物注册的难点和重点，也是困扰着广大仿制药的难题之一。制药公司在中国相继申请了多项涉及含有杂质的组合物，以及控制杂质方法的专利，这些专利围绕原研药专利开展的外围专利布局，虽然没有原研企业的化合物的保护力度大，但也为其他仿制药企业设置了进入壁垒，一定程度上限制了其他仿制药企业的介入。

---

❶ 产品主导型企业的专利布局案例［EB/OL］.（2019-03-15）［2020-12-04］. https://www.sohu.com/a/301387583_740044.

第二阶段：对专利药的仿制。制药公司拥有专业的律师团队和研发团队，向 USFDA 提交了 200 多项仿制药的生产申请，并同时向其中超过半数的专利发起了挑战，在向品牌制药公司发起专利挑战中，制药公司在专利诉讼案件仍在进行时，就向市场大量推出新的仿制药，一旦制药公司预计自己在法庭上可以取胜，将大量的仿制药推向市场可以获利颇丰。在制药公司挑战的数个品牌药中，大量的品牌药公司与制药公司和解。

第三阶段：对专利药的优化和改进。制药公司在保证仿制药质量的基础上，进一步对仿制药进行优化和改进，在研发过程中加强专利布局，以实现对该药物的独家垄断。例如制药公司对"利奈唑胺"进行了专利布局，对于"利奈唑胺"的外围专利，制药公司已经形成了比较完备的外围专利保护圈，涵盖了制剂、光学异构体、晶体、中间体、衍生物等多个方面。

2000 年 4 月"利奈唑胺"的上市，制药公司在"利奈唑胺"行政保护期届满前一年就介入"利奈唑胺"的仿制，并于 2004 年申请第一件关于"利奈唑胺"的仿制药专利。2004—2007 年，制药公司先后申请了 8 项相关专利，保护仿制研究过程中取得的成果。依托强大的技术实力，在仿制的初期制药公司就申请大量的专利，为后期和品牌制药公司的对抗积累了筹码。

第四阶段：对原研药的开发。制药公司在仿制药领域取得巨大成功，这得益于其清晰的发展战略，以及对原研药及竞争对手的持续研究、消化吸收再创新，同时，制药公司围绕重点竞争对手的重点原研药的外围专利布局也为其赢得仿制药许可打下了坚实的基础。制药公司在仿制药基础上，也开展了专利药的开发。在详细研究了市场之后，发现高血压、糖尿病等基础用药领域是辉瑞、默沙东等巨无霸的兵家重地，但其不具备优势。专利药的发展空间在于那些容量有限的专科领域。

随后，制药公司在 20 世纪 90 年代，通过一系列并购，先后成功开发出多发硬化症治疗药物 Copaxone 和"帕金森"治疗药物 Azilect 等多种专利药，其中 Copaxone 的年销售额 30 多亿美元，而该药物从开发到投放市场仅仅花费了 1 亿美元。制药公司在原研药物开发方面另辟蹊径，也获得了成功。

案例解读：

在制药公司发展的初期阶段，根据对市场上未到期专利的研究，明确了重点研发方向，并加强专利布局，为自身研发领域拓宽打下基础，同时对竞争对手设置了障碍。在第二阶段，充分利用专利诉讼与竞争对手博弈，为自己争取了生存空间。在第三阶段，制药公司对研发成果进行了优化和改进，并加强专利布局，对核心专利及外围专利都进行了完备的保护，为自身赢得了主动权。第四阶段，制药公司在充分了解到竞争对手的重点研发领域及市场情况后，另辟蹊径，在竞争较小的专科领域寻求市场，最终赚取巨额利润。

由此可见，企业的研发工作与知识产权的管理工作应该是相辅相成的，研发依据对其他企业专利的保护范围确定方向，并通过对自身研发技术的专利布局保护研发成果，这样才能避免企业陷入产品偏离市场或产品取得成功后站不住脚的风险。

3.3.2 风险监测与防控指南

（1）与研发相关的常见知识产权风险。

研发是创新型企业发展的关键，管理好研发环节的知识产权风险不仅可以降低研发成本，也为企业正常运营提供了保证。与研发相关的常见知识产权风险见表3.7所示。

表3.7 与研发相关的常见知识产权风险

类别	风险点	不良后果
重复研发风险	对其他企业已经完成的创新成果又进行投资研发	资源浪费，研发成果落后
侵权风险	创新成果落入他方专利保护范围	新产品投入市场造成侵权，引起诉讼
信息不足风险	对技术动态、趋势了解不足、对市场竞争估计不足	技术落后，产品得不到市场认可
信息泄露风险	对创新成果公开过早	引起竞争，成果被他人窃取，增加诉讼风险
创新成果保护不当风险	专利挖掘不当、布局不当、权利要求保护不当	专利保护不足，诉讼失利

(2) 与研发相关的知识产权风险管理实施指南。

首先，了解企业内外部环境。对企业现阶段对研发活动知识产权风险管理的目标、组织架构、现有流程制度、人员资质状况以及外部涉及知识产权风险的相关方进行梳理，参考上节常见风险梳理出本单位主要研发活动知识产权风险点，及现有流程制度的不足，将梳理结果作为设计风险管理活动的依据。可通过制定风险排查表来进行梳理，如表3.8所示。

表3.8 研发知识产权风险排查表

类别	知识产权条款	问题点	解决方案
项目任务书	有□ 无□ 不完备□		
研发项目流程制度	有□ 无□ 不完备□		
专利申请流程	有□ 无□ 不完备□		
专利分析流程	有□ 无□ 不完备□		
专利管理人员岗位职责	有□ 无□ 不完备□		
研发设计人员合同、岗位职责	有□ 无□ 不完备□		
……	……		

其次，明确风险管理承诺。明确企业内外部人员对知识产权风险管理的权限和职责，并统计所需资源，如表3.9所示。

表3.9 内外部人员权限和职责统计表

岗位	权限和职责	所需资源
高级管理人员	保密、资源分配、研发方向把控、项目任务审批等	信息、培训、汇报机制、人员等
专利管理人员	保密、查新检索、技术动态检索、侵权分析检索、FTO检索、专利布局、高价值专利培育、专利挖掘、制定诉讼方案及对策等	数据库、IP管理软件、培训、激励等
研发设计人员	保密、专利挖掘、提供技术交底书等	信息、培训、激励等
……	……	……

第三，分配组织角色、权限、职责。根据上表内容将各类人员的权限、职责和所需资源加入到现有制度、流程及合同中，并通过高级管理层和监督机构确保企业各级明确本岗位的风险管理的权限和职责。包括但不限于：

①定期进行行业及竞争对手技术动态检索，并将检索结果提供给相关高级管理人员及研发部门管理人员，作为研发方向的决策依据；

②研发项目立项前进行查新检索，并将查新结果作为可否立项的判断依据；

③依据研发项目目标制定专利布局计划，明确需要得到保护的技术点、申请量及申请时机，并在项目任务书中明确专利指标，作为项目验收的考核点；

④对专利管理人员资质提出要求，其专业背景、工作经验应能够保证充分理解研发技术，才能做出准确的检索结果和合理的专利布局；

⑤专利挖掘由研发人员及专利管理人员共同把控，研发人员提供技术交底书，专利管理人员提供信息和建议，并对技术交底书中公开的内容进行审核把控。

⑥对专利代理人员提出要求，包括写案年限、专业背景等，不能一味地追求价格低。

第四，分配资源。由高级管理层和监督机构根据企业现有资源、能力和需求提供合理的资源分配。包括购买合适的数据库、专利管理软件、聘请外部专家顾问等。

第五，建立沟通和咨询。高级管理人员应将对研发相关的知识产权风险的管理要求通过流程、制度、合同和其他沟通方式如培训、会议等向企业的员工进行宣贯、推广。使企业不应该只停留在理论上，而是应将这些风险管理的理念深入到经营活动的方方面面。

第六，实施、评价与改进。将经过审批的流程、制度、合同推进实施，定期评价并持续改进。

3.4 采购中的知识产权风险及防控

此处所述采购是指企业从供应市场获取产品或服务以完成自身正常经营活动的行为，包括购买成型产品、委托研发、委托加工、外包项目及工程等。

3.4.1 相关案例

案例：

分包方专利侵权总包方受到牵连❶

基本案情：

2012年4月原告深圳某公司向A市中级人民法院提起诉讼，称其是三维排水连接扣装置的合法专利权人，2012年2月发现被告中铁某局在S铁路项目C段施工中未经其许可使用了该专利产品，涉及产品共计约20000个，被告的行为构成专利侵权。遂请求法院判令被告停止侵权行为，并赔偿其经济损失14万元及为维权而支付的合理开支2.84万元。

被告中铁某局认为，其已将C段路基绿化防护工程分包给安徽某园林公司施工，双方签订的《专业分包协议》明确约定该管段材料由安徽某园林公司负责采购，合同单价表中就包括原告诉称的三维排水连接扣。据此被告以安徽某园林公司与本案有利害关系为由，申请法院追加其为第三人。同时被告辩称，其没有直接购买涉嫌侵犯原告专利权的产品，因而不是本案的适格被告；其使用的被控侵权产品来源合法，即使构成侵权也依法不应承担赔偿责任。

审理和判决结果：

一审法院认为，原告作为合法有效的专利权人，其权利应受法律保护。被告中铁某局作为涉案工程的总承包方，应就整个工程中使用的产品承担责任。被告中铁某局在工程项目中使用的连接扣完全落入了原告专利权保护范围，构成了对原告专利权的侵害，原告起诉中铁某局并无不妥。被告与安徽某园林公司之间存在专业分包关系，与本案诉争的法律关系非系同一，不是必要的共同诉讼，所以申请追加安徽某园林公司为第三人的请求不予支持，其可在承担本案责任后按照双方之间签订的分包合同约定另行向案外人安徽某园林公司主张。至于被告认为被控侵权产品有合法来

---

❶ 分包方专利侵权总包方深受牵连案例［EB/OL］. (2014-11-19) [2020-12-04]. https://www.jianshe99.com/lunwen/gongchengguanli/li20141119110429622623l6.shtml.

源，不应承担赔偿责任，因被告未能提交相应证据予以证明，因此不予采信。综合相关事实，一审法院判决被告立即停止侵权行为，向原告支付经济损失5万元，并赔偿原告维权所支出的合理费用1.7万元，承担诉讼费用2000元。

被告不服一审判决，向省高级人民法院提起上诉，二审驳回上诉，维持原判。

案例解读：

在本案中，中铁某局将部分路基绿化防护工程分包给安徽某园林公司施工，与对方签订了《专业分包协议》，但未在协议中明确安徽某园林公司不得侵害第三方知识产权，并应承担相应责任，也未对分包方提供的产品来源进行监督检查，导致分包方侵害第三方知识产权后受到了牵连。

案例：

委托生产中的知识产权风险

A公司委托B公司为其一种电动产品设计电路板，为了使电路板能够良好地安装在其电动产品上，A公司在合同中技术要求部分提供了这种电动产品的机械构造。AB双方在合同中约定，在A公司支付全部合同金额后，知识产权归A公司所有。但是在B公司向A公司交付其制造的电路板后，经A公司测试，其电路控制系统不能达到A公司提出的技术要求，因此A公司保留了尾款未结清，并告知B公司提供的产品达到技术要求后将结清尾款。然而B公司未经A公司允许，将这种电动产品包括机械构造合并设计的电路控制系统申请了专利，造成A公司知识产权的流失，在专利公开后，A公司的技术秘密造成泄露。

案例解读：

在委托开发或制造过程中，为了避免知识产权风险，需要对委托合同条款进行详细的约定，包括技术秘密的范围、保密义务及违约赔偿额度。当正当权利遭到侵犯时，可搜集好相关证据，积极通过法律途径应对。

案例：

智能手机巨头公司专利大战

起初，某星作为某果的优质供应商，以超低价格和超快速度为某果提供高质量的闪存片，为某果电子产品迅速崛起起到了非常重要的作用。某星作为某果的供应商，通过某果对产品的反馈意见和要求，以及对市场的了解和快速响应，逐渐掌握了电子产品中一些关键零部件的制造工艺，并且开始推出自己的产品。慢慢从供应商的角色转变成为某果的竞争对手。随后，为了争夺市场，两家公司展开了长达7年、涉及10多个国家的专利大战。

案例解读：

在委托加工或采购零部件环节，需要审核提出的技术要求是否涉及新的技术方案，是否涉及商业秘密，如果涉及可在合同中对知识产权权属、保密范围等进行详细约定，必要时应在交代技术要求时先行进行专利申请。

3.4.2 风险监测与防控指南

（1）与采购相关的常见知识产权风险。

采购环节不仅包括直接向第三方购买产品，还包括委托第三方进行产品开发，常见的采购相关知识产权风险如表3.10所示。

表3.10 与采购相关知识产权风险梳理

类别	风险点	不良后果
产品供应商	供应商侵犯第三方知识产权	承担连带责任
委托开发	受委托方泄露技术秘密，或将技术秘密申请为自己的知识产权	技术秘密泄露，技术成果被侵占
	合同中对知识产权权属约定不明	知识产权纠纷

（2）与采购相关的知识产权风险防控指南。

首先，了解企业内外部环境。对企业现阶段采购环节知识产权风险管理的目标、组织架构、现有流程制度、供应商合同、人员资质状况以及外部涉及知识产权风险的相关方进行梳理，参考上节常见风险梳理出本单位主要采购环节知识产权风险点，及现有流程制度的不足，将梳理结果作为设计风险管理活动的依据。可通过制定风险排查表来进行梳理，如表3.11所示。

表3.11 采购知识产权风险排查表

类别	知识产权条款	问题点	解决方案
采购合同	有□ 无□ 不完备□		
采购人员岗位职责	有□ 无□ 不完备□		
专利管理人员岗位职责	有□ 无□ 不完备□		
采购流程	有□ 无□ 不完备□		
招标流程	有□ 无□ 不完备□		
……	……		

第二，明确风险管理承诺。明确企业人员对知识产权风险管理的权限和职责，并统计所需资源，如表3.12所示。

表3.12 企业人员权限和职责统计

岗位	权限和职责	所需资源
高级管理人员	资源分配、任务分配、流程审批等	信息、培训、汇报机制、人员等
专利管理人员	对商务人员提供相关培训、信息，协助进行供应商资质及合同审查	数据库、培训、激励等
采购人员	对供应商资质及合同进行审查、遵守采购流程中的知识产权条款	信息、培训等
……	……	……

第三，分配组织角色、权限、职责。根据上表内容将各类人员的权限、职责和所需资源加入到现有制度、流程及合同中，并通过高级管理层和监督机构确保企业各级明确本岗位的风险管理的权限和职责。包括但不限于：

①供应商资质审查，包括供应商诉讼历史及供应商竞争对手诉讼活跃度，采购产品是否有自主知识产权。

②采购产品外包装标识是否符合规范，例如商标是否属于供应商，专利标记和专利号的标注是否符合《专利标识标注不规范案件办理指南（试行）》的要求。

③要求供应商提供不侵犯第三方知识产权的证明或声明。

④在合同中约定供应商需保证不侵犯第三方知识产权，如发生侵权由

供应商承担侵权责任，给企业造成损失的，由供应商赔偿相应损失。

⑤在合同中明确供应商保密义务，明确技术秘密的范围，并明确供应商如果发生泄密应该承担的赔偿责任。

⑥委托开发的，应在合同中明确知识产权权属。

⑦对于采购量大、重要的物品，采用多个供应商供货方式，分摊风险，防止由单一供应商发生侵权不能正常供货后导致的供应链断裂的风险。

⑧提前制订供应商的风险预案，在供应商存在知识产权风险时，可以按照预案行动，有备无患。

⑨注意采购合同、检验报告、供应商调研报告、采购各流程节点签字记录及其他采购档案的存档。

第四，分配资源。由高级管理层和监督机构根据企业现有资源、能力和需求提供合理的资源分配，例如培训等。

第五，建立沟通和咨询。高级管理人员应将对采购环节相关的知识产权风险的管理要求通过流程、制度、合同和其他沟通方式如培训、会议等向企业的员工进行宣贯、推广。企业不应该只停留在理论上，而是应将这些风险管理的理念深入到经营活动的方方面面。

第六，实施、评价与改进。将经过审批的流程、制度、合同推进实施，定期评价并持续改进。

3.5 销售中的知识产权风险及防控

产品研发成功投入市场，进入销售环节后，就开始了对产品整个研发、采购、人员管理、风险管理等诸多环节的考验。这是因为有些知识产权风险并不是在销售环节埋下的祸端，但是却会随着产品公开时间的增加，慢慢地从销售环节爆发出来，因此销售环节往往会遇到更多的知识产权诉讼，也面临更高的被他人侵权的风险。

3.5.1 相关案例

案例：

产品销售后被告专利侵权[1]

珠海某电器有限公司（以下简称"电器公司"）生产并销售了一种美容器，主要包含机身、底座和提手，2013年电器公司为该产品申请了外观专利，并在2014年1月获得了授权。电器公司除自行销售该产品外，还将该产品通过经销商某康公司进行销售。松下株式会社发现了该产品与其研发的一款美容器外形近似，认为电器公司生产销售的美容器侵犯了其在2012年9月获得授权的一件外观专利，该专利主要包括机身和底座。为了证明电器公司、某康公司的侵权行为，松下株式会社通过公证处将购买商品的行为过程办理保全证据，统计该产品在各购物平台的销售量，搜集了电器公司对该产品的宣传信息和公司信息，随后松下株式会社向法院提起诉讼。

经一审、二审两次审判，法院综合考虑涉案专利与被诉侵权产品的全部设计特征及其对整体视觉效果的影响，认定二者的整体视觉效果相近似。最终法院判决：一、电器公司立即停止制造、销售、许诺销售侵权产品；二、某康公司立即停止销售、许诺销售侵权产品；三、电器公司、某康公司删除侵权产品的全部宣传资料及删除二被告网站中有关侵权产品的宣传内容；四、电器公司自一审判决生效之日起十日内赔偿松下株式会社经济损失共计人民币三百万元；五、电器公司、某康公司自一审判决生效之日起十日内连带赔偿松下株式会社为制止侵权行为所支付的合理开支共计人民币二十万元；六、驳回松下株式会社的其他诉讼请求。

案例解读：

尽管电器公司取得了该产品外观专利的专利权，但是企业需要了解的是，取得了专利权不代表不侵权。在该案中，法院认定被诉侵权产品与在前外观专利整体视觉效果近似，因此构成侵权。而在其他产品中，企业还

---

[1] 最高人民法院.（2017）最高法民申1828号［EB/OL］.（2017-12-03）［2020-12-04］. https://susong.tianyancha.com/fl4abdc7380611e8b0207cd30ae00c08.

需要审核自己研发的产品是否会落入第三方发明或实用新型专利的保护范围。因为在其他在前专利基础上进行创新，使技术方案具有新颖性、创造性、实用性，可以取得专利的授权，但是在实施时却要使用到在前第三方专利，因此会构成侵权。

对于松下株式会社来说，在发现侵权行为后，全面、有效地搜集到了包括价格、销量、宣传资料等相关证据，决定了诉讼的胜利，维护了自身权益。

案例：

"威极"注册商标争议❶

海天公司是"威極"注册商标的权利人，该商标注册于1994年2月28日，核定使用的商品为酱油等。某极公司成立于1998年2月24日。某极公司将"威极"二字作为其企业字号使用，并在广告牌、企业厂牌上突出使用"威极"二字。在某极公司违法使用工业盐水生产酱油产品被曝光后，海天公司的市场声誉和产品销量均受到影响。海天公司认为某极公司的行为侵害其商标权并构成不正当竞争，向广东省佛山市中级人民法院提起诉讼，请求法院判令某极公司停止侵权、赔礼道歉，并赔偿其经济损失及合理费用共计人民币1000万元。

经广东省佛山市中级人民法院审理认为某极公司在其广告牌及企业厂牌上突出使用"威极"二字侵犯了海天公司的注册商标专用权；并且具有攀附海天公司商标商誉的恶意，导致公众发生混淆或误认，导致海天商誉受损，构成不正当竞争。遂判决某极公司立即停止在其广告牌、企业厂牌上突出使用"威极"二字，停止使用带有"威极"字号的企业名称并在判决生效后十日内向工商部门办理企业字号变更手续，登报向海天公司赔礼道歉、消除影响，并赔偿海天公司经济损失及合理费用共计人民币655万元。

案例解读：

企业研发产品上市，一方面应在上市前进行商标检索，确保自身不侵

---

❶ 2013年度广东省知识产权审判十大案例[EB/OL]. (2014-04-20) [2020-12-04]. https://www.chinanews.com/fz/2014/04-20/6083612.shtml.

犯其他方商标权，避免因侵权而下架的风险。另一方面也应定期留意市场动态，防止他方未经允许，在相同或相似产品上使用与自己相同或相似的商标，导致市场被侵占，若侵权方产品质量差还会导致自身声誉受损。

3.5.2 风险监测与防控指南

1）销售环节发生知识产权风险的常见情况。

当产品进入销售环节后，由于产品公布于众，因此在这个阶段更容易产生诉讼，常见的销售环节知识产权风险如表3.13所示。

表3.13 销售环节风险统计

类别	风险点	不良后果
被他人侵权	产品上市后产品结构、外形获得公开，商标获得推广宣传，他人为坐享渔翁之利恶意侵权	市场份额及声誉受到影响
产品侵权	对市场现有产品了解不足，产品落入他人知识产权保护范围，上市后遭遇侵权诉讼	产品下架、高额赔偿
受托生产	客户提供的设计方案本身侵犯第三方知识产权	遭遇连带责任

2）销售环节知识产权风险管控实施指南。

首先，了解企业内外部环境。对企业现阶段销售环节知识产权风险管理的目标、组织架构、现有流程制度、销售环节维权、应诉方案进行梳理，参考上节常见风险梳理出本单位主要销售环节知识产权风险点，及现有流程制度的不足，将梳理结果作为设计风险管理活动的依据。可通过制定风险排查表来进行梳理，如表3.14所示。

表3.14 销售知识产权风险排查表

类别	知识产权条款	问题点	解决方案
销售人员培训制度	有□ 无□ 不完备□		
销售人员岗位职责	有□ 无□ 不完备□		
专利管理人员岗位职责	有□ 无□ 不完备□		
销售流程	有□ 无□ 不完备□		
取证方案	有□ 无□ 不完备□		
应诉方案	有□ 无□ 不完备□		
……	……		

第二，明确风险管理承诺。明确企业人员对知识产权风险管理的权限和职责，并统计所需资源，如表 3.15 所示。

表 3.15　企业人员权限和职责统计

岗位	权限和职责	所需资源
高级管理人员	资源分配、任务分配、流程审批等	信息、培训、汇报机制、人员等
专利管理人员	对销售人员提供相关培训、信息，协助进行供应商资质及合同审查	数据库、培训、激励等
销售人员	了解常见知识产权风险，知晓取证方法与技巧	信息、培训等
……	……	……

第三，分配组织角色、权限、职责。根据上表内容将各类人员的权限、职责和所需资源加入到现有制度、流程及合同中，并通过高级管理层和监督机构确保企业各级明确本岗位的风险管理的权限和职责。包括但不限于：

（1）销售环节的主动维权管理。

①对销售部门的各级人员进行分工，明确售前售后的销售部门知识产权风险管控的流程和责任人，并制定知识产权维权管控的相关制度和明确实施流程。

②对销售部门的各级人员进行知识产权培训，由产品部门对销售部门人员进行产品相关的知识产权情况的培训与说明，并提供相关知识产权文件资料；同时，还应策划并组织知识产权风险管理和防控的基础知识及应对流程的培训与考核。

③组织还应安排销售部门和其他部门相关人员一同关注和收集竞争对手的产品和知识产权信息，随时观察潜在和明面的知识产权侵权者，并进行侵权比对与评估，确定侵权行为是否成立。销售部门还应随时关注并搜集侵权者的侵权证据和相关信息，以配合律师确定合理的赔偿金额，或者配合律师确定合适的维权方式，如发警告函，提起行政诉讼，或者直接向法院提起诉讼，或者向法院提出诉前禁令，或者与对方达成和解。

④组织还应定期跟进主动维权实施情况，更新知识产权维权管控的相关制度和实施流程。

（2）销售环节的被控侵权管理。

由组织相关部门，如法务部门或知识产权部门核实警告信或起诉状的内容，确认所谓的侵权行为是否属实。如果是本组织所为，则做好以下工作：

①准备与统筹工作。由组织管理部门聘请本业经验丰富的知识产权律师，由本组织知识产权主管领导、技术与产品部门、市场和销售部门相关人员，以及知识产权律师组成应急小组。

②评估知识产权被控侵权是否成立。首先应调查并分析该知识产权是否有效，如果有效，本组织知识产权主管领导需组织产品部门调查本组织是否确已生产了对方知识产权相关的产品；技术与产品部门需调阅侵权涉及的知识产权文件，如专利或商标、版权文件，确定该知识产权有权文件的保护范围并进行侵权比对；如果本组织的行为是为生产经营目的使用或销售不知道是未经知识产权如专利权利人许可而制造并售出的专利产品或依照专利方法直接获得的产品，能证明其产品合法来源的，不承担赔偿责任，停止侵权行为即可。

③积极采取应对措施。应对措施应根据本组织的实际经营情况以及侵权风险结果评估情况，可以选择和解或者据理力争，应对诉讼。本组织需尽量收集对自己有利的证据和法律依据来支持自己的主张。

④组织还应定期跟进实际应对被诉知识产权侵权实施情况，更新知识产权被诉侵权应对的相关制度和实施流程。

第四，分配资源。由高级管理层和监督机构根据企业现有资源、能力和需求提供合理的资源分配。

第五，建立沟通和咨询。高级管理人员应将对销售相关的知识产权风险的管理要求通过流程、制度、合同和其他沟通方式如培训、会议等向企业的员工进行宣传、推广。

第六，实施、评价与改进。将经过审批的流程、制度、合同推进实施，定期评价并持续改进。

3.6　市场营销中的知识产权风险及防控

通常企业的营销组织由销售部和市场部组成,本节主要介绍市场部中存在的知识产权风险及管理方法。

市场部的主要职责包括市场调研、产品上市规划、制定产品推广策略、宣传资料的制作与发放等。由于这样的岗位职责,市场部不可避免地需要与企业内外部组织进行多种多样的联系和交流,包括将内部的产品信息对外宣传以及调研外部信息。

3.6.1　相关案例

案例:

宣传海报侵犯他人知识产权❶

迪士尼公司和皮克斯是系列电影《赛车总动员》的共同著作权人,"闪电麦坤""法兰斯高"为其中的动画形象。上述电影取得了较好的票房,并获得多个奖项或提名,也进行了广泛的宣传。国产电影《汽车人总动员》使用了与"闪电麦坤""法兰斯高"近似的动画形象,并且在电影海报上用轮胎将"人"字进行了遮挡。迪士尼一方遂将电影出品方、发行方及在网站上传播了该片的传播方诉至法院。请求法院判令出品方、发行方立即停止侵权,并连带赔偿经济损失及合理费用。

经一审二审审判,法院判决:一、被告出品方、发行方于本判决生效之日起停止复制、发行、展览及通过信息网络传播有"K1""K2"动画形象的《汽车人总动员》电影、电影预告片、电影海报,停止使用《汽车总动员》作为电影名称的不正当竞争行为;二、被告传播方于本判决生效之日起停止通过信息网络传播有"K1""K2"动画形象的《汽车人总动员》电影、电影预告片、电影海报;三、被告出品方于本判决生效之日起十日

---

❶ 上海知识产权法院. (2017) 沪 73 民终 54 号 [EB/OL]. (2020-11-26) [2020-12-04]. http://www.shzcfy.gov.cn/detail.jhtml?id=10012398.

内赔偿原告迪士尼公司、皮克斯经济损失人民币100万元，被告北京发行方对上述赔偿金额中的人民币80万元与被告出品方承担连带赔偿责任；

四、被告出品方、发行方于本判决生效之日起十日内赔偿原告迪士尼企业公司、皮克斯为制止本案侵权行为所支付的合理开支人民币353，188元；

五、驳回原告迪士尼企业公司、皮克斯的其余诉讼请求。

案例解析：

该案中，虽不是直接在商品上使用了他人知识产权，但宣传资料属于产品推广销售的重要介质，在宣传资料上使用他人商标或著作权等知识产权会使消费者对商品来源产生误认，对知识产权权利人造成损害。因此，市场部在设计、发放宣传资料过程中，应审核资料内容是否含有侵犯他人知识产权的内容，避免侵权风险，同时也应留意市场中其他企业的产品、宣传资料上是否有侵犯自身知识产权的行为，及时取证，以便通过法律途径保护自身权益。

案例：

获取市场信息时采用非法手段[1]

某商贸公司、赵某等十人与李某均系嘉禾县城经营家电、家居建材业务的企业或个体经营户。为拓宽销售市场，某商贸公司与赵某等十人决定举办第二届嘉禾家居建材工厂直供会，并组织业务员到全县各小区、乡镇进行宣传、发放资料，搜集客户信息资料（包括姓名、住址、联系电话、对家居建材的需求等信息），还安排雷某等两名业务员按照客户信息资料上的电话联系客户。李某在知悉上述活动后，利诱雷某，获取客户信息资料；并在"工厂直供会"期间，打电话给客户，干扰"工厂直供会"的正常活动。某商贸公司与赵某等十人认为，李某侵害了其商业秘密。遂诉至法院，请求判令赔礼道歉、赔偿损失。

经一审、二审审理，法院最终判决如下：一、由被告李某、雷某连带赔偿原告某商贸公司、赵某等十人经济损失20000元。限本判决生效后十

---

[1] 湖南省高级人民法院.（2016）湘民终89号［EB/OL］.（2016-09-30）［2020-12-04］. https://susong.tianyancha.com/cf1eec42990d4264b894b8fc7953c678.

日内付清。二、驳回原告某商贸公司、赵某等十人的其他诉讼请求。本案受理费2300元，由被告李某、雷某负担460元，其余1840元由原告某商贸公司、赵某等十人负担。

案例解析：

市场人员在获取市场信息时，如果不注意行为和交流内容的合法性，就有可能被认为是侵犯他人商业秘密，导致赔偿和声誉受损的严重后果。因此在获取市场信息时，应注意不要违反法律和商业道德的约束，同时也要对自身商业秘密进行良好保护，防止他人盗取秘密信息。

3.6.2 风险监测与防控指南

（1）与市场相关的常见知识产权风险。

与市场有关的知识产权风险，应注意市场人员与内外部组织的交流内容、双向沟通过程中的行为及所涉资料的内容，如表3.16所示。

表3.16　市场部常见知识产权风险表

类型	风险点	不良后果
市场调研行为	获取信息方式不当	侵犯他人商业秘密，被诉讼
宣传资料	使用信息不当	侵犯他人知识产权，被诉讼
宣传资料	公开信息不当	自身商业秘密泄露，申请专利前公开了技术方案，导致权利丧失
市场部管理	外发资料，对外宣传等市场推广活动的审核、管控不严	风险无法得到控制
与他方沟通	与同行企业、行业协会等人员沟通时，不注意相关数据和信息的管控	泄露商业秘密
展会、路演	产品在对外展示前未进行知识产权风险排查，产品侵犯他方知识产权	被撤展、查封，甚至被起诉

（2）与市场相关的知识产权风险管理实施指南。

首先，了解企业内外部环境。对企业现阶段对市场部知识产权风险管理的目标、组织架构、现有流程制度、人员资质状况以及外部涉及知识产权风险的相关方进行梳理，参考上节常见风险梳理出本单位主要市场活动知识产权风险点，及现有流程制度的不足，将梳理结果作为设计风险管理活动的依据。可通过制定风险排查表来进行梳理，如表 3.17 所示。

表 3.17　市场部知识产权风险排查表

类别	流程制度中的知识产权条款	问题点	解决方案
宣传资料审核	有□　无□　不完备□		
商业秘密管理	有□　无□　不完备□		
可对外沟通的内容管理	有□　无□　不完备□		
市场部人员对侵权行为的认知	有□　无□　不完备□		
竞争对手市场行为监督	有□　无□　不完备□		
……	……		

第二，明确风险管理承诺。明确企业市场部人员对知识产权风险管理的权限和职责，并统计所需资源，如表 3.18 所示。

表 3.18　企业市场部人员权限和职责统计

岗位	权限和职责	所需资源
高级管理人员	宣传资料审核、资源分配、决策等	信息、培训、汇报机制、人员等
专利管理人员	对企业内部发至市场部的资料以及市场部外发资料进行知识产权风险审核	培训、制度等
市场部人员	知晓能够对外宣传的信息范围，知晓依法依规交流行为的范围。 定期对竞争对手市场行为进行调研。 行业协会管理	培训、制度等
……	……	……

第三，分配组织角色、权限、职责。根据上表内容将各类人员的权限、职责和所需资源加入到现有制度、流程及合同中，并通过高级管理层和监督机构确保企业各级明确本岗位的风险管理的权限和职责。包括但不限于：

①市场部与研发部、工艺研究部门、知识产权部共同确定可对外宣传资料的范围，并通过培训等方式使市场人员熟知，保证市场人员在进行路

演、展会、网络宣传、广告等活动时不出现泄露商业秘密的行为。

②对宣传资料进行知识产权风险审核，包括使用的Logo、图案、字体、文字内容，排除侵犯他方知识产权的可能。

③对竞争对手定期进行市场动态调研，防止其侵犯自身知识产权。

④对于技术特征明显、取证容易的产品，在参展前应对展会规模、自身产品技术特征、知识产权保护情况、展会中其他商家的知识产权保护情况、产品技术特征进行充分了解，一方面避免侵犯人方知识产权，遭遇撤展甚至诉讼，另一方面要对侵犯自身知识产权的商家进行取证，必要时通过法律途径维护自身权益。

第四，分配资源。由高级管理层和监督机构根据企业现有资源、能力和需求提供合理的资源分配。

第五，建立沟通和咨询。高级管理人员应将对市场相关的知识产权风险的管理要求通过流程、制度、合同和其他沟通方式如培训、会议等向企业的员工进行宣传、推广。企业不应该只停留在理论上，而是应将这些风险管理的理念深入到经营活动的方方面面。

第六，实施、评价与改进。将经过审批的流程、制度、合同推进实施，定期评价并持续改进。

3.7　企业IPO上市中的知识产权风险及防控

IPO（Initial Public Offering，首次公开募股），是指企业第一次向公众出售其股份。随着2019年注册制在上交所科创板落地实施，IPO审查从实质性审核转向形式性审核，审核流程得到了简化，周期大大缩短，标准的放宽意味着将会有更多的公司能够上市发行股票。但是，为了保证上市公司的质量，监管机构必然会采取更严格的信息披露机制和监管机制。本节通过五个案例说明企业IPO过程中易发、高发的知识产权风险源及风险防控方法和指南。

3.7.1 相关案例

案例:

某光电股份有限公司上市申请

2019年1月,中国证监会发布发审会公告,公布某光电股份有限公司(首发)未通过,其中原因之一为发行人与深圳市某科技股份公司涉及相关专利诉讼。

案例:

北京某科技股份有限公司上市申请

2019年7月,科创板受理北京某科技股份有限公司上市申请,显示审核状态变更为"终止"。在此前的申报材料中,该公司提交了8项发明专利申请,但均尚未通过审查而获得授权。自2019年4月被受理,该公司共经历了四轮询问,其中核心技术竞争力与先进性在每轮询问中都会被上交所问到,并质疑其在未取得任何专利的情况下如何构建技术壁垒,最终该企业主动撤回申报材料。

案例:

苏州某光电科技股份有限公司上市申请

苏州某光电科技股份有限公司(以下简称"光电公司")从2010年1月首发通过,3月成功发行受到热捧,转而6月被证监会撤销其首次公开发行股票行政许可,发行人将此前募集的4.16亿元连同利息返还给中签者,发生了巨大反转。这一幕反转的原因之一是其4项外观专利和一项实用新型专利因未及时缴费导致专利权终止,使得光电公司招股说明书和申报文件中所列示的专利情况不一致,并且光电公司当时全部产品均使用被终止的4项外观专利,50%的产品使用被终止的1项实用新型专利,5项专利被终止对公司存在不利影响,从而上会被否。

6年后,光电公司终获核准。再次公开募股审核过程中,专利等知识产权仍然是关注焦点,审查更为严格,企业形象也难免受到公众的质疑。

案例：

江西某中药股份有限公司上市申请

2007年江西某中药股份有限公司因"康恩贝"商标的使用依赖于关联方而导致上市失败。事件的起因是由于肠炎宁为该公司第二大主导产品，为其报告期内主要收入增长的来源，而该产品使用的"康恩贝"商标所有权却属于公司股东康恩贝集团间接控股的康恩贝医药销售公司，后因公司主要产品商标使用权与股东存在关联和依赖关系，导致公司IPO被否。

案例：

某网络技术有限公司上市申请

某网络技术有限公司，在2014年9月纽约证券交易所正式挂牌上市前购买了102项美国专利，并且在美国申请了300多项其他技术专利，包括支付流程、产品推荐、图片搜索等，用于避免像谷歌、Facebook和Twitter等公司在IPO前遭遇的困境，抵御竞争对手的诉讼。

案例解读：

知识产权作为一种无形资产，不仅能够体现拟上市企业的科技水平，而且其具有的专有性，决定着企业产品能否在市场的专利丛林里自由地穿行。因此在中国证监会对申请IPO的企业进行审核时，会重点审查企业知识产权是否存在信息不符、权利是否有效、权属是否明晰、是否遭遇侵权诉讼等问题，并衡量这些问题是否会对发行人的业务经营和未来发展产生重大不利影响，是否会对发行人的持续盈利能力造成重大不利影响。

3.7.2 风险监测与防控指南

（1）上市前知识产权风险的主要类型。

上市前企业应进行知识产权风险排查，防止由知识产权权属不明晰、信息披露不准确等问题导致上市失败，常见的上市相关知识产权风险如表3.19所示。

表 3.19　上市相关知识产权风险

类型	风险点	不良后果
对知识产权缺乏独立控制权	主导产品所使用的知识产权属于或依赖于关联方	IPO 申请被驳回
知识产权影响正常经营	产品所使用的关重知识产权到期或因维护不当导致权利终止。 因未决诉讼存在巨额赔偿，影响正常经营。 侵权风险	
信息披露问题	披露信息不真实、不准确、不及时、不全面、不规范	

（2）IPO 知识产权风险管理实施指南。

首先，了解企业内外部环境。参考上节中风险主要类型，梳理出本单位 IPO 知识产权风险点，将梳理结果作为设计风险管理活动的依据。可通过制定风险排查表来进行梳理，如表 3.20 所示。

表 3.20　IPO 知识产权风险排查表

类别	排查内容
专利	专利证书是否齐全； 受让取得的专利，专利登记簿副本是否齐全； 年费是否按时缴纳； 关键专利是否有共同专利权人； 是否存在质押、转移、许可、无效、终止等情况，是否有不利于生产经营的风险； 关键技术是否申请了专利，保护范围是否适当； 上市产品是否存在侵权风险
商标	在用标识是否已申请商标，是否已注册，注册证是否齐全； 商标是否及时续展； 商标权属是否有变化； 商标是否被许可或许可他人，是否已备案
核心技术人员	报告期内是否存在核心技术人员变动，如果发生变动核实，分析该变动是否影响生产经营，是否有违反保密协议、竞业协议的情形，是否存在导致申请人存在技术纠纷的可能，要出具相关书面说明

续表

类别	排查内容
知识产权出资	用于出资的知识产权不涉及职务发明的书面说明； 用于出资的知识产权资产评估报告； 出资比例是否符合相关制度要求
合作开发	研发成果、知识产权归属是否有约定； 是否已申请相关知识产权； 合作开发技术对申请人正常经营的影响程度； 正常经营是否存在第三方依赖

第二，明确风险管理承诺。明确进行上述风险排查的岗位和具体人员，例如知识产权管理人员、资料管理人员、董事会秘书、总经理办公室相关人员等，并配以相关资源，例如相关法律法规文件、培训等。

法律法规文件根据企业IPO选择的板块进行针对性的研究，例如科创板制度中，关于企业知识产权的规定包括《科创板首次公开发行股票注册管理办法（试行）》《科创板公司招股说明书》《首次公开发行股票并在科创板上市申请文件》《上海证券交易所科创板企业上市推荐指引》《科创属性评价指引（试行）》等文件。

第三，分配组织角色、权限、职责。根据企业组织架构，将上述风险排查工作分配至各岗位，明确各岗位权限、职责。这些权限与职责中应当至少包括：

①知识产权尽职调查。对企业商标、专利、著作权等知识产权的有效性、权利、归属等进行盘点。

②对排查出的问题一一处理。

③知识产权风险预警。通过检索等手段，对可能发生侵权诉讼的情况进行估计，并做好防范预案。

④知识产权竞争分析。通过检索等手段，充分掌握市场竞争环境，准备充分能够证明自身市场竞争力的书面资料。

⑤知识产权专业管理。对企业进行全方位的知识产权专业管理，包括研发、生产、人员、行政、市场、销售等环节，防止商业秘密泄露，由于

原告需要承担举证责任,因此对商业秘密的严加管控,一定程度上可以避免上市准备期间遭遇诉讼。

第四,分配资源。由高级管理层和监督机构根据企业现有资源、能力和需求提供合理的资源分配。

第五,建立沟通和咨询。高级管理人员应对IPO过程中的相关知识产权风险的管理要求,通过合适的形式及时向相关人员进行传达,保证风险管理要求的执行。

3.8 合作创新中的知识产权风险及防控

在开放式创新时代,企企之间、企校之间或其他产学研合作中常常会以合作开发、协同创新等形式完成产品研发,共享创新成果。合作创新的好处不言自明:盘活/共享产业链创新资源、缩短产品研发周期、提高整体创新效率和水平、节省企业研发成本等。然而,合作开发中常见的成果归属、知识产权权利归属等问题,也极易因合作各方利益不同、事先约定不当或事后处理不妥而引发诉讼纠纷。

3.8.1 相关案例

案例:

合作开发专利合同纠纷❶

2016年中山市东凤镇某电器厂(以下简称"电器厂")诉称:2013年至2014年,电器厂与中山市某电器科技有限公司(以下简称"电器公司")共同合作研发了圆形小茶炉、鼓形电陶小茶炉等产品。电器厂委托电器公司制造技术方案所需的专用模具,但电器公司利用工作之便,未告知电器厂就擅自利用上述设计方案向国家知识产权局申请了实用新型专利和外观专利若干件,电器厂发现上述情况后,要求电器公司办理

---

❶ 最高人民法院. (2019) 最高法民申 4939 号 [EB/OL]. (2020–09–29) [2020–12–04]. https://www.fayanfayu.com.cn/cases/67_52878.html.

专利权转让手续。电器公司拒绝转让，但同意电器厂无偿使用。之后双方签订了《专利共同使用合同》和《专利实施独占许可合同》。被告却违反双方签订的《专利共同使用合同》和《专利实施独占许可合同》，将原告的多家经销商以侵犯其专利为由向法院提起诉讼。同时，被告还通过淘宝知识产权保护平台对原告多名经销商的淘宝、天猫店铺发起专利侵权投诉。

经法院一审二审两次审理，最终判决电器公司的部分行为构成违约，应当承担由此给电器厂造成的经济损失。由于电器厂与电器公司未在合同中约定违约金数额，电器厂也未能举证证明其因电器公司的违约行为造成的实际损失数额，本院依照合同类型、电器公司违约行为的程度和范围、电器厂因电器公司的违约行为支出的维权费用的情况，酌定电器公司赔偿电器厂经济损失总计20万元。电器厂超过该数额的赔偿请求，本院不予支持。

案例解读：

在合作开发产生的知识产权侵权或合同纠纷中，往往因为权属分配不清、违约责任约定不清导致一方侵害另一方权利而无所顾忌，而被侵害方却因约定不足，证据不足等问题难以很好的维护自身权益。

3.8.2 风险监测与防控指南

（1）合作开发知识产权风险的主要类型。

合作开发可以使合作方之间各自发挥所长，促进创新效率与质量。在进行对外合作过程中，除了关切合作的方式和成果分配，还应该注意防范容易出现的知识产权风险，常见的合作开发知识产权风险类型如表3.21所示。

表3.21 合作开发知识产权风险类型

风险类型	风险点	不良后果
合同条款约定不足	对知识产权权利归属、违约责任、权利义务约定不明晰	违约成本低，维权困难

续表

类型	风险点	不良后果
泄密	在合作开发活动中合作方对企业商业秘密管控不当，造成泄露； 合作方借合作之名有意窃取商业秘密	造成商业损失
在前知识产权贬值	合作开发的新产品新技术对在前技术造成冲击，导致在前知识产权贬值	原有独立知识产权成果被合作开发技术替代，失去独立控制权
合作方侵害第三方知识产权	在合作开发过程中，合作方提供的技术内容侵害到他人知识产权	承担侵权连带责任
合作方不诚信	合作方抢注商标或擅自申请专利； 掌握核心技术后，非正常终止合作，自行进行后续开发	知识产权流失，权利受损
知识产权运营受限	由于合作协议条款中规定了共享知识产权，导致运营知识产权受到合作方限制	经营活动受限

（2）对外合作知识产权风险管理实施指南。

首先，了解企业内外部环境。参考上节风险主要类型梳理出本单位对外合作开发活动中的知识产权风险点，将梳理结果作为设计风险管理活动的依据。可通过制定风险排查表来进行梳理，如表3.22所示。

表3.22 对外合作知识产权风险排查表

类别	排查内容
合作方尽职调查	合作方信誉业绩调研； 现有知识产权成果； 诉讼历史
保密措施	参照第3.1至3.6节
合同	合作内容、各方权利义务约定； 知识产权权属； 知识产权各方使用权利约定； 保密义务约定； 违约责任是否量化； 合作各方交付文件约定等

第二，明确风险管理承诺。明确进行上述风险排查的岗位和具体人

员,并依据人员需求配备适当资源。

第三,分配组织角色、权限、职责。根据企业组织架构,将上述风险排查工作分配至各岗位,明确各岗位权限、职责。

这些权限于职责中应当至少包括:

①对拟合作方进行尽职调查;

②对保密协议条款进行审核;

③对合作协议条款进行审核;

④对合作开发过程中产生的文件进行管理;

⑤对合作开发过程中需要外发的资料进行保密审核与控制;

⑥对合作开发场地进行管理,包括合作各方集体对外的保密管理,以及提供场地一方与其他合作方互相之间的保密管理;

⑦合作出现非正常终止时及时进行知识产权分割。

第四,分配资源。由高级管理层和监督机构根据企业现有资源、能力和需求提供合理的资源分配。

第五,建立沟通和咨询。高级管理人员应将对合作开发相关的知识产权风险的管理要求通过流程、制度、合同和其他沟通方式如培训、会议等向企业的员工进行宣贯、推广。

第六,实施、评价与改进。将经过审批的流程、制度、合同推进实施,定期评价并持续改进。

3.9 知识产权运营活动中的风险及防控

知识产权运营近年来是个比较热门的话题,但是其具体的概念和范围目前还没有统一的定义。本节中讨论的知识产权运营是指狭义的范畴,包括知识产权证券化、质押融资及入股,以及技术转让所涉及的权利转移许可等能够实现知识产权经济价值的行为。

本节通过知识产权入股、知识产权证券化、知识产权质押融资及技术转让四方面的案例,分别阐述在进行不同知识产权运营活动时的风险管理方法。

3.9.1 知识产权入股

案例：

青海某生物技术有限公司与北京某生物科技有限公司、
殷某、张某公司增资纠纷案[1]

2002年10月30日，青海某生物公司在工商行政管理局登记成立。受北京某生物公司委托，2009年11月27日，北京某评估公司对北京某生物公司拥有的发明专利及相关全套工业生产技术、注册商标3项无形资产做出评估报告，评估结果为人民币1300万元。2010年4月9日，青海某生物公司做出股东会决议，同意北京某生物公司以上述3项无形资产向青海某生物公司增资，并以评估结果1300万元认定增资数额，之后，完成了无形资产的增资并依法变更工商登记。2014年12月30日，国家工商行政管理总局商标评审委员会做出商标无效宣告请求裁定书，宣告上述商标无效并进行了公告。2016年2月25日，国家知识产权局专利复审委员会做出无效宣告请求审查决定书，宣告上述发明专利权无效并进行了公告。

青海某生物公司向一审法院提起诉讼，请求：1. 北京某生物公司向青海某生物公司补充缴纳出资1300万元；2. 北京某生物公司向青海某生物公司赔偿自2010年4月9日至实际给付之日的按照中国人民银行同期贷款基准利率计算的经营利益损失7118768元（暂计算至2018年6月30日）；3. 殷某、张某对第一项、第二项诉讼请求承担连带责任。

本案裁判结果：一审结果：青海省高级人民法院做出（2018）青民初123号民事判决，驳回青海某生物公司的诉讼请求；二审结果：最高人民法院做出（2019）最高法民终959号民事判决，驳回上诉，维持原判。

案例解读：

《公司法》司法解释（三）第十五条规定："出资人以符合法定条件的非货币财产出资后，因市场变化或者其他客观因素导致出资财产贬值，

---

[1] 最高人民法院.（2019）最高法民终959号［EB/OL］.（2019-10-07）［2020-12-04］. https://www.sohu.com/a/345412654_120053746.

该出资人不承担补足出资责任，除非当事人另有约定。据此，出资人以知识产权出资的，知识产权的价值由出资时所作评估确定，出资人不对其后因市场变化或其他客观因素导致的贬值承担责任，除非当事人另有约定。"

根据《商标法》第四十七条和《专利法》第四十七条的规定："注册商标或者专利被宣告无效，对宣告无效前已经履行的商标或者专利转让不具有追溯力，除非证明权利人存在主观恶意。"

本案的出资方依法并适时的办理了评估作价和财产权转移、工商变更手续，股权出资义务已依法履行完毕，因此在遭到诉讼时保护了自身权益。

本案原告对增资主体未进行充分的尽职调查，对商标、专利的稳定性评估不足，并且也未同出资方约定当增资主体价值发生贬值或发生变化时的处理方式，导致最后吃了"哑巴亏"。

知识产权入股风险管理指南：

对于入股方，首先，应确认知识产权的状态，包括：确认自己是否为该知识产权的所有者，是否存在其他共有权利方；确认知识产权是否已通过了相关单位的审批或已完成了登记，如已取得了专利权属证书、商标权属证书、软件著作权登记证书等；确认知识产权的维护情况，包括专利是否按时缴纳了年费，商标是否临近续展期限等；确认知识产权现阶段权利稳定，未出现无效、"撤三"等影响权利稳定性的事件。其次要及时办理相关手续，包括知识产权评估、权利转移或许可备案、变更工商登记等。

对于接受入股方，由于接受入股方所需承担的风险更大，因此需要在正式进行股权变更之前对作为出资主体的知识产权进行更为严格的尽职调查，包括但不限于：知识产权权利是否已经获得；知识产权权利终止的期限，是否存在缴费滞纳的情况；知识产权权利所有方，是否存在权利共有人，知识产权的经营活动是否得到权利共有方的同意；专利保护的范围是否过窄，是否易于规避；对专利进行检索，检查是否存在被无效的风险；专利是否依赖于其他专利技术，只有得到第三方授权才能实施；专利的实施是否存在成本、技术能力、人员安排等困难；专利的估值是否合理；商标是否连续三年未使用；是否存在在先近似商标。此外，为了防范在入股后知识产权价值的降低，或者被无效、"撤三"等情况，可与入股方协商在入股协议中设定补偿条款,如增资、增加其他知识产权作价入股等方式以降低风险。

3.9.2 知识产权证券化

案例:

我国首支知识产权证券化产品

2019年3月28日,我国首支知识产权证券化标准化产品"第一创业——文科租赁一期资产支持专项计划"在深圳证券交易所成功设立,其产品底层资产标的物全部为知识产权,包括发明专利、实用新型、著作权等共计51项知识产权,覆盖艺术表演、影视制作发行、信息技术、数字出版等文化创意领域多个细分行业,基础资产则为以上述知识产权未来经营现金流为偿债基础形成的应收融资租赁债权,产品总规模达7.33亿元,实现了我国知识产权证券化"零的突破"。

案例解读:

随着我国经济的转型升级,知识产权证券化作为一种新型融资方式逐渐得到了政府的重视和企业的青睐。但是目前我国对知识产权证券化的实践经验还不充足,法律法规也是在不断完善的过程中。

知识产权证券化风险管理指南:

由于知识产权所有人(原始权益人)经营情况会对其用于证券化融资的知识产权(基础资产)产生影响,例如知识产权所有人因市场变化导致破产时其知识产权可能会面临资产抵债,价值降低,甚至可能会因管理不善出现维护不当导致权利丧失等情况。为了降低知识产权所有人可能发生的经营风险对拟发行知识产权证券资产的影响,可通过设立 SPV(Special Purpose Vehicle,特殊目的机构)的方式,将知识产权所有人的所有权和投资者(受益凭证持有人)的受益权进行分离。知识产权所有人通过转让资产的方式将知识产权转让给 SPV,并可通过第三方担保对 SPV 进行信用增级,然后由 SPV 向投资者发放受益凭证,这样实现知识产权所有权和收益权的分离,在知识产权所有者、投资者以及 SPV 之间建立起降低风险的防火墙。

3.9.3 知识产权质押融资

案例：

甘肃某公司知识产权质押融资

甘肃某能源科技有限公司创立于2009年，公司主营业务为锂电池正极材料的研发、生产、销售。在甘肃，电动车锂电池正极材料市场需求巨大，相关技术研发是该公司的特长，但研发资金短缺的难题曾令其一筹莫展。在甘肃省知识产权局的帮助下，该公司的15件核心专利估值超过2000万元，与银行顺利签约，获得贷款1500万元。

案例解读：

作为一种新型融资方式，知识产权质押融资是指将知识产权作为质押物向贷款人取得贷款，并按约定偿还贷款本息及利息的一种贷款业务。用于质押的知识产权类型可以包括合法且有效的专利、商标、著作权等。

近年来，国家鼓励大众创业万众创新，在这样的政策环境下涌现出大量优秀的创业项目和新型产品，对经济发展、科技进步、解决就业起到了积极推动作用。但是对于初创企业，由于固定资产的匮乏，难以从传统的银行贷款业务中取得质押贷款，于是知识产权质押融资产品应运而生，一定程度上解决了初创科技企业融资难的问题，企业可将知识产权作为质押物，向银行或其他金融机构取得运营所需资金。

知识产权质押融资风险管理指南：

在知识产权质押融资过程中，企业面临的风险远小于金融机构，对于金融机构而言，应该建立完整的知识产权质押融资风险控制体系，其中应至少包含：

（1）准入条件。严格控制贷款申请人的准入条件，例如对用于质押的知识产权进行审查，只有满足产权明晰、权利有效、可以进行质押登记、满足国家各项规定可以上市交易、易于变现等条件的才可准许贷款。

（2）质押率。质押率可简单的描述为贷款额占质押物市值的百分比。由于知识产权转换为经济利益的方式与成本不同于传统资产，因此知识产权的贷款质押率应不同于传统资产。例如一件保护制造工艺的发明专利，若使用该专利需要配备相应的设备及专业技术人员，若卖出该专利则需要专业的专利评估机构进行专利价值评估，并且买方市场也仅限于该专利的技术领域并且对限定技术方案存在需求的客户，市场范围相对较窄，因此知识产权质押物处置成本较高。而房屋、设备等传统资产的使用、买卖等处置成本相对较低，所以知识产权贷款质押率应低于传统资产质押率。例如发明专利一般可定在25%以下，即如果该发明专利评估价格在100万元则贷款额不应高于25万元。

（3）设置合理的融资期限。一般情况下，知识产权，尤其是专利、软件著作权等与技术相关的知识产权，其价值随时间推移、市场情况的改变及新技术的产生逐渐降低，因此贷款期越长面临质押物贬值的风险越大，因此要合理控制贷款期限。一般以一年期为主，最长不得超过3年。

（4）是建立有效的贷后管理机制。如企业定期回访、舆情监控等，确保一旦发现融资企业经营情况发生变化、用于融资的知识产权发生变动或知识产权价值明显下降而可能损害金融机构利益时，可以及时采取相应的资产保全措施。

3.9.4　技术转让

案例：

某瑞公司与某昌公司技术转让[1]

某瑞公司和某昌公司双方签订合同，约定某昌公司将新药技术转让给某瑞公司并共同申报新药证书。合同成立后，某昌公司将相关技术资料转让给某瑞公司并收取某瑞公司转让费用1000万元，山西省中医院等多家医疗机构参与了临床试验。双方共同提出新药品种申请。但因相关资料存在数据不能溯源、临床疗效判断指标修改、病例记录试验时间与发药时间不符等问题，新药注册程序被终止。某瑞公司请求判令解除双方签订的合同，某昌公司退还海瑞公司已付款项及利息并赔偿某瑞公司的经济损失。

---

[1] 广州知识产权法院. 服务和保障科技创新十大典型案例［EB/OL］.（2018 - 12 - 19）[2020 - 12 - 04］. https：//www.sohu.com/a/283031907_120054912.

广州知识产权法院裁判：合同的目的在于通过某昌公司对某瑞公司的技术转让、共同申报新药证书，以实现药品的工业化生产。但是，广东食药监局经核查发现存在数据不能溯源、临床疗效判断指标修改、病历记录试验时间与发药时间逻辑不符等问题，认为其临床试验相关技术资料及数据不符合药品注册核查的有关要求，综合评定结论为不通过。法院综合审查海瑞公司自行获取的、以及依本院调查令收集的临床试验机构及其参与人员的书证，认定存在广东食药监局核查出的问题，推断某昌公司提供的临床试验技术资料不符合药品注册核查的要求导致药品注册程序被终止，使合同目的无法实现。因此，法院支持某瑞公司提出的解除合同请求；合同解除后某瑞公司退还技术资料、某昌公司退还款项1000万元并支付占款利息。

判后，某昌公司上诉，广东省高级人民法院驳回上诉，维持原判。

案例解读：

在本案中，双方约定某昌公司将智力劳动成果转让给某瑞公司，并从中收取报酬，本身知识产权的运营方式无可厚非，但是国家食品药品监督管理总局在2015年8月颁布了《关于进一步做好药物临床试验数据自查核查工作有关事宜的公告》，标志着我国进入了从严管理药品的新时期。由于药品核查更加严格，导致两公司申报新药证书失败，进而导致双方不能正常履行合同。虽然最终法院宣判解除合同，但对某瑞公司来说预计进行的经营活动不能如期进行，并且某昌公司是否能顺利退还、支付相关款项也是未知，终归是对企业正常经营活动产生了负面影响。

由该案例可以看出，对于接受技术转让的一方来说，除了要关注转让金额，更为重要的是应对转让技术进行充分的调查。在本案中，某瑞公司应在接受转让前对该技术的相关资料数据溯源情况、临床疗效等信息进行核查，依据调查结果评估技术转让金额是否合理以及履行合同时所需面临的风险。尤其对于医药行业，药品监管临床试验等相关技术资料和数据是否符合药品注册核查的相关需求，待转让技术的先进性、数据材料的真实性都应列入签署合同前的调查范围。

但原告某瑞公司正是因为前期的调查策略不够有效，或者采取调查研究的方法有误,导致评估结论的偏差,致使做出了错误的判断。虽然最终原告方企业挽回了经济损失,但经验和教训却值得借鉴。

技术转让风险管理指南:

企业在实施、许可或转让技术前,应分阶段进行背景调查和风险评估。先对技术主体进行调查,通过知识产权作为载体,对包括专利证书、商标注册、图纸资料、工艺文件、电子存储等进行背景调查。将调查结果结合技术的领域价值,市场价值、技术价值等,对技术做出合理的价值判断,并评估面临风险的可能性,有了基本的判断后再决定是否进行技术的转让或引进,以避免发生类似本案的风险。

3.10 产业联盟、标准化组织的知识产权风险及防控

随着企业知识产权意识与能力的提升,在国家政策引导下,专利质量不断得到提高,知识产权运营活动逐渐多样化,越来越多的企业开始选择参加产业知识产权联盟、参与标准制定、加入标准化组织等,利用产业资源、降低自身侵权风险、提升知识产权价值。

3.10.1 产业联盟

根据《产业知识产权联盟建设指南》中的定义,产业知识产权联盟是以知识产权为纽带、以专利协同运用为基础的产业发展联盟,是由产业内两个以上利益高度关联的市场主体,为维护产业整体利益、为产业创新提供专业化知识产权服务而自愿结盟形成的联合体,是基于知识产权资源整合与战略运用的新型产业协同发展组织。产业知识产权联盟的重要运营活动之一是构筑和运营产业专利池。

在我国,截至2018年1月22日,国家知识产权局备案在册的知识产权联盟有105家。影响较大的知识产权联盟有闪联(电器电子设备互联)、AVS(Audio Video Coding Stand,数字音视频编码)和中彩联(彩电)等,此外还有广东美的生活电器制造有限公司等4家企业联合发起的"电压力锅专利联盟"等。

一般来说，加入知识产权联盟的成员，可通过无偿地使用联盟专利池中的障碍性专利或互补性专利，减少专利许可的障碍，并且还可通过专利池来获得行业技术信息，增加自身专利对外进行许可的机会和价码，同时增加自身应对诉讼的能力和与国外垄断性公司抗衡的能力。

加入产业知识产权联盟存在的风险主要包括：

其一，联盟成员研发内容相近，专利池中的专利多为竞争性专利，竞争性专利不具备互补性，联合授权可能构成垄断，专利池的构建引起行业不正当竞争，招致反垄断审查。其二，联盟专利池中专利的质量或专利互补性达不到期望，加入专利池后反而对外许可等专利运营活动受到限制，制约企业发展。

加入产业知识产权联盟的风险管理实施指南：

首先，企业应明确加入产业知识产权联盟的目的和期望；其次，应对产业知识产权联盟运营规则进行详细的了解，包括专利池是开放性的还是封闭性的，所拥有的专利是否有产业或政府的支持，许可义务和许可原则等。

3.10.2 标准化组织

案例：

天诚通信参编国际标准[1]

2018年2月，上海天诚通信技术股份有限公司作为布线行业唯一的中国企业，参加了在巴黎举行的第64届ISO/IEC JTC1 SC25 WG3（通用布缆的国际标准化组织）标准会议。本次会议汇集了来自16个国家、40多个不同的综合布线品牌、大学、研究机构及智能化咨询公司的代表。会上，制定了1对平衡布缆（TR11801-9906）、智能基础设施管理（AIM）、IEC11801-3工业布线标准修订案等行业热点标准。

9月24日，在美国华盛顿又举行了第65届ISO/IEC JTC1 SC25 WG3

---

[1] 一个中国民营小企业何以参与国际标准制定？［EB/OL］.（2018-12-29）［2020-10-22］. http：//sh.people.com.cn/n2/2018/1229/c176738-32471350.html.

标准会议。来自中国、美国、加拿大、德国、法国、以色列、韩国、日本、澳大利亚、比利时、丹麦、英国、墨西哥、西班牙、挪威、瑞典、瑞士等17个国家成员体的60余位国际专家参加了此次为期四天的会议,天诚通信再次作为中国唯一民族品牌企业代表参加,作为行业专家,天诚通信总经理黎镜锋、吴俊在会上积极建言,为行业标准提出了专业意见。

天诚通信2002年在上海成立,是一家专注于通信电缆布线的企业,至今产值规模不大,年销售额只有3亿元。但是,天诚一直在这一领域精心开拓,终于成为这一领域"专、精、特"的代表。

随着互联网、大数据、云计算、云存储的发展,通信行业也成为全世界发展速度最快的产业之一,通信技术突飞猛进,带动了相关产业链的高速发展。

经过十多年的发展,取得了从数据通信到光通信,从无源到有源,从硬件到软件再到系统平台;从标准件到智能产品,再到智能系统,从铜方案到光方案,从有线到无线,从楼宇布线到数据中心的产业发展格局。在该行业多年受国外品牌的制约下,打造了备受瞩目的"TC"中国民族品牌,打破了综合布线产业格局,实现了综合布线产品本土化。

案例解读:

标准是以特定制式发布的某个范围内的通用准则和依据,标准的发布需要得到相应主管机构批准。企业参与标准制定将有机会将自己的研发技术、测试方法或管理模式上升为行业、国家乃至世界范围的规范,这将使企业在标准有效期内对行业技术发展的走向具有引导性作用,并且能够扩大市场影响力和知名度。专利的挖掘和布局往往是根据现有或者在前的专利与市场信息而进行的,而标准是对未来的技术走向进行引导,二者结合可以扩大企业利益范围,并能形成更有效的风险防范。因此将专利与标准结合,成为新兴技术领域及行业领头企业越来越重视的发展方向。

风险及解决方案:

参与标准制定的风险主要为专利技术成为技术标准后,会对该专利与其他专利自由组合形成专利包对外许可形成障碍。可通过合理规划加入标准的专利和良好的专利布局来降低该方面的风险。

第4章 WIPO/最高院典型IP案例及风险指标体系

郑 聪

作者简介

郑聪，毕业于天津大学，中国专利代理师，国家专利信息实务人才。在知识产权领域工作十余年，致力于企业知识产权管理咨询研究工作，主要包括专利信息情报检索与分析、知识产权与标准化的研究等。

通过对第三章对知识产权领域不同风险源的分析和案例总结，可将知识产权风险管理方法整理成一套知识产权风险管理指标体系。该指标体系中涵盖了企业中常见的知识产权风险及管理方法和策略，是一套系统性、动态性、可量化的知识产权风险分析系统和管理指南。通过该指标体系可明确、细致监视、预测企业知识产权风险管理漏洞，提高知识产权风险管理水平。

知识产权风险管理指标体系是将风险管理科学理论与知识产权实务经验相结合，运用风险管理原则、框架和流程方法所进行的创新性管理与风险监测、预警、分析系统，其内容主要包括：

①风险管理框架，包括领导力和承诺、策划、实施、评价、改进；

②知识产权管理岗位职责，包括知识产权创造、知识产权管理、知识产权保护；

③人力，包括劳动合同及协议、背景调查、知识产权岗位、离职、

培训；

④资源，包括文件、信息、场所；

⑤研发，包括过程、成果；

⑥采购，包括供应商、委托开发；

⑦生产，包括受托生产、市场与销售、售前、售后；

⑧其他。

通过利用风险管理指标体系的对照检查可以帮助企业发现知识产权风险管理的不足，纠正风险管理的薄弱环节，提高风险防控能力。下面就利用指标体系以案例为线索来检验案例中的企业在知识产权风险管理活动中存在的不足并研究应如何改进。

2019年11月21日，世界知识产权组织（Word Intellectual Property Organization，WIPO）发布了《世界知识产权组织知识产权典型案例集中华人民共和国卷（2011—2018）》。该书是与中华人民共和国最高人民法院出版的合集，介绍了最高人民法院在2011年至2018年期间审判的30个典型案例。

这些判决由最高人民法院选出，展示了近年来在商标、版权、专利、商业秘密、集成电路布图设计、植物新品种、垄断与竞争以及知识产权刑事执法领域的司法审判。该书收集了世界各地最活跃的诉讼管辖区所做出的具有里程碑意义的知识产权判决，旨在按司法管辖区或主题阐释知识产权审判方法和趋势。

世界知识产权组织总干事弗朗西斯·高锐在介绍这部新出版物时表示："技术变革正在颠覆现行的知识产权制度，但议事机构反应速度缓慢，并非总是能够针对紧迫问题及时制定出解决方案，在此背景下，知识产权生态系统中的创新者和其他主体越来越多地寻求通过法院来解决那些尚未找到答案的问题，这意味着法院在其国境之内和全球经济之中都对塑造知识产权框架的发展发挥着日益重大的作用。"

可以看出，知识产权生态系统中的创新者，包括企业，能够通过法院的典型知识产权审判案例来解决或者预防未来可能发生的知识产权风险。因此，本章将从该书挖掘与剖析企业已面临的或者未来也有很大可能面临的知识产权风险点,并通过专利、商标、著作权、垄断竞争、植物新品种、集成电路及知识产权刑事七个方面介绍企业应如何利用本指标体系进行知识产权风险预警与防范。

4.1 专利篇:风险指标体系(含案例分析)

本节通过五件与专利相关的典型案例,分析企业在实际经营中常见的专利管理风险,并通过展示和解读部分知识产权风险管理体系指标,结合相关案例说明如何应用本指标体系防范这些常见专利风险。

本部分案例主要涉及内容:药品制备方法专利侵权纠纷中被诉侵权药品制备工艺的查明;设计特征的认定及对外观设计近似性判断的影响;马库什权利要求的性质、在无效程序中的修改方式和创造性判断方法;产品说明书是否属于专利法意义上的公开出版物;专利权人与侵权人的事先约定可以作为确定专利侵权损害赔偿数额的依据。

4.1.1 药品制备方法专利侵权纠纷中被诉侵权药品制备工艺的查明

案例:

L公司与H公司侵害发明专利权纠纷案❶

基本案情:

2013年7月25日,L公司向江苏省高级人民法院诉称,L公司拥有涉案方法发明专利的专利权,涉案专利方法制备的药物为新产品。H公司使用落入涉案专利权保护范围的制备方法生产该药物并面向市场销售,侵害了L公司的涉案方法发明专利权。为此,L公司提起本案诉讼,请求法院判令:

1. H公司赔偿L公司经济损失人民币1.5亿元、L公司为制止侵权所

---

❶ 最高人民法院.(2015)民三终字第1号 [EB/OL].(2016-06-28)[2020-10-22]. https://wenshu.court.gov.cn/website/wenshu/181107ANFZ0BXSK4/index.html?docId=e13f85fbf776462195007fe505bf7900.

支付的调查取证费和其他合理开支人民币 28800 元；

2. H 公司在其网站及《医药经济报》刊登声明，消除因其侵权行为给 L 公司造成的不良影响；

3. H 公司承担 L 公司因本案发生的律师费人民币 150 万元；

4. H 公司承担本案的全部诉讼费用。

裁判/判决结果：

江苏省高级人民法院于 2014 年 10 月 14 日做出（2013）苏民初字第 0002 号民事判决：

1. H 公司赔偿 L 公司经济损失及为制止侵权支出的合理费用人民币计 350 万元；

2. 驳回 L 公司的其他诉讼请求。

最高人民法院 2016 年 5 月 31 日做出（2015）民三终字第 1 号民事判决：

1. 撤销江苏省高级人民法院（2013）苏民初字第 0002 号民事判决；

2. 驳回 L 公司的诉讼请求。

一、二审案件受理费各人民币 809744 元，由 L 公司负担 323897 元，H 公司负担 1295591 元。

诉讼焦点：药物制备工艺的推定证据和相关来源证据。

诉讼策略：利用技术调查官、专家辅助人、司法鉴定专家以及科技专家咨询等多种途径进行被诉侵权药品制备工艺等复杂技术事实的查明。

核心知识产权风险点：原研药厂与仿制药厂的纠纷。

基于本案例，典型知识产权风险指标见表 4.1 所示。

表 4.1 典型知识产权风险指标

一级指标	二级指标	三级指标	指标解读
企业知识产权风险管理基础	策划	了解组织及其环境	企业在设计其知识产权风险管理框架时，应该检视并理解其内部和外部环境。 对于药企，要特别关注原研药厂的专利情况。要充分调研和持续跟进原研药厂的核心专利和其他相关外围专利的发展情况；要对药品领域的注册审批制度与知识产权保护制度的结合有系统地认识，并制定全面的风险管理方案
		其他	（略）
	评价	为了评估风险管理框架的有效性，企业应该： （1）根据其目的、实施计划、指标和预期行为定期衡量风险管理框架的绩效。 （2）确定该框架是否仍然适合支撑组织目标的实现	企业是否对其知识产权风险管理框架有效性进行周期性评价，决定其风险管理的绩效和目标实现。 对于制药企业，根据外部环境变化如竞争对手的动态，药品注册管理办法的调整，以及内部研发进展和市场战略的更新，需要对其知识产权管理的框架、策划及具体实务环节的运行进行周期性评价
	改进	（1）企业应持续监控和调整风险管理框架，以解决内外部的变化。 （2）应不断改善风险管理框架的适用性、充分性和有效性，以及风险管理流程的整合方式	企业是否根据评价结果对其知识产权风险管理框架进行持续有效的改进，决定其风险管理对组织的适应性、充分性和有效性。 对于制药企业，由于竞争的激烈和专利纠纷的频发，需要及时根据知识产权风险评价结果进行改进，并主动应对和策划其潜在知识产权风险

第4章　WIPO/最高院典型 IP 案例及风险指标体系

续表

一级指标	二级指标	三级指标	指标解读
知识产权保护风险	维权及应诉风险	证据风险	在侵权纠纷应诉中，最关键的一环即证据链，如何有效地选择证据并使用证据，是诉讼成败的关键。需要专业的律师、知识产权工作者、技术专家等多方资源有效协作
		侵权比对风险	在专利侵权纠纷中，侵权比对是该类诉讼的最主要环节，侵权比对的专业性、细节性、主观性都有一定的不确定性，需要通过逐级法院最终才能认定。因此，企业在评判侵权比对风险时需要做出多种预案
研发风险	研发过程	研发数据与记录	研发过程中的数据与记录的管理不仅是企业内部管理需要进行控制的关键点，而且对于知识产权风险触发后的证据和信息起到至关重要的作用。需要对研发数据与记录持续进行有效管理
		其他	(略)
	研发成果	研发成果的保护	研发成果的保护不仅需要及时性，而且需要通过多种形式，如专利、技术秘密等知识产权形式进行保护
		研发成果的管理	对于企业，研发成果会产生多方价值，如知识产权价值，产品价值，市场竞争价值等，因此需要对研发成果进行全面管理。如对制药企业，在药物注册审批中需要用到大量研发过程和成果相关信息，而研发成果的知识产权保护也是研发成果管理的一类，因此需要系统性地进行研发成果的管理才能防范其知识产权风险的漏洞

续表

一级指标	二级指标	三级指标	指标解读
研发风险	合作研发	合作研发协议约定	合作研发是知识产权纠纷的高发点，也是企业的研发常态。对合作研发协议的严格审视和管理是知识产权风险管控的关键。 本案中，H公司与医科院药物所就涉案药品制备工艺签订了《技术转让合同》，该合同约定，医科院药物所负责完成临床前报批资料并在北京申报临床，并约定双方共同向国家药监局提交新药证书、生产申请表。这些资料都成为佐证H公司生产工艺的有利信息来源

4.1.2　设计特征的认定及对外观设计近似性判断的影响

案例：

J公司与G公司侵害外观设计专利权纠纷案[1]

基本案情：

G公司为"手持淋浴喷头"外观设计专利的权利人，该外观设计专利现合法有效。2012年11月，G公司以J公司生产、销售和许诺销售的某系列等卫浴产品侵害其"手持淋浴喷头"外观设计专利权为由提起诉讼，请求法院判令J公司立即停止被诉侵权行为，销毁库存的侵权产品及专用于生产侵权产品的模具，并赔偿G公司经济损失20万元。

裁判/判决结果：

一审裁判结果：浙江省台州市中级人民法院于2013年3月5日做出（2012）浙台知民初字第573号民事判决，驳回G公司诉讼请求。

最高人民法院于2015年8月11日做出（2015）民提字第23号民事判决：1. 撤销二审判决；2. 维持一审判决。

---

[1] 最高人民法院. (2015) 民提字第23号 [EB/OL]. (2016-01-15) [2020-10-22]. https://wenshu.court.gov.cn/website/wenshu/181107ANFZ0BXSK4/index.html? docId=b3299b060f514ae0946803ca980dd2d4.

第4章 WIPO/最高院典型 IP 案例及风险指标体系

诉讼焦点：不构成近似外观设计的判断标准和设计特征的确定标准。

核心知识产权风险点："外貌型"产品的外观设计纠纷。

基于本案例，典型知识产权风险指标见表 4.2 所示。

表 4.2 典型知识产权风险指标

一级指标	二级指标	三级指标	指标解读
企业知识产权风险管理基础	策划	了解组织及其环境	企业在设计其知识产权风险管理框架时，应该检视并理解其内部和外部环境。 对于产品外观设计影响产品卖点的技术领域，如卫浴、手机、汽车等领域，需要重视外观设计的知识产权保护和风险，并需要持续关注相关的既有外观限制和后来者的外观仿制
		其他	（略）
	评价	为了评估风险管理框架的有效性，企业应该： （1）根据其目的、实施计划、指标和预期行为定期衡量风险管理框架的绩效。 （2）确定它是否仍然适合支撑组织目标的实现	企业是否对其知识产权风险管理框架有效性进行周期性评价，决定其风险管理的绩效和目标实现。 外观设计类知识产权数量多，变化频次快，对其风险评估需要短周期快频率，这对于企业的知识产权风险管控是一项挑战
	改进	（1）企业应持续监控和调整风险管理框架，以解决内外部的变化。 （2）应不断改善风险管理框架的适用性、充分性和有效性，以及风险管理流程的整合方式	企业是否根据评价结果对其知识产权风险管理框架进行持续有效的改进，决定其风险管理对组织的适应性、充分性和有效性。 "外貌型"产品的企业在创新方面的投入与管理具有其特殊性，需要与传统技术研发创新相区别，并与该类组织的系统知识产权风险管控相结合，保证其知识产权风险管理的适应性、充分性和有效性

续表

一级指标	二级指标	三级指标	指标解读
知识产权保护风险	维权及应诉风险	证据风险	在侵权纠纷应诉中，最关键的一环即证据链，如何有效地选择证据并使用证据，是诉讼成败的关键。需要专业的律师、知识产权工作者、技术专家等多方资源的有效协作。 本案体现了设计特征的确定标准，首先设计特征的存在应由专利权人进行举证，并允许第三人提供反证予以推翻，最后由人民法院依法予以确定
		侵权比对风险	在专利侵权纠纷中，侵权比对是该类诉讼的最主要环节，侵权比对的专业性、细节性、主观性都有一定的不确定性，需要通过逐级法院最终才能认定。因此，企业在评判侵权比对风险时需要做出多种预案。 外观设计的侵权比对具有直观性，相对其他知识产权的侵权比对更加客观，本案体现出如果被诉侵权产品未包含授权外观设计区别于现有设计的全部设计特征，则一般可以推定二者不构成近似外观设计
研发风险	研发过程	研发数据与记录	研发过程中的数据与记录的管理不仅是企业内部管理需要进行控制的关键点，而且对于知识产权风险触发后的证据和信息起到至关重要的作用。需要对研发数据与记录持续进行有效管理。 本案中表明设计特征的存在应由专利权人进行举证，因此外观设计的研发记录需要翔实有效，明确记录外观设计的所有创新点和创新细节
	研发成果	研发成果的保护	研发成果的保护不仅需要及时性，而且需要通过多种形式，包括专利、技术秘密等知识产权形式的保护。 对于"外貌型"产品，外观设计的知识产权保护是非常有价值的，需要尽早进行保护，如产品设计方案成形即进行保护。当然，"外貌型"产品也需要从外观、内在结构、功能性发明点进行全面知识产权保护

4.1.3 马库什权利要求的性质、在无效程序中的修改方式和创造性判断方法

案例：

专利复审委员会与 GW 公司、某株式会社发明专利权无效行政纠纷案[1]

基本案情：

在再审申请人国家知识产权局专利复审委员会（以下简称"专利复审委员会"）与被申请人 GW 公司、一审第三人某株式会社发明专利权无效行政纠纷案中，某株式会社系名称为"用于治疗或预防高血压症的药物组合物的制备方法"的发明专利（涉案专利）的权利人。涉案专利权利要求以马库什方式撰写。GW 公司以涉案专利不具备创造性等为由向专利复审委员会提出无效宣告请求。

裁判/判决结果：

专利复审委员会于 2011 年 4 月 1 日做出第 16266 号无效宣告请求审查决定，维持本专利权全部有效。

GW 公司不服第 16266 号决定，向北京市第一中级人民法院提起行政诉讼。北京市第一中级人民法院于 2011 年 12 月 20 日一审判决维持专利复审委员会做出的第 16266 号决定。

GW 公司不服一审判决，向北京市高级人民法院提起上诉，请求撤销一审判决及第 16266 号决定，责令专利复审委员会重新做出审查决定。

北京市高级人民法院于 2013 年 9 月 24 日二审判决撤销一审判决、撤销专利复审委员会第 16266 号决定、专利复审委员会重新做出无效宣告请求审查决定。

专利复审委员会不服，向最高人民法院申请再审。最高人民法院裁定提审本案，并于 2017 年 12 月 20 日判决撤销二审判决，维持一审判决。

在撰写权利要求时，为了获得较大的保护范围，常常需要以一些上位

---

[1] 最高人民法院. (2016) 最高法行再 41 号 [EB/OL]. (2018-01-31) [2020-10-22]. https://wenshu.court.gov.cn/website/wenshu/181107ANFZ0BXSK4/index.html?docId=b3c523a79dc243edbf44a87901116918.

化的表述来概括技术方案中多种实施例中类似的性质。但是在化学或医药领域，某些化合物的多个取代基之间并没有共同的上位概念，因此为了清楚完整地描述技术方案，有时需要以列举的方式将可选要素或可选方式表述出来，这种在一个权利要求中限定多个并列可选要素的权利要求被称之为"马库什"权利要求。

诉讼焦点：对马库什方式撰写的化合物权利要求的理解方式，允许对马库什权利要求进行修改的原则，以及以马库什方式撰写的化合物权利要求的创造性的判断标准。

核心知识产权风险点：化合物专利的授权风险。

基于本案例，典型知识产权风险指标见表4.3所示。

表4.3 典型知识产权风险指标

一级指标	二级指标	三级指标	指标解读
知识产权创造风险	专利申请风险	专利撰写风险	专利撰写是企业知识产权风险管控中的关键实务一环，专利撰写出现漏洞，将影响整个知识产权保护链条，不仅造成创新成果得不到有效保护，还会浪费大量的资源投入。对于不同领域的专利撰写要求和技能有其不同的特殊点。需要企业内部的知识产权管理人员和外部的专业服务人员具备专业水平并保证工作质量。 对于化合物的保护，马库什方式的撰写是能够获得较大保护范围的一种方式，但同时要保证公开的充分性和新颖性、创造性。不同技术领域，企业在专利撰写质量和风险管控方面应该有相适应的规则和方案
		专利授权风险	专利授权概率和授权质量也是企业知识产权风险管控中的关键实务一环。专利授权是知识产权保护的基础，必须对其有充分的管控。 专利授权的影响因素是多方面的，包括技术创新水平，专利申请时机，专利撰写水平，专利答复水平，专利申请流程的管控，对专利法律法规的理解等各方面；对重要专利被驳回，也需要采取及时有效的措施进行救济

续表

一级指标	二级指标	三级指标	指标解读
知识产权创造风险	专利无效风险	专利无效应对风险	专利无效应对主要是针对无效请求理由进行抗辩，在必要时需要进行专利无效修改。而专利无效修改有严格的法律约束，同时专利无效修改的目的主要是让该专利符合专利授权的要求，并为未来维权的保护范围做考虑，因此，在专利无效修改时需要同时兼顾多方面，需要有所取舍。 对专利无效风险也需要有防范预案，需要考虑重点技术的全面知识产权保护，提高专利被无效的门槛，减少某项专利被无效给组织带来的损失

4.1.4 产品说明书是否属于专利法意义上的公开出版物

案例：

某机场系统公司与某集装箱公司、某空港公司、某机场公司侵害发明专利权纠纷案[1]

基本案情：

在再审申请人某机场系统公司与被申请人某集装箱公司、某空港公司、一审被告某机场公司侵害发明专利权纠纷案中，某集装箱公司系名称为"登机桥辅助支撑装置和带有该装置的登机桥及其控制方法"的发明专利（本案专利）的权利人，本案专利的申请日为2004年2月26日，授权公告日为2007年8月22日。授权时的专利权人是某集装箱公司。2009年5月8日，本案发明专利权人变更为某集装箱公司和某空港公司。某集装箱公司与某空港公司以某机场公司和某机场系统公司未经许可擅自实施本案专利的技术方案侵害其专利权为由，提起诉讼。

裁判/判决结果：

广东省广州市中级人民法院于2012年9月24日做出（2011）穗中法民三初字第107号民事判决：

---

[1] 最高人民法院.（2016）最高法民再179号［EB/OL］.（2018-12-13）［2020-10-22］. http：//enipc.court.gov.cn/zh-cn/news/view-36.html.

1. 某机场系统公司、某机场公司立即停止侵权行为；

2. 某机场系统公司赔偿某集装箱公司与某空港公司经济损失50万元；

3. 驳回某集装箱公司与某空港公司的其他诉讼请求。

广东省高级人民法院于2014年7月16日做出（2013）粤高法民三终字第38号民事判决：驳回上诉，维持原判。

最高人民法院裁定提审本案，并于2016年10月10日做出（2016）最高法民再179号民事判决：

1. 撤销广东省高级人民法院（2013）粤高法民三终字第38号民事判决；

2. 撤销广东省广州市中级人民法院（2011）穗中法民三初字第107号民事判决；

3. 驳回被申请人某集装箱公司和某空港公司的诉讼请求。

诉讼焦点：保密义务和公开出版物的界定。

核心知识产权风险点：专利侵权应诉方式风险。

基于本案例，典型知识产权风险指标见表4.4所示。

表4.4　典型知识产权风险指标

一级指标	二级指标	三级指标	指标解读
资源管理	文件管理	技术类文件管理	企业的文件管理是一项基础管理工作，文件的种类和形式多种多样，且内部文件与外部文件的产生数量多，频次高，需要有系统的文件管理。 技术类文件是一类与知识产权直接相关的文件，如何对其进行有效管理决定了组织在知识产权风险管控方面的基础保障。文件管理的具体风险管控点包括文件来源、日期、期限、保密等级、相关人员、流转过程、存储方式等方面。 本案中的被告方在选择产品操作和维护说明书文件作为证据使用时，正是因为对该类文件的可追溯性和相关日期进行了有效管理才能够得到法院的采纳

续表

一级指标	二级指标	三级指标	指标解读
知识产权保护风险	维权及应诉风险	应诉方式风险	企业在遭遇侵权诉讼时，需要积极启动应对预案。而能否有效应对一方面来源于风险预案的全面性和有效性，另一方面还来源于针对具体案件的专业处理。因此，对于企业需要对知识产权被诉风险进行预案策划和相应资源匹配，以便快速、有效地应对和降低该类风险给组织带来的损失
		证据风险	在侵权纠纷应诉中，最关键的一环即证据链，如何有效地选择证据并使用证据，是诉讼成败的关键。需要专业的律师、知识产权工作者、技术专家等多方资源的有效协作。能够被法院采纳的证据需要能够追溯其合法来源，相关日期等。对于企业内部文件作为证据使用时，需要有可追溯的信息源方可成为被法院采纳的证据

4.1.5　专利权人与侵权人的事先约定可以作为确定专利侵权损害赔偿数额的依据

案例：

Z公司与T公司侵害实用新型专利权纠纷案[1]

基本案情：

Z公司是名称为"前轮定位装置"实用新型专利（以下简称"涉案专利"）的专利权人。2008年4月，Z公司曾以T公司侵犯涉案专利为由向武汉市中级人民法院提起诉讼，法院判决T公司停止侵权并赔偿损失。

T公司不服，提起上诉。二审期间，双方达成调解协议并由湖北省高级人民法院制作了（2009）鄂民三终字第42号民事调解书，其主要内容为：T公司保证不再侵犯Z公司的专利权，如发现一起侵犯Z公司实用新型专利权的行为，自愿赔偿Z公司100万元。

后Z公司发现T公司仍在从事侵害涉案专利权的经营行为，遂于2011

---

[1] 最高人民法院．（2013）民提字第116号［EB/OL］．（2014-01-28）［2020-10-22］．https：//wenshu.court.gov.cn/website/wenshu/181107ANFZ0BXSK4/index.html? docId = 00a71ff81eb8494e933e3d8ba10fbab7．

年 5 月再次向武汉市中级人民法院提起诉讼，请求法院判令 T 公司赔偿 Z 公司 100 万元并承担诉讼费用。

裁判/判决结果：

武汉市中级人民法院于 2011 年 10 月 24 日做出（2011）武知初字第 467 号民事判决，判令 T 公司赔偿 Z 公司 14 万元，驳回 Z 公司其他诉讼请求。

Z 公司不服一审判决，向湖北省高级人民法院提起上诉，请求撤销一审判决，并依法改判。湖北省高级人民法院于 2012 年 5 月 11 日做出二审判决，驳回上诉，维持一审判决。

Z 公司不服二审判决，向最高人民法院申请再审。最高人民法院裁定提审本案，并于 2013 年 12 月 7 日判决撤销原一、二审判决，判令 T 公司赔偿 Z 公司 100 万元。

诉讼焦点：侵权损害赔偿数额的事先约定以及损害赔偿的计算标准。

核心知识产权风险点：侵权纠纷的损害赔偿的确定。

基于本案例，典型知识产权风险指标见表 4.5 所示。

表 4.5 典型知识产权风险指标

一级指标	二级指标	三级指标	指标解读
知识产权保护风险	维权及应诉风险	纠纷解决方式风险	知识产权纠纷本质上是为了商业竞争，一味追求胜诉并长期投入诉讼中对于原告和被告都不一定是最好的方式。如何选择合适的知识产权纠纷解决方式对于企业的风险管控绩效起到关键作用。 本案中的 Z 公司采取了一种非常巧妙的方式达成纠纷目的，通过在具有法律效力的民事调解书中设定侵权赔偿金的方式来管控后续外部恶意竞争风险。 最高院在本案提审中认为：侵权责任法、专利法等法律并未禁止被侵权人与侵权人就侵权责任的方式、侵权赔偿数额等预先做出约定。在举证困难、诉讼耗时费力的情况下，双方当事人在私法自治的范畴内完全可以对侵权赔偿数额做出约定，这种约定既包括侵权行为发生后的事后约定，也包括侵权行为发生前的事先约定

续表

一级指标	二级指标	三级指标	指标解读
知识产权保护风险	维权及应诉风险	赔偿额确定风险	知识产权纠纷的重点和难点在于赔偿额的确定。 法定的赔偿额的确定方式包括：①根据侵权人因侵权获得的利益计算；②根据被侵权人因为侵权而受到的损失计算；③根据被侵权人因为侵权而受到的损失计算。因此，企业在日常的知识产权风险管理过程中需要对上述赔偿额相关信息和文件进行有效管理，才能最终在诉讼中搜集到有效证据，从而控制其风险损失或收益。 本案中通过调解书的方式直接约定赔偿金额，不失为一种便捷的方式

4.2 商标篇：风险指标体系（含案例分析）

商标作为一种商品来源的标记，承载着一个企业的声誉和知名度。好的商品需要配备专业的商标管理才能发挥出商标的品牌价值，才能帮助企业在市场竞争中取得较好的市场份额。本节通过八件典型与商标有关的案例，分析在商标管理中常见的风险及防范措施，并通过对风险管理指标体系的解读说明如何通过该指标体系进行商标相关风险的管理。

本部分案例主要涉及内容：姓名权可以构成商标法保护的"在先权利"；商标国际注册申请人应当获得合理的补正机会；恶意取得并行使商标权的行为不受法律保护；楼盘名称与注册商标权的保护及擅自使用他人企业名称的判断；判断中外文商标是否构成近似应当考虑二者是否已经形成了稳定的对应关系；商标法关于"其他不正当手段取得注册"的认定；电视节目名称在商标法意义上的使用与侵权判断；商品名称作为未注册驰名商标保护的司法标准。

4.2.1 姓名权可以构成商标法保护的"在先权利"

案例：

某知名体育明星与商标评审委员会、
某体育公司商标争议行政系列纠纷案[1]

基本案情：

在再审申请人某知名体育明星与被申请人国家工商行政管理总局商标评审委员会（以下简称"商标评审委员会"）、一审第三人某体育公司商标争议行政纠纷案中，争议商标由某体育公司于2007年4月26日提出注册申请，核定使用在国际分类第28类的"体育活动器械、游泳池（娱乐用）、旱冰鞋、圣诞树装饰品（灯饰和糖果除外）"商品上，专用权期限自2012年3月28日至2022年3月27日。2012年10月31日，该知名体育明星以争议商标的注册损害了其在先权利等为由，提出撤销申请。2014年4月14日，商标评审委员会做出裁定，对争议商标的注册予以维持。知名体育明星不服，提起行政诉讼。

裁判/判决结果：

北京市第一中级人民法院一审认为，本案证据尚不足以证明单独的争议商标明确指向知名体育明星姓名。此外，争议商标指定使用的商品与该知名体育明星具有影响力的篮球运动领域差别较大，相关公众不易将争议商标与该知名体育明星相联系，现有证据不足以证明争议商标的注册与使用不当利用了该知名体育明星的知名度，或可能对该知名体育明星的姓名权造成其他影响。争议商标的注册未损害该知名体育明星的姓名权。一审法院遂判决维持裁定。该知名体育明星不服，提起上诉。

北京市高级人民法院二审判决驳回上诉、维持原判。该知名体育明星仍不服，向最高人民法院申请再审，最高人民法院裁定提审本案。

最高人民法院提审后，于2016年12月8日做出（2016）最高法行再

---

[1] 最高人民法院. (2016) 最高法行再27号 [EB/OL]. (2016-12-09) [2020-10-22]. https：//wenshu.court.gov.cn/website/wenshu/181107ANFZ0BXSK4/index.html?docId=d0f81ee3f36c446a9a56efc89c27c369.

27号行政判决：撤销商标评审委员会之前的裁定和一审、二审判决，判令商标评审委员会对争议商标重新做出裁定。

诉讼焦点：姓名权是一种"在先权利"；自然人可以就其并未主动使用的特定名称获得姓名权的保护；"市场秩序或者商业成功"的界定标准。

核心知识产权风险点：商标权与姓名权的冲突。

基于本案例，典型知识产权风险指标见表4.6所示。

表4.6 典型知识产权风险指标

一级指标	二级指标	三级指标	指标解读
企业知识产权风险管理基础	策划	了解组织及其环境	企业在设计其知识产权风险管理框架时，应该检视并理解其内部和外部环境。 对于涉及终端消费品的企业，其品牌的知识产权保护和风险管控至关重要，需要根据组织内外部环境进行针对性的策划
	评价	为了评估风险管理框架的有效性，企业应该： ①根据其目的、实施计划、指标和预期行为定期衡量风险管理框架的绩效； ②确定它是否仍然适合支撑组织目标的实现	企业是否对其知识产权风险管理框架有效性进行周期性评价，决定其风险管理的绩效和目标实现。 对于涉及终端消费品的企业，这类企业需要随时根据市场发展和变化进行品牌战略的规划和调整，同时其相应的知识产权战略和风险管控策略也随之进行评估，以确认是否仍然满足和支撑组织目标的实现
	改进	①企业应持续监控和调整风险管理框架，以解决内外部的变化。 ②应不断改善风险管理框架的适用性、充分性和有效性，以及风险管理流程的整合方式	企业是否根据评价结果对其知识产权风险管理框架进行持续有效的改进，决定其风险管理对组织的适应性、充分性和有效性。 对于涉及终端消费品的企业，无论是品牌还是技术竞争都非常激烈，相应的各类知识产权如商标、专利、商业秘密等都是争议的热点，需要企业及时根据知识产权风险评价结果进行改进，并主动应对和改进其潜在知识产权风险的管控

续表

一级指标	二级指标	三级指标	指标解读
知识产权保护风险	品牌保护风险	品牌创造风险	品牌创造可以通过经营/运营手段的方式，品牌相应标识可以注册成商标也可以不注册，但无论是否注册商标，品牌的标识都不能侵犯他人在先权利，如本案例中某体育公司侵犯他人姓名权
		品牌维护风险	品牌维护过程中，注册商标是一种保险的方式，但是仍然存在诸多风险，需要从组织经营角度去全面维护和维系品牌的知名度和美誉度。 品牌维护过程中会遭遇外部多方干扰，需要主动去发现和排查风险，避免后续更多的风险发生。如本案例中争议商标权人某体育公司提出知名体育明星本人怠于保护其姓名权，而法院认定其本人在争议商标注册之日起五年内向商标评审委员会提出撤销申请，符合商标法的规定
		品牌侵权风险	品牌侵权风险有两面性，一是自有品牌侵犯他人权利，二是他人侵犯己方品牌。需要对外部有损品牌的行为进行持续监控，并同时对内部在品牌策划、运营过程中存在的风险进行周期性排查和预警。 本案例中该知名体育明星个人的姓名权也是一种个人品牌，被他人已注册商标的品牌侵犯，是两种品牌的对抗，两者的品牌都存在风险
知识产权维持风险	商标维持风险	商标被撤销风险	组织的商标在维持管理过程中存在诸多权利被挑战的情形，如被撤销、被无效。如何有效应对是组织商标风险管控的重要环节。 本案例中该知名体育明星以侵犯姓名权为理由对某体育公司已经注册成功的商标提出撤销申请，而且该商标对某体育公司的品牌至关重要。虽然某体育公司在运营争议商标品牌过程中付出了大量的投入，也获得了非常知名的荣誉，但是最高院认为商标权人主张的市场秩序或者商业成功并不完全是诚信经营的合法成果，而是一定程度上建立于相关公众误认的基础之上。而维护此种市场秩序或者商业成功，不仅不利于保护姓名权人的合法权益，而且不利于保障消费者的利益，更不利于净化商标注册和使用环境。因此如果对一个本质上有瑕疵的标识或商标进行品牌运营、商标注册，将会对组织造成不可挽回的损失

4.2.2 商标国际注册申请人应当获得合理的补正机会

案例：

K 公司与商标评审委员会商标申请驳回复审行政纠纷案❶

基本案情：

涉案申请商标为国际注册商标，申请人为 K 公司。申请商标的原属国为法国，核准注册时间为 2014 年 4 月 16 日，国际注册日期为 2014 年 8 月 8 日，国际注册所有人为 K 公司，指定使用商品为香水、浓香水等。

申请商标经国际注册后，根据《商标国际注册马德里协定》《商标国际注册马德里协定有关议定书》的相关规定，K 公司通过世界知识产权组织国际局（以下简称"国际局"），向澳大利亚、丹麦、芬兰、英国、中国等提出领土延伸保护申请。

2015 年 7 月 13 日，国家工商行政管理总局商标局（以下简称"商标局"）向国际局发出申请商标的驳回通知书，以申请商标缺乏显著性为由，驳回全部指定商品在中国的领土延伸保护申请。在法定期限内，K 公司向国家工商行政管理总局商标评审委员会（以下简称"商标评审委员会"）提出复审申请。商标评审委员会认为，申请商标难以起到区别商品来源的作用，缺乏商标应有的显著性，遂决定驳回申请商标在中国的领土延伸保护申请。K 公司不服，提起行政诉讼。

裁判/判决结果：

北京知识产权法院及北京市高级人民法院均未支持 K 公司的诉讼主张。其主要理由为：K 公司并未在国际局国际注册簿登记之日起 3 个月内向商标局声明申请商标为三维标志并提交至少包含三面视图的商标图样，而是直至驳回复审阶段在第一次补充理由书中才明确提出申请商标为三维标志并提交三面视图。在 K 公司未声明申请商标为三维标志并提交相关文件的情况下，商标局将申请商标作为普通图形商标进行审查，并无不当。

---

❶ 最高人民法院. (2018) 最高法行再 26 号 [EB/OL]. (2018-08-13) [2020-10-22]. https://wenshu.court.gov.cn/website/wenshu/181107ANFZ0BXSK4/index.html?docId=d2c061ff9eb24edba0b7a93b00cccae5.

商标局在商标档案中对申请商标指定颜色、商标形式等信息是否存在登记错误,并非本案的审理范围,K 公司可通过其他途径寻求救济。

K 公司不服二审判决,向最高人民法院提出再审申请。最高人民法院于 2017 年 12 月 29 日做出(2017)最高法行申 7969 号行政裁定,提审本案,并于 2018 年 4 月 26 日做出(2018)最高法行再 26 号判决,撤销一审、二审判决及被诉决定,并判令商标评审委员会重新做出复审决定。

诉讼焦点:商标国际注册中的程序问题。

核心知识产权风险点:商标国际注册的程序风险。

基于本案例,典型知识产权风险指标见表 4.7 所示。

表 4.7 典型知识产权风险指标

一级指标	二级指标	三级指标	指标解读
知识产权创造风险	商标注册风险	商标国际注册风险	商标国际注册中,由于企业对注册地的商标法律法规不熟悉,而导致商标未能注册成功。为了规避此类风险,企业一方面应该配备专业人员或者委托专业服务机构开展此项工作;另外,在遇到注册程序问题或者实体问题时也应该根据情况去全力争取相关权利,而不能随意放任权利的丧失

4.2.3 恶意取得并行使商标权的行为不受法律保护

案例:

王某与 S 公司等侵害商标权纠纷案[1]

基本案情:

S 公司成立于 1999 年 6 月 8 日。2008 年 12 月 18 日,该公司通过受让方式取得第 1348583 号"歌力思"商标,该商标核定使用于第 25 类的服装等商品之上,核准注册于 1999 年 12 月。2009 年 11 月 19 日,该商标经核准续展注册,有效期自 2009 年 12 月 28 日至 2019 年 12 月 27 日。S 公司

---

[1] 最高人民法院. (2014)民提字第 24 号 [EB/OL]. (2014-08-14) [2020-10-22]. https://www.iphouse.cn/cases/detail/2og5xrp2e08w365p32nl71qkzm9n4vdy.html? keyword =%E8%B5%94%E5%81%BF.

还是第 4225104 号"ELLASSAY"的商标注册人。该商标核定使用商品为第 18 类的（动物）皮；钱包；旅行包；文件夹（皮革制）；皮制带子；裘皮；伞；手杖；手提包；购物袋。注册有效期限自 2008 年 4 月 14 日至 2018 年 4 月 13 日。2011 年 11 月 4 日，S 公司更名为某思公司（本案一审被告人）。2012 年 3 月 1 日，上述"歌力思"商标的注册人相应变更为某思公司。

一审原告人王某于 2011 年 6 月申请注册了第 7925873 号"歌力思"商标，该商标核定使用商品为第 18 类的钱包、手提包等。王某还曾于 2004 年 7 月 7 日申请注册第 4157840 号"歌力思及图"商标。后因北京市高级人民法院于 2014 年 4 月 2 日做出的二审判决认定，该商标损害了某思公司的关联企业某思投资管理公司的在先字号权，因此不应予以核准注册。

自 2011 年 9 月起，王某先后在杭州、南京、上海、福州等地的"ELLASSAY"专柜，通过公证程序购买了带有"品牌中文名：歌力思，品牌英文名：ELLASSAY"字样吊牌的皮包。2012 年 3 月 7 日，王某以某思公司及杭州某百货公司生产、销售上述皮包的行为构成对王某拥有的"歌力思"商标、"歌力思及图"商标权的侵害为由，提起诉讼。

裁判/判决结果：

杭州市中级人民法院于 2013 年 2 月 1 日做出（2012）浙杭知初字第 362 号民事判决，认为某思公司及杭州某百货公司生产、销售被诉侵权商品的行为侵害了王某的注册商标专用权，判决某思公司、杭州某百货公司承担停止侵权行为、赔偿王某经济损失及合理费用共计 10 万元及消除影响。

某思公司不服，提起上诉。浙江省高级人民法院于 2013 年 6 月 7 日做出（2013）浙知终字第 222 号民事判决，驳回上诉、维持原判。

某思公司及王某均不服，向最高人民法院申请再审。最高人民法院裁定提审本案，并于 2014 年 8 月 14 日做出（2014）民提字第 24 号判决，撤销一审、二审判决，驳回王某的全部诉讼请求。

诉讼焦点：商标权利滥用行为的界定。

核心知识产权风险点：被恶意商标注册人起诉侵权的应对。

基于本案例，典型知识产权风险指标见表 4.8 所示。

表 4.8　典型知识产权风险指标

一级指标	二级指标	三级指标	指标解读
企业知识产权风险管理基础	策划	了解组织及其环境	企业在设计其知识产权风险管理框架时，应该检视并理解其内部和外部环境。 对于大众消费品领域，如本案例中的服装品牌，该领域的品牌侵权或假冒频发，其品牌的保护和风险管控至关重要，需要根据组织内外部环境进行针对性的策划
	评价	为了评估风险管理框架的有效性，企业应该： （1）根据其目的、实施计划、指标和预期行为定期衡量风险管理框架的绩效。 （2）确定它是否仍然适合支撑组织目标的实现	企业是否对其知识产权风险管理框架有效性进行周期性评价，决定其风险管理的绩效和目标实现。 对于涉及大众消费品的企业，这类企业需要随时根据市场发展和变化进行品牌战略的规划和调整，同时其相应的知识产权战略和风险管控策略也随之进行评估，以确认是否仍然满足和支撑组织目标的实现
	改进	（1）企业应持续监控和调整风险管理框架，以解决内外部的变化。 （2）应不断改善风险管理框架的适用性、充分性和有效性，以及风险管理流程的整合方式	企业是否根据评价结果对其知识产权风险管理框架进行持续有效的改进，决定其风险管理对组织的适应性、充分性和有效性。 对于涉及大众消费品的企业，无论是品牌还是技术竞争都非常激烈，相应的各类知识产权如商标、专利、商业秘密等都是争议的热点，需要企业及时根据知识产权风险评价结果进行改进，并主动应对和改进其潜在知识产权风险的管控

续表

一级指标	二级指标	三级指标	指标解读
知识产权保护风险	品牌保护风险	品牌维护风险	品牌维护过程中，商标注册是一种较为保险的方式，但是仍然存在诸多风险，需要从组织经营角度去全面维护和维系品牌的知名度和美誉度。对恶意抢注、仿冒商标、品牌者要将及时将其危害进行消除。 本案例中的某思公司对自有品牌进行了商标注册，且在宣传和运营品牌中也进行了投入，但还是被他人进行了商标的恶意注册及恶意诉讼
		品牌维权风险	品牌侵权风险有两面性，一是自有品牌侵犯他人权利，二是他人侵犯己方品牌。需要对外部有损品牌的行为进行持续监控，并同时对内部在品牌策划、运营过程中存在的风险进行周期性排查和预警。 本案例中的恶意取得、行使商标权的现象在实际企业经营中并不少见，该行为表面上符合商标法维权的理由，但是本案例中人民法院以构成权利滥用为由，判决对其诉讼请求不予支持。因此通过本案例可以为企业指明一条新的维权策略

4.2.4 楼盘名称与注册商标权的保护及擅自使用他人企业名称的判断

案例：

G 公司、F 公司与江苏某集团侵害商标权及不正当竞争纠纷案❶

基本案情：

在再审申请人 G 公司、F 公司与被申请人江苏某集团侵害商标权及不正当竞争纠纷案（"星河湾"商标侵权及不正当竞争案）中，核定使用在第 36 类 "公寓出租、公寓管理" 等服务上的第 1946396 号和第 1948763 号

---

❶ 最高人民法院．(2013) 民提字第 102 号 [EB/OL]．(2015-07-04) [2020-10-22]．https：//wenshu. court. gov. cn/website/wenshu/181107ANFZ0BXSK4/index. html? docId = fde1253158ec43c6b54b4edb5e0040d0．

组合商标由 F 公司提出注册申请，后先后转让给案外人 Y 公司及 G 公司。

F 公司经许可使用上述两注册商标，并有权以自身的名义提起侵权诉讼。F 公司及其关联企业先后在广州、北京、上海等地开发以"星河湾"命名的地产项目，"星河湾"地产项目及宏宇集团、G 公司先后获得多项荣誉。

自 2000 年起，江苏某集团在江苏省南通市先后推出"星河湾花园""星辰花园""星景花园"等多个地产项目，小区名称均报经南通市民政局批准。G 公司、F 公司以江苏某集团在开发的不动产项目中使用"星河湾"字样，侵害其注册商标权并构成不正当竞争为由，提起诉讼。

裁判/判决结果：

江苏省南通市中级人民法院一审认为，江苏某集团使用"星河湾花园"作为其开发的楼盘名称，未导致消费者对该楼盘来源产生混淆，不构成商标侵权。F 公司开发的"星河湾"楼盘在广州地区具有较高知名度，但江苏某集团长期正当、合理使用"星河湾花园"这一名称，主观上并无搭便车之故意，客观上也未造成消费者误认，故江苏某集团使用该名称不构成不正当竞争。遂判决驳回 G 公司、F 公司的诉讼请求。

G 公司、F 公司不服，向江苏省高级人民法院提起上诉。

江苏省高级人民法院二审判决驳回上诉、维持原判。G 公司、F 公司仍不服，向最高人民法院申请再审。最高人民法院裁定提审本案。

最高人民法院于 2015 年 2 月 26 日做出（2013）民提字第 102 号民事判决：判决撤销一审、二审判决，判令江苏某集团在其尚未出售的楼盘和将来拟开发的楼盘上不得使用相关"星河湾"名称作为其楼盘名称，并赔偿 G 公司、F 公司经济损失 5 万元。

诉讼焦点：楼盘名称使用他人享有的注册商标专用权的行为界定。

核心知识产权风险点：将申请人享有注册商标专用权的商标作为楼盘名称使用构成侵犯注册商标专用权。

基于本案例，典型知识产权风险指标见表 4.9 所示。

表 4.9 典型知识产权风险指标

一级指标	二级指标	三级指标	指标解读
企业知识产权风险管理基础	策划	了解组织及其环境	企业在设计其知识产权风险管理框架时，应该检视并理解其内部和外部环境。 对于房屋开发商这类企业，其品牌的名称或标识策划需要对外部的现有权利进行排查，以避免陷入不必要的纠纷中
	评价	为了评估风险管理框架的有效性，企业应该： （1）根据其目的、实施计划、指标和预期行为定期衡量风险管理框架的绩效。 （2）确定它是否仍然适合支撑组织目标的实现	企业是否对其知识产权风险管理框架有效性进行周期性评价，决定其风险管理的绩效和目标实现。 对于房屋开发商这类品牌效应较强的企业，需要随时根据市场发展和变化进行品牌战略的规划和调整，同时其相应的知识产权战略和风险管控策略也随之进行评估，以确认是否仍然满足和支撑组织目标的实现
	改进	（1）企业应持续监控和调整风险管理框架，以解决内外部的变化。 （2）应不断改善风险管理框架的适用性、充分性和有效性，以及风险管理流程的整合方式	企业是否根据评价结果对其知识产权风险管理框架进行持续有效的改进，决定其风险管理对组织的适应性、充分性和有效性。 对于房屋开发商这类品牌效应较强的企业，其品牌是市场争议的热点，需要企业及时根据知识产权风险评价结果进行改进，并主动应对和改进其潜在知识产权风险的管控
知识产权保护风险	品牌保护风险	品牌创造风险	品牌创造可以通过经营/运营手段的方式，品牌相应标识可以注册成商标也可以不注册，但无论是否注册商标，品牌的标识都不能侵犯他人在先权利，如本案例中江苏某集团虽然是非恶意使用星河湾名称命名楼盘，但还是侵犯了他人的注册商标专用权

续表

一级指标	二级指标	三级指标	指标解读
知识产权保护风险	品牌保护风险	品牌维护风险	品牌维护过程中，商标注册并获取是一种保险的方式，但是仍然存在诸多风险，需要从组织经营角度去全面维护和维系品牌的知名度和美誉度。品牌维护过程中会遭遇外部多方干扰，需要主动去发现和排查风险，避免后续更多的风险发生。如本案例中的商标权人G公司、F公司主动对其"星河湾"商标进行维权，虽然被告江苏某集团是非恶意使用该商标，但是也应该承担相应的责任
		品牌侵权风险	品牌侵权风险有两面性，一是自有品牌侵犯他人权利，二是他人侵犯己方品牌。需要对外部有损品牌的行为进行持续监控，并同时对内部在品牌策划、运营过程中存在的风险进行周期性排查和预警，并及时采取有效措施控制风险的扩大。本案例中商标权人G公司、F公司主动对其"星河湾"商标进行维权，虽然被告江苏某集团是非恶意使用该商标，但是也应该承担相应的责任。这种及时将商标侵权行为制止，能够将后续商标权人的品牌侵犯和恶化风险降到最低

4.2.5 判断中外文商标是否构成近似应当考虑二者是否已经形成了稳定的对应关系

案例：

L酒庄与商标评审委员会、J酒业公司商标争议行政纠纷案[1]

基本案情：

在再审申请人L酒庄与被申请人国家工商行政管理总局商标评审委员会（以下简称"商标评审委员会"）、J酒业公司商标争议行政纠纷案中，

---

[1] 最高人民法院. (2016) 最高法行再34号 [EB/OL]. (2017-03-27) [2020-10-22]. https://wenshu.court.gov.cn/website/wenshu/181107ANFZ0BXSK4/index.html?docId=63d197d7651a459ba163a7430104223c.

第 4578349 号"拉菲庄园"商标（争议商标）的申请日为 2005 年 4 月 1 日，核定使用在第 33 类葡萄酒、酒（饮料）、果酒（含酒精）、蒸馏酒精饮料、苹果酒、含酒精液体、含水果的酒精饮料、米酒、青稞酒、料酒商品上，注册商标专用权人为 J 酒业公司。"LAFITE"商标（引证商标）申请日为 1996 年 10 月 10 日，核定使用在第 33 类的含酒精饮料（啤酒除外）商品上，注册商标专用权人为 L 酒庄。

在法定期限内，L 酒庄以争议商标违反《中华人民共和国商标法》（2001 年修正）第二十八条等规定为由，向商标评审委员会提出争议申请。商标评审委员会于 2013 年 9 月 2 日做出商评字（2013）第 55856 号《关于第 4578349 号"拉菲庄园"商标争议裁定书》（以下简称"第 55856 号裁定"），以争议商标违反《中华人民共和国商标法》第二十八条规定为由，对争议商标予以撤销。J 酒业公司不服，提起行政诉讼。

裁判/判决结果：

北京市第一中级人民法院一审判决维持第 55856 号裁定。J 酒业公司不服，提起上诉。北京市高级人民法院二审认为，难以认定引证商标在争议商标申请日之前，已经在中国大陆地区具有市场知名度，相关公众已经能够将引证商标与"拉菲"进行对应性识别。争议商标的注册和使用长达十年之久，其已经形成稳定的市场秩序，从维护已经形成和稳定的市场秩序考虑，本案争议商标的注册应予维持。遂判决撤销一审判决及第 55856 号裁定。L 酒庄不服，向最高人民法院申请再审。

最高人民法院于 2016 年 12 月 23 日做出（2016）最高法行再 34 号行政判决：撤销二审判决，维持一审判决及第 55856 号裁定。

诉讼焦点：中文商标与外文商标是否构成近似的判断标准。

核心知识产权风险点：中文商标与外文商标的近似冲突。

基于本案例，典型知识产权风险指标见表 4.10 所示。

表4.10 典型知识产权风险指标

一级指标	二级指标	三级指标	指标解读
知识产权创造风险	商标注册风险	中国商标注册风险	中国已注册商标的数量非常大，因此造成新注册商标的难度越来越大。 企业在知识产权如品牌的创造过程中需要及时进行商标注册，以获得稳定的商标专用权。在商标注册过程中，不仅需要严格遵守商标注册法律法规，还需要随时应对外部对其商标注册的挑战。因此，企业在商标注册方面的风险管控需要统筹规划，有充分的预案和风险应对措施。避免商标注册不成功给企业带来在品牌运营方面已投入的损失
知识产权保护风险	品牌保护风险	品牌维护风险	品牌维护过程中，存在外部的各种干扰和阻碍，需要从组织经营角度和市场环境变化去全面维护和维系品牌的知名度和美誉度。并且组织需要主动去发现和排查风险，避免后续更多的风险发生。 如本案例中再审申请人L酒庄主动对新注册的与其品牌有冲突的商标提出争议申请，从而将对方的侵犯品牌行为及时制止
		品牌侵权风险	品牌侵权风险有两面性，一是自有品牌侵犯他人权利，二是他人侵犯己方品牌。需要对外部有损品牌的行为进行持续监控，并同时对内部在品牌策划、运营过程中存在的风险进行周期性排查和预警。 本案例中再审申请人L酒庄的品牌长久以来被J酒业公司以傍名牌的形式侵犯，其品牌已经受到了一定程度的侵害。企业在遇到此种情况，一方面是及时主动的维权，另一方面也需要将对方的进一步傍名牌行为及时扼杀，如防止对方注册类似商标专用权

4.2.6　商标法关于"其他不正当手段取得注册"的认定

案例：

李某与商标评审委员会、S管委员会商标争议行政纠纷案❶

基本案情：

再审申请人李某与国家工商行政管理总局商标评审委员会（以下简称"商标评审委员会"）、一审第三人S管委员会商标争议行政纠纷案中，李某于2005年6月8日在第36类的不动产出租、不动产管理、住所（公寓）等服务上注册了第4706493号"海棠湾"商标，在第43类住所（旅馆、供膳寄宿处）、旅游房屋出租、饭店、餐馆等服务上注册了第4706970号"海棠湾"商标（两争议商标）。S管委员会依据《中华人民共和国商标法》第三十一条、第四十一条第一款、第十条规定向商标评审委员会申请撤销上述两争议商标。商标评审委员会分别做出商评字（2011）第13255号《关于第4706493号"海棠湾"商标争议裁定书》（以下简称"第13255号裁定"）和（2011）第12545号《关于第4706970号"海棠湾"商标争议裁定书》（以下简称"第12545号裁定"），裁定撤销上述两个"海棠湾"商标。李某不服，分别提起行政诉讼。

裁判/判决结果：

商标评审委员会分别做出商评字（2011）第13255号《关于第4706493号"海棠湾"商标争议裁定书》和（2011）第12545号《关于第4706970号"海棠湾"商标争议裁定书》，裁定撤销上述两个"海棠湾"商标。李某不服，分别提起行政诉讼。北京市第一中级人民法院一审分别判决撤销第13255号裁定和第12545号裁定。商标评审委员会和S管委员会不服，提出上诉。北京市高级人民法院二审分别判决撤销一审判决，维持第13255号裁定和第12545号裁定。李某不服，向最高人民法院申请再审。最高人民法院于2013年8月12日分别裁定驳回李某

---

❶ 最高人民法院. (2013) 知行字第41号 [EB/OL]. (2017-01-12) [2020-10-22]. http://www.0551law.cn/display.asp? ID=13630.

的再审申请。

诉讼焦点：中国商标法中对"以其他不正当手段取得注册"的界定标准。

核心知识产权风险点：不正当手段取得商标注册。

基于本案例，典型知识产权风险指标见表 4.11 所示。

表 4.11 典型知识产权风险指标

一级指标	二级指标	三级指标	指标解读
知识产权创造风险	商标注册风险	中国商标注册风险	中国已注册商标的数量非常大，因此造成新注册商标的难度越来越大。同时还存在一些有不正当目的的商标抢注人，也进一步加大了某些知名品牌的商标注册难度。企业在知识产权如品牌的创造过程中需要及时进行商标注册，以获得稳定的商标专用权。在商标注册过程中，不仅需要严格遵守商标注册法律法规，还需要随时应对外部对其商标注册的挑战。因此，企业在商标注册方面的风险管控需要统筹规划，有充分的预案和风险应对措施。避免商标注册不成功给企业带来在品牌运营方面的损失
知识产权保护风险	品牌保护风险	品牌维护风险	品牌维护过程中，存在外部的各种干扰和阻碍，需要从组织经营角度和市场环境变化去全面维护和维系品牌的知名度和美誉度。并且需要主动去发现和排查风险，避免后续更多的风险发生。 本案例中一审第三人 S 管委会针对具有不正当目的的商标申请人李某的争议商标申请撤销，主动维护了自身的品牌

4.2.7 电视节目名称在商标法意义上的使用与侵权判断

案例：

金某与 J 电视台、Z 公司侵害商标权纠纷案[1]

基本案情：

在再审申请人 J 电视台、Z 公司与被申请人金某侵害商标权纠纷案中，金某系第 7199523 号商标权利人，该商标于 2009 年 2 月 16 日申请注册，

---

[1] 广东省高级人民法院．(2016) 粤民再 447 号 [EB/OL]．(2017－08－28) [2020－10－22]．https：//wenshu.court.gov.cn/website/wenshu/181107ANFZ0BXSK4/index.html？docId＝74c641d64baf4e438fe1a74600b804f7．

2010年9月7日获得核准注册，核定服务项目包括第45类的"交友服务、婚姻介绍所"。

图4.1　第7199523号商标

J电视台旗下的江苏卫视于2010年开办了以婚恋交友为主题、名称为《非诚勿扰》的电视节目。江苏卫视在节目简介中称："《非诚勿扰》是一档适应现代生活节奏的大型婚恋交友节目，我们将为您提供公开的婚恋交友平台，高质量的婚恋交友嘉宾，全新的婚恋交友模式。"报名方法包括"在珍爱网登记报名资料"。珍爱网曾在深圳南山区招募嘉宾，为该节目推选相亲对象。该案中，被诉"非诚勿扰"标识主要体现为两种形态：一是，"非诚勿扰"纯文字标识；二是，"非诚勿扰"文字与女性剪影组合的图文标识。

图4.2　"非诚勿扰"标识

金某以J电视台和珍爱网侵害其注册商标专用权为由，向广东省深圳市南山区法院提起诉讼，请求法院判令：

1. J电视台所属的江苏卫视频道立即停止使用"非诚勿扰"栏目名称；

2. Z公司立即停止使用"非诚勿扰"名称进行广告推销、报名筛选、后续服务等共同侵权行为；

3. 两被告共同承担本案全部诉讼费用。

裁判/判决结果：

广东省深圳市南山区人民法院于2014年9月29日做出一审判决：驳回金某诉讼。金某不服，提起上诉。广东省深圳市中级人民法院于2015年12月11日做出二审判决：

1. 撤销（2013）深南法知民初字第208号民事判决；

2. J电视台所属的江苏卫视频道于判决生效后立即停止使用"非诚勿扰"栏目名称；

3. Z公司于判决生效后立即停止使用"非诚勿扰"名称进行广告推销、报名筛选、后续服务等行为。

J电视台与Z公司不服二审判决，向广东省高级人民法院申请再审。广东省高级人民法院裁定提审本案，并于2016年12月30日判决撤销二审判决，维持一审判决。

诉讼焦点：节目名称是否认定为商标的标准。

核心知识产权风险点：标识作为商标的认定及商标侵权认定风险。

基于本案例，典型知识产权风险指标见表4.12所示。

表4.12 典型知识产权风险指标

一级指标	二级指标	三级指标	指标解读
知识产权保护风险	品牌保护风险	品牌创造风险	品牌创造可以通过经营或运营手段的方式，也可以通过注册商标的方式获得，但是各有利弊与风险。本案例中再审申请人J电视台未将"非诚勿扰"注册为商标，从而造成"非诚勿扰"是否为商标性使用的认定问题。因此，如果企业未通过法律程序获得商标专有权，在应对商标或品牌纠纷时将使案情更加复杂，风险更大
		品牌维护风险	品牌维护过程中，需要从组织经营角度去全面维护和维系品牌的知名度和美誉度。并需要投入成本，规划品牌运营策略去发扬品牌。本案例中被申请人金某对其经营的服务进行了商标注册，且主动进行商标专用权的维权。但是法院在商标侵权判断过程中，综合考虑了涉案注册商标的显著性与知名度，以及商标申请人是否经过长期、大量使用而获得后台显著性，最终认定被诉节目不构成商标侵权。因此，即使获得商标权，因为商标维护过程中的经营问题，也会造成在维权过程中因为显著性的问题或者商标类别的问题而造成维权失败

续表

一级指标	二级指标	三级指标	指标解读
知识产权保护风险	品牌保护风险	品牌维权风险	品牌维权风险中的一大难点是商标侵权的比对。 本案例因为涉及类似服务，从而使得侵权认定更加复杂和充满不确定性。本案法院从多个层次、多个角度对商标是否侵权进行了裁判，如从商标的显著性、知名度两方面，以及该注册商标的保护范围、保护强度等综合判断是否构成商标侵权。可见在品牌维权过程中，最关键的环节——商标侵权比对，需要从客观法条角度和实际案情角度，多方面综合比对，从而造成维权风险的加大。 从品牌维权的复杂性和困难性反思，可以看出品牌保护和商标的策略性注册及有效经营和维护管理，对最终的品牌参与市场竞争的价值体现都至关重要

4.2.8 商品名称作为未注册驰名商标保护的司法标准

案例：

"新华字典"侵害商标权及不正当竞争纠纷案❶

基本案情：

原告S印书公司与被告H出版社同为出版机构。原告S印书公司自1957年至今，连续出版《新华字典》通行版本至第11版，2010—2015年，原告S印书公司出版的《新华字典》在字典类图书市场的平均占有率超过50%，截至2016年，原告S印书公司出版的《新华字典》全球发行量超过5.67亿册，获得"最受欢迎的字典"吉尼斯世界纪录及"最畅销的书（定期修订）"吉尼斯世界纪录等多项荣誉。

原告S印书公司诉称被告H出版社生产、销售"新华字典"辞书的行为侵害了原告S印书公司"新华字典"未注册驰名商标，且被告H出版社

---

❶ 北京知识产权法院. (2016) 京73民初277号 [EB/OL]. (2018-12-19) [2020-10-22]. https://wenshu.court.gov.cn/website/wenshu/181107ANFZ0BXSK4/index.html?docId=de9a1db504a34321a3a2a9bb0011552a.

使用原告 S 印书公司《新华字典》(第 11 版) 知名商品的特有包装装潢的行为已构成不正当竞争。

请求法院判令被告:

1. 立即停止侵害商标权及不正当竞争行为;

2. 在《中国新闻出版广电报》等相关媒体上刊登声明,消除影响;

3. 赔偿原告经济损失 300 万元及合理支出 40 万元。

裁判/判决结果:

北京知识产权法院于 2017 年 12 月 28 日做出 (2016) 京 73 民初 277 号判决:判令被告 H 出版社立即停止使用原告 S 印书公司的 "新华字典" 未注册驰名商标的行为及立即停止使用与原告 S 印书公司《新华字典》(第 11 版) 知名商品的特有装潢相同或近似装潢的不正当竞争行为;在相关媒体上发布声明并承担赔偿经济损失 30 万元及合理费用 277989.2 元的赔偿责任。

诉讼焦点:对商标显著性的理解和判定标准。

核心知识产权风险点:商品名称作为未注册驰名商标保护的司法标准。

基于本案例,典型知识产权风险指标见表 4.13 所示。

表 4.13 典型知识产权风险指标

一级指标	二级指标	三级指标	指标解读
企业知识产权风险管理基础	策划	了解组织及其环境	企业在设计其知识产权风险管理框架时,应该检视并理解其内部和外部环境。 对于 S 印书公司这类企业,有其特殊的知识产权形式,如最突出的版权,但同时也需要注意其商标、品牌等其他知识产权的全面保护和风险管控

第4章 WIPO/最高院典型IP案例及风险指标体系

续表

一级指标	二级指标	三级指标	指标解读
企业知识产权风险管理基础	评价	为了评估风险管理框架的有效性，企业应该： （1）根据其目的、实施计划、指标和预期行为定期衡量风险管理框架的绩效。 （2）确定它是否仍然适合支撑组织目标的实现	企业是否对其知识产权风险管理框架有效性进行周期性评价，决定其风险管理的绩效和目标实现。 对于S印书公司这类企业，需要随时根据市场发展和变化进行知识产权战略的规划和调整，同时其相应的知识产权风险管控策略也随之进行评估，以确认是否仍然满足和支撑组织目标的实现
	改进	（1）企业应持续监控和调整风险管理框架，以应对内外部的变化。 （2）应不断改善风险管理框架的适用性、充分性和有效性，以及风险管理流程的整合方式	企业是否根据评价结果对其知识产权风险管理框架进行持续有效的改进，决定其风险管理对组织的适应性、充分性和有效性。 对于S印书公司这类企业，其知识产权具有多样性，需要企业及时根据知识产权风险评价结果进行改进，并主动应对和改进其潜在知识产权风险的管控
知识产权保护风险	品牌保护风险	品牌创造风险	品牌创造可以通过经营或运营手段的方式来获得知名度，进而被认定为未注册驰名商标。虽然品牌相应标识可以注册成商标也可以不注册，但是品牌如果得到及时有效的商标专用权，可以获得更加稳固的知识产权，在维权和侵权认定中将处于更加有利的形势。 本案例中原告S印书公司出版发行《新华字典》多年，该产品已经形成了非常强的市场知名度和认可度，但是该企业并没有将其注册成商标，而是在侵权诉讼中经过法律程序去认定为未注册驰名商标，延长了其维权历程

续表

一级指标	二级指标	三级指标	指标解读
知识产权保护风险	品牌保护风险	品牌维护风险	品牌维护过程中，需要从组织经营角度去全面维护和维系品牌的知名度和美誉度。 品牌维护过程中会遭遇外部多方干扰，需要主动去发现和排查风险，避免后续更多的风险发生。 本案例中的原告S印书公司的《新华字典》销售了60多年，却在被告H出版社出版发行侵权物长达4年后才采取维权行动，对原告无论从经济还是名誉方面都带来了较大的侵害

4.3 著作权篇：风险指标体系（含案例分析）

著作权是指作者对其作品享有的权利，任何一个企业的运营都离不开著作权的使用。例如企业产品的宣传资料、网站设计、产品包装、产品设计等都会涉及著作权。本节通过剖析五件著作权相关的经典案例，分析企业运营过程中常见的著作权相关风险形式及管理措施，并通过结合相关案例解读风险管理指标，说明利用该指标体系进行著作权风险管理的方法。

本部分案例主要内容如下：根据同一历史题材创作作品中的必要场景和有限表达方式不受著作权法保护；民间文学艺术衍生作品的表达系独立完成且有创作性的部分受著作权法保护；书信手稿的性质，手稿拍卖与著作权侵权纠纷案件中的诉前行为保全；"云音乐"平台侵害信息网络传播权诉前行为保全的审查判断；思想与表达的划分、涉文学作品侵害改编权的判定思路。

4.3.1 根据同一历史题材创作作品中的必要场景和有限表达方式不受著作权法保护

案例：

张某与雷某和赵某、S 图书公司著作权侵权纠纷案[1]

基本案情：

原告张某诉称：其于 1999 年 12 月开始改编创作《高原骑兵连》剧本，2000 年 8 月根据该剧本筹拍 20 集电视连续剧《高原骑兵连》（以下将该剧本及其电视剧简称"张剧"），2000 年 12 月该剧摄制完成，张某系该剧著作权人。被告雷某作为《高原骑兵连》的名誉制片人参与了该剧的摄制。被告雷某作为第一编剧和制片人、被告赵某作为第二编剧拍摄了电视剧《最后的骑兵》（以下将该电视剧及其剧本简称"雷剧"）。2009 年 7 月 1 日，张某从被告 S 图书公司购得《最后的骑兵》DVD 光盘，发现与"张剧"有很多雷同之处，主要人物关系、故事情节及其他方面相同或近似，"雷剧"对"张剧"剧本及电视剧构成侵权。故请求法院判令：三被告停止侵权，雷某在《齐鲁晚报》上公开发表致歉声明并赔偿张某剧本稿酬损失、剧本出版发行及改编费损失共计 80 万元。被告雷某辩称："张剧"剧本根据张冠林的长篇小说《雪域河源》改编而成，"雷剧"最初由雷某根据师永刚的长篇小说《天苍茫》改编，后由赵某参照其小说《骑马挎枪走天涯》重写剧本定稿。2000 年上半年，张某找到雷某，提出合拍反映骑兵生活的电视剧。雷某向张某介绍了改编《天苍茫》的情况，建议合拍，张某未同意。2000 年 8 月，雷某与张某签订了合作协议，约定拍摄制作由张某负责，雷某负责军事保障，不参与艺术创作，雷某没有看到张某的剧本。"雷剧"和"张剧"创作播出的时间不同，"雷剧"不可能影响"张剧"的发行播出。

裁判/判决结果：

---

[1] 最高人民法院. (2013) 民申字第 1049 号 [EB/OL]. (2015-01-15) [2020-10-22]. https://wenshu.court.gov.cn/website/wenshu/181107ANFZ0BXSK4/index.html? docId = 4598cdc56a8f418392c47a82d678bc00.

山东省济南市中级人民法院于2011年7月13日做出（2010）济民三初字第84号民事判决：驳回张某的全部诉讼请求。张某不服，提起上诉，山东省高级人民法院于2012年6月14日做出（2011）鲁民三终字第194号民事判决：驳回上诉，维持原判。张某不服，向最高人民法院申请再审。

最高人民法院经审查，于2014年11月28日做出（2013）民申字第1049号民事裁定：驳回张某的再审申请。

诉讼焦点：根据同一历史题材创作的作品的侵权判定标准及对著作权法保护客体的理解。

核心知识产权风险点：剧本及电视剧的著作权侵权判定。

基于本案例，典型知识产权风险指标见表4.14所示。

表4.14 典型知识产权风险指标

一级指标	二级指标	三级指标	指标解读
知识产权保护风险	著作权保护风险	著作权侵权判定风险	对于著作权是否侵权的判定，首先应明确著作权的权利基础是否合法有效。如本案例中的关键点在于著作权保护客体的认定，尤其涉及根据同一历史题材创作作品中的必要场景和有限表达方式是否受到著作权法保护。其次，判断作品是否构成侵权，至少要考虑是否接触和是否构成实质相似。而是否构成实质相似主要看作品中的思想和情感的表达，并且重点在于表达方式

4.3.2 民间文学艺术衍生作品的表达系独立完成且有创作性的部分受著作权法保护

案例：

洪某、邓某与G食品公司、M公司著作权侵权纠纷案[1]

基本案情：

原告洪某、邓某诉称：原告洪某创作完成的《和谐共生十二》作品，发表在2009年8月贵州人民出版社出版的《福远蜡染艺术》一书中。洪

---

[1] 贵阳市中级人民法院.（2015）筑知民初字第17号 [EB/OL].（2016-08-30）[2020-10-22]. https://wenshu.court.gov.cn/website/wenshu/181107ANFZ0BXSK4/index.html?docId=7a29ff32ae2f4815bb38a1aaea8a763e.

某曾将该涉案作品的使用权（蜡染上使用除外）转让给原告邓某，由邓某维护著作财产权。被告 G 食品公司以促销为目的，擅自在其销售的商品上裁切性地使用了洪某的上述画作。原告认为被告侵犯了洪某的署名权和邓某的著作财产权，请求法院判令：

1. 被告就侵犯著作财产权赔偿邓某经济损失 20 万元；
2. 被告停止使用涉案图案，销毁涉案包装盒及产品册页；
3. 被告就侵犯洪某著作人身权刊登声明赔礼道歉。

被告 G 食品公司辩称：第一，原告起诉其拥有著作权的作品与 M 公司为 G 食品公司设计的产品外包装上的部分图案，均借鉴了贵州黄平革家传统蜡染图案，被告使用 M 公司设计的产品外包装不构成侵权；第二，G 食品公司的产品外包装是委托本案第三人 M 公司设计的，G 食品公司在使用产品外包装时已尽到合理注意义务；第三，本案所涉作品在产品包装中位于右下角，整个作品面积只占产品外包装面积的二十分之一左右，对于产品销售的促进作用影响较小，原告起诉的赔偿数额 20 万元显然过高。原告的诉请没有事实和法律依据，故请求驳回原告的诉讼请求。第三人 M 公司述称：其为 G 食品公司进行广告设计、策划，2006 年 12 月创作完成"四季如意"的手绘原稿，直到 2011 年 10 月 G 食品公司开发针对旅游市场的礼品，才重新截取该图案的一部分使用，图中的鸟纹、如意纹、铜鼓纹均源于贵州黄平革家蜡染的"原形"，原告作品中的鸟纹图案也源于贵州传统蜡染，原告方主张的作品不具有独创性，本案不存在侵权的事实基础，故原告的诉请不应支持。

裁判/判决结果：

贵州省贵阳市中级人民法院于 2015 年 9 月 18 日做出（2015）筑知民初字第 17 号民事判决：

1. 被告 G 食品公司于本判决生效之日起 10 日赔偿原告邓某经济损失 10 万元；2. 被告 G 食品公司在本判决生效后，立即停止使用涉案《和谐共生十二》作品；3. 被告 G 食品公司于本判决生效之日起 5 日内销毁涉案产品贵州辣子鸡、贵州小米渣、贵州猪肉干的包装盒及产品宣传册页；4. 驳回原告洪某和邓某的其余诉讼请求。

诉讼焦点：民间文学艺术衍生作品的作者对其独创性部分享有著作权。

核心知识产权风险点：民间文学艺术衍生作品的著作权认定。

基于本案例，典型知识产权风险指标见表4.15所示。

表4.15　典型知识产权风险指标

一级指标	二级指标	三级指标	指标解读
知识产权保护风险	著作权保护风险	著作权保护的客体	著作权的保护客体包括文学艺术和科学技术作品。本案原告的画作属于艺术作品的衍生品，符合著作权法保护的作品特征，在具有独创性的前提下受到著作权法的保护
		著作权侵权判定	在明确了合理合法的著作权保护客体后，在判断作品是否构成侵权时，应当至少从以下两方面考虑和判断，一是从被诉侵权作品的作者是否"接触"过要求保护的权利人作品，二是从被诉侵权作品与权利人的作品之间是否构成"实质相似"。本案被告与原告的画作有接触的可能性，且两者作品纸件仅是图案底色和线条颜色的细微差别，因此也构成实质相似
		著作权侵权责任主体界定	著作权侵权责任主体是承担侵权责任的承担人，其界定对诉讼结果的效力有重要影响。 本案中，原告与被告签订的协议中约定M公司提交的设计内容有侵权行为，造成的后果由M公司全部承担，但是诉讼过程中G食品公司作为产品包装的委托方，并未举证证明其已尽到了合理的注意义务，且也是侵权作品的最终使用者和实际受益者，因此G食品公司应依法应承担本案侵权的民事责任。 可见单纯在合作协议或委托协议中约定侵权责任承担方式并不能保证最终能脱离侵权责任的承担

续表

一级指标	二级指标	三级指标	指标解读
知识产权保护风险	著作权保护风险	著作权侵权责任方式判定	著作权侵权责任方式有多种,包括承担停止侵害、消除影响、赔礼道歉、赔偿损失等民事责任。著作权侵权责任方式的选择和判定对诉讼结果也有重要影响。作为原告一般会同时提起多种侵权责任承担方式,而作为被告,需要据理力争,将损失降到最低
		著作权侵权赔偿数额确定	著作权侵权赔偿数额的确定是诉讼程序中的难点和重点,尤其是原告的实际损失难以确定,被告的实际非法所得也难以确定的情况。本案中法院在确定赔偿数额时,综合考虑了作品类型、合理使用费、侵权行为性质、后果等情节而依职权确定了赔偿数额。可见赔偿数额的确定风险非常大,存在高度的不确定性

4.3.3 书信手稿的性质,手稿拍卖与著作权侵权纠纷案件中的诉前行为保全

案例:

杨某与 Z 拍卖公司书信手稿拍卖诉前行为保全案[1]

基本案情:

申请人杨某(笔名杨绛,我国著名作家、翻译家)系钱锺书(已故著名作家、文学研究家)的配偶,二人育有一女钱瑗(已故)。被申请人李某曾任 G 月刊总编辑。钱锺书与李某于 1979 年相识后,钱氏一家与李某往来密切,通信频繁,钱氏家人的书信手稿一直由李某收存。

2013 年 5 月,被申请人 Z 拍卖公司在其官方网站发布公告称,其将于 6 月 21 日拍卖"也是集——钱锺书书信手稿",其中包括钱锺书、

---

[1] 北京市第二中级人民法院. (2013) 二中保字第 09727 号 [EB/OL]. (2016-08-30) [2020-10-22]. http://www.lawinfochina.com/display.aspx? lib=case&id=3332&EncodingName=gb2312.

杨某、钱瑗写给李某的若干封信札、手稿作品百余件，此前还将举行预展和研讨会。随即新华网、人民网等多家媒体对此事进行了报道，宣称这将是"首次大规模曝光钱钟书手稿"，其中还刊登了Z拍卖公司公布的少量手稿照片。经查，上述书信手稿多自李某处取得，内容涉及私人交流、家庭琐事、个人情感以及文学历史时事评论等，均未曾公开发表。

杨某强烈反对公开拍卖和展出手稿，经交涉未果，向北京市第二中级人民法院提出诉前停止侵害著作权行为的保全申请。经查，钱瑗、钱锺书相继于1997年、1998年病故，杨某为二人继承人，钱瑗的另一继承人其配偶杨伟成同意杨某的维权主张。

法院审理过程中，案外人紫光集团有限公司向法院出具了合法有效的财产担保申请和相关材料，承诺承担如因杨某申请错误给被申请人造成的全部财产损失。

裁判/判决结果：

北京市第二中级人民法院经审理后，裁定如下：Z拍卖公司在拍卖、预展及宣传等活动中不得以公开发表、展览、复制、发行、信息网络传播等方式实施侵害钱锺书、杨某、钱瑗写给李某的涉案书信手稿著作权的行为。

本裁定送达后立即执行。如不服本裁定，可在裁定书送达之日起十日内向本院申请复议一次。复议期间不停止裁定的执行。

诉讼焦点：私人书信应受我国著作权法保护。收信人可以取得书信手稿的物权，但行使物权时不得侵害写信人的著作权。侵害著作人格权（如发表权）符合"如不及时制止将会给权利人造成难以弥补的损害"的行为保全条件。

核心知识产权风险点：被恶意商标注册人起诉侵权的应对。

基于本案例，典型知识产权风险指标见表4.16所示。

表4.16 典型知识产权风险指标

一级指标	二级指标	三级指标	指标解读
知识产权保护风险	著作权保护风险	著作权保护的客体	著作权保护多种形式的客体，主要包括文学艺术和科学技术作品，本案例中，著作权保护的客体是书信，其著作权应当由作者即发信人享有。对著作权具体保护客体和享有著作权的主体的认定是著作权保护的基本风险所在
		著作权的维权风险	著作权的维权过程复杂且漫长，维权风险贯穿始终。本案例的特殊性在于诉前行为保全的申请与执行，诉前行为保全对于维权结果的有效性起到至关重要的作用。本案例中申请人的发表权受到侵害，发表权是著作权中的一项独立的人身权，也是著作权人行使和保护其他权利的基础。作品的发表受到侵害，将导致权利人的意志被违背从而给权利人带来难以弥补的损害。本案例中法院充分评估了行为保全可能带来的影响，在申请人提供了有效担保的情况下，做出了诉前行为保全的裁判

4.3.4 "云音乐"平台侵害信息网络传播权诉前行为保全的审查判断

案例：

T公司与GW公司、HW公司、HWL公司、LT公司、

G公司侵害音乐作品信息网络传播权纠纷行为保全申请案❶

基本案情：

申请人T公司与被申请人GW公司、HW公司、HWL公司、LT公司、G公司发生著作权争议，于2014年11月10日向湖北省武汉市中级人民法院申请诉前行为保全，T公司请求：

1. 责令被申请人GW公司、被申请人HW公司、被申请人HWL公司停止通过"网易云音乐"平台（music.163.com及其PC端、移动客户端）向公众传播申请人享有专有著作权的歌曲，这些歌曲包括《时间都去哪了》《爱的供养》《画心》等623首歌曲（见附件清单）；

---

❶ 武汉市中级人民法院．(2014) 鄂武汉中知禁字第00005号［EB/OL］．(2014-01-12)［2020-10-22］．https：//www.fabao365.com/jishukaifa/159715/．

2. 责令被申请人 LT 公司停止提供网易云音乐畅听流量包服务；

3. 责令被申请人 G 公司停止在其 OPPO 品牌手机中内置网易云音乐行为。

申请人 T 公司为前述诉前行为保全申请，向法院提交了湖北省武汉市琴台公证处（2014）鄂琴台内证字第 13911、14057、15782、15783、15784、15785、15786 号公证书、音乐专辑、相关网页打印件及工信部 IP/ICP 备案信息查询结果等证据，以证明申请人享有的涉案音乐作品（词曲作品、制品，以下通称"音乐作品"）著作权遭受侵权损害的事实。同时，担保人 T 公司广州分公司为申请人 T 公司此次诉前行为保全申请提供了人民币 300 万元的银行存款进行担保。

裁判/判决结果：

对申请人 T 公司诉前行为保全申请及提交的证据，湖北省武汉市中级人民法院依法组成合议庭进行了审查。经审查，法院依法准许申请人 T 公司对本案提起的诉前行为保全申请，发布如下行为保全措施：

1. 被申请人 GW 公司、被申请人 HW 公司、被申请人 HWL 公司于本裁定生效之日起立即停止通过网易云音乐平台向公众提供本裁定书附件所列 623 首音乐作品的行为；

2. 被申请人 LT 公司于本裁定生效之日起立即停止向其移动手机客户提供网易云音乐畅听流量包中的涉案 623 首音乐作品的移动网络服务行为；

3. 被申请人 G 公司于本裁定书生效次日起十日内停止通过其品牌为 OPPOR830S 型号（合约机）移动手机中内置的网易云音乐客户端向移动手机客户传播涉案 623 首音乐作品的行为；

4. 冻结担保人 T 公司广州分公司在招商银行广州分行环市东路支行（广州）开立的银行账号为 2005×××××0001 账户内的银行存款人民币 300 万元；

5. 驳回申请人 T 公司提出的其他行为保全申请；

6. 申请人 T 公司应当在本裁定书生效后三十日内起诉，逾期不起诉的，将解除本裁定指定的行为保全措施。

禁止令发布后，被申请人 LT 公司及被申请人 G 公司立即停止了被诉行为，表示积极履行法院禁令义务。被申请人 GW 公司、HW 公司、HWL

公司不服该行为保全，向湖北省武汉市中级人民法院提出复议申请。湖北省武汉市中级人民法院于 2014 年 12 月 3 日以开庭听证方式审查了三复议申请人的复议申请，认为复议申请人提出的复议理由均不能成立，裁定驳回复议申请人 GW 公司、HW 公司、HWL 公司的复议申请。

复议中，申请人 T 公司发现被诉行为仍在继续，向湖北省武汉市中级人民法院提交了违反行为保全应予处罚的书面申请。法院在听证中对申请人提出的触犯申请也进行了听证，并做出相应的处罚措施。至复议决定书发出后，被诉行为已经按照行为保全要求全面停止。

诉讼焦点：网络侵权中的诉前行为保全。

核心知识产权风险点：侵害音乐作品信息网络传播权纠纷。

基于本案例，典型知识产权风险指标见表 4.17 所示。

表 4.17 典型知识产权风险指标

一级指标	二级指标	三级指标	指标解读
知识产权保护风险	著作权保护风险	信息网络传播权维权风险	信息网络传播权属于著作权中的财产权。信息网络传播权维权风险的第一个关口在于网络环境下，侵权行为的扩散性非常大，如果不及时制止将对权利人造成难以弥补的损失。故诉前行为保全申请对信息网络传播权维权的原告非常重要。因此，如果信息网络传播权的权利人能够在诉前及时有效地采取适当措施控制侵权行为，其自身利益会得到很好的保障

4.3.5 思想与表达的划分、涉文学作品侵害改编权的判定思路

案例：

陈喆（笔名：琼瑶）与余征（笔名：于正）等侵害著作权纠纷案❶

基本案情：

原告琼瑶是台湾著名编剧。被告于正是大陆知名编剧。原告琼瑶主张的剧本《梅花烙》于 1992 年 10 月创作完成，未以纸质方式公开发表。小说《梅花烙》系根据剧本《梅花烙》改编而来，于 1993 年 6 月 30 日创作

---

❶ 北京市高级人民法院.（2015）高民（知）终字第 1039 号［EB/OL］.（2015-12-16）[2020-10-22］. https://www.fabao365.com/zhuanlan/view_19524.html.

完成，1993年9月15日起在中国台湾地区公开发行，同年起在中国大陆公开发表，小说《梅花烙》作者是本案原告琼瑶。

电视剧《梅花烙》于1993年10月13日起在我国台湾地区首次电视播出，并于1994年4月13日起在中国大陆地区首次电视播出，电视剧《梅花烙》内容与剧本《梅花烙》高度一致。电视剧《梅花烙》片头字幕显示署名编剧为林久愉，林久愉于2014年6月20日出具经公证认证的《声明书》，称其仅负责记录原告的创作讲述，执行剧本的文字统稿整理工作，剧本《梅花烙》系由原告琼瑶独立原创形成。

被告于正系剧本《宫锁连城》载明的作者，系电视剧《宫锁连城》的署名编剧。剧本《宫锁连城》创作完成时间为2012年7月17日，首次发表时间为2014年4月8日。电视剧《宫锁连城》根据剧本《宫锁连城》拍摄，剧情内容与剧本《宫锁连城》基本一致，于2014年4月8日在湖南卫视首播，片尾出品公司依次署名为：湖南经视公司、东阳欢娱公司、万达公司、东阳星瑞公司。剧本《宫锁连城》、电视剧《宫锁连城》在人物设置及人物关系、情节上与原告涉案作品均存在对应关系。剧本《宫锁连城》相对于原告涉案作品在整体上的情节排布及推演过程基本一致。原告琼瑶起诉至北京市第三中级人民法院，认为剧本《宫锁连城》侵害了其对《梅花烙》小说和剧本的改编权，电视剧《宫锁连城》的拍摄侵害了其摄制权，要求停止侵权、赔礼道歉和赔偿损失。

判决结果：

北京市第三中级人民法院于2014年12月25日做出（2014）三中民初字第07916号民事判决，判决：

1. 湖南经视公司、东阳欢娱公司、万达公司、东阳星瑞公司于判决生效之日起立即停止电视剧《宫锁连城》的复制、发行和传播行为；

2. 余征于判决生效之日起十日内在新浪网、搜狐网、乐视网、凤凰网显著位置刊登致歉声明，向陈喆公开赔礼道歉，消除影响（致歉声明的内容须于判决生效后五日内送法院审核，逾期不履行，法院将在《法制日报》上刊登判决主要内容，所需费用由余征承担）；

3. 余征、湖南经视公司、东阳欢娱公司、万达公司、东阳星瑞公司于判决生效之日起十日内连带赔偿陈喆经济损失及诉讼合理开支共计人民币500万元；

4. 驳回陈喆的其他诉讼请求。后余征等被告不服，向北京市高级人民法院提起上诉，北京市高级人民法院判决：驳回上诉，维持原判。

诉讼焦点：作品的思想与表达是著作权保护客体的区分原则，以及著作权中改编权的侵权判定原则。

核心知识产权风险点：涉文学作品改编权的侵权判定。

基于本案例，典型知识产权风险指标见表4.18所示。

表4.18 典型知识产权风险指标

一级指标	二级指标	三级指标	指标解读
知识产权保护风险	著作权保护风险	涉文学作品改编权的侵权维权风险	涉文学作品改编权的侵权维权风险首先在于文学作品受著作权保护内容的确定，其次是侵害改编权的认定思路和标准。著作权法保护的是文学作品中的表达，文学作品的表达不仅表现为文字性的表达，也包括文字所表述的故事内容。判断被诉行为是否侵犯权利人的改编权，通常需要满足接触和实质性相似两个要件。本案例的涉诉作品满足上述两个条件，因此被认定为侵犯改编权

4.4 反垄断、不正当竞争篇：风险指标体系（含案例分析）

只要市场当中存在相似的产品，就会存在垄断或竞争。如何在垄断或竞争中取得生存或争得一席之地，是大多企业需要不断思考的问题。本节通过五件与反垄断、不正当竞争相关的典型案例，分析在多变的市场环境中常见的知识产权风险，并通过解读相关案例反映的知识产权风险管理指标内容，说明如何利用该指标体系在垄断、竞争的环境中进行知识产权风险管理。

本部分案例主要涉及以下内容：知名商品特有包装装潢权益归属的确定；互联网领域相关市场界定及滥用市场支配地位行为的分析方法；互联

网市场背景下对《反不正当竞争法》第二条规定的适用及技术创新、自由竞争和不正当竞争的界限；商业秘密侵权诉讼中行为保全措施的审查与适用；商业秘密中客户名单的认定以及侵权人承担停止侵权民事责任的适用。

4.4.1 知名商品特有包装装潢权益归属的确定

案例：

G 药集团与某多宝公司等擅自使用知名商品特有包装装潢纠纷案[1]

基本案情：

2012 年 7 月 6 日，G 药集团与某多宝公司于同日分别向法院提起诉讼，均主张享有"红罐王老吉凉茶"知名商品特有包装装潢的权益，并据此诉指对方生产销售的红罐凉茶商品的包装装潢构成侵权。

具体而言，作为"王老吉"注册商标的权利人，G 药集团认为，因"王老吉"商标是包装装潢不可分割的组成部分，并发挥了指示商品来源的显著识别作用，消费者当然会认为红罐王老吉凉茶来源于"王老吉"商标的权利人，而配方、口味并不会影响消费者对商品的识别和判断。作为红罐王老吉凉茶曾经的实际经营者，某多宝公司认为，包装装潢权益与"王老吉"商标权的归属问题各自独立，互不影响。消费者喜爱的是由某多宝公司生产并选用特定配方的红罐王老吉凉茶，本案包装装潢由某多宝公司使用并与前述商品紧密结合，包装装潢的相关权益应归属于某多宝公司。

裁判/判决结果：

广东省高级人民法院一审认为，"红罐王老吉凉茶"包装装潢的权益享有者应为 G 药集团，广州王老吉健康产业有限公司经 G 药集团授权生产销售的红罐凉茶不构成侵权。由于某多宝公司不享有涉案包装装潢权益，故其生产销售的一面"王老吉"、一面"加多宝"和两面"加多

---

[1] 最高人民法院. (2015) 民三终字第 2 号、(2015) 民三终字第 3 号 [EB/OL]. (2015 – 08 – 17) [2020 – 10 – 22]. https：//wenshu.court.gov.cn/website/wenshu/181107ANFZ0BXSK4/index.html? docId = 5cf80fe6e20549e7b796a7d2010ac5ad.

第4章 WIPO/最高院典型IP案例及风险指标体系

宝"的红罐凉茶均构成侵权。一审法院遂判令某多宝公司停止侵权行为，刊登声明消除影响，并赔偿G药集团经济损失1.5亿元及合理维权费用26万余元。

某多宝公司不服两案一审判决，向最高人民法院提起上诉。最高人民法院于2017年7月7日二审判决对G药集团及某多宝公司的诉讼请求均予以驳回。

诉讼焦点：《反不正当竞争法》调整的对象中"特有包装装潢"的界定。

核心知识产权风险点：注册商标制度与知名商品特有包装装潢权益保护制度的关系。

基于本案例，典型知识产权风险指标见表4.19所示。

表4.19 典型知识产权风险指标

一级指标	二级指标	三级指标	指标解读
知识产权保护风险	品牌保护风险	品牌维护风险	品牌维护是一个动态和复杂的过程，存在外部的各种干扰和阻碍，需要从组织经营角度和市场环境变化去全面维护和维系品牌的知名度和美誉度，并保证品牌利益得到维护。本案所涉知名商品特有包装装潢纠纷的产生，源于双方在签订和履行商标许可使用合同的过程中，并未对可能产生于许可使用期间的衍生利益如何进行分割做出明确的约定，从而导致风险的发生
	不正当竞争风险	不正当竞争维权风险	仿冒知名商品特有的名称、包装、装潢的不正当竞争行为，是指违反《反不正当竞争法》第五条第（二）项规定，擅自将他人知名商品特有的商品名称、包装、装潢作相同或者近似使用，造成与他人的知名商品相混淆，使购买者误认为是该知名商品的行为。前款所称使购买者误认为是该知名商品，包括足以使购买者误认为是该知名商品。本案纠纷发生的特殊之处在于，许可使用期间形成的特有包装装潢，既与被许可商标的使用存在密切联系，又因其具备《反不正当竞争法》下独立权益的属性，从而产生了外溢于商标权之外的商誉特征。这对不正当竞争行为的认定和裁判造成了难度，而本案最终的裁判也基于案情的独特性而显示其特殊性，如由涉案双方共享知名商品特有包装装潢权益

4.4.2 互联网领域相关市场界定及滥用市场支配地位行为的分析

案例：

Q 公司与 T 公司滥用市场支配地位纠纷案❶

基本案情：

此案由 Q 公司诉至广东省高级人民法院，指控 T 公司滥用其在即时通信软件及服务相关市场的市场支配地位。2010 年 11 月 3 日，T 公司发布《致广大 QQ 用户的一封信》，在装有 360 软件的电脑上停止运行 QQ 软件。11 月 4 日，360 安全中心宣布，在国家有关部门的强力干预下，目前 QQ 和 360 软件已经实现了完全兼容。2010 年 9 月，腾讯 QQ 即时通信软件与 QQ 软件管理一起打包安装，安装过程中并未提示用户将同时安装 QQ 软件管理。2010 年 9 月 21 日，T 公司发出公告称，正在使用的 QQ 软件管理和 QQ 医生将自动升级为 QQ 电脑管家。Q 公司主张，T 公司拒绝向安装有 360 软件的用户提供相关的软件服务，强制用户在腾讯 QQ 和奇虎 360 之间"二选一"，构成反垄断法所禁止的限制交易；T 公司将 QQ 软件管家与即时通信软件相捆绑，以升级 QQ 软件管家的名义安装 QQ 医生，构成反垄断法所禁止的捆绑销售。

裁判/判决结果：

广东省高级人民法院一审认为：

1. 关于相关市场界定。Q 公司关于综合性即时通信服务构成一个独立的相关商品市场以及本案相关地域市场应为中国大陆市场的主张不能成立。本案相关商品市场远远超出综合性即时通信服务市场，相关地域市场应为全球市场。但是，该院并未明确界定本案相关商品市场的范围。

2. 关于市场支配地位认定。由于 Q 公司对本案相关商品市场界定错误，其所提供的证据不足以证明 T 公司在相关商品市场上具有垄断地位。

---

❶ 最高人民法院. (2013) 民三终字第 4 号 [EB/OL]. (2014 – 10 – 17) [2020 – 10 – 22]. https://wenshu.court.gov.cn/website/wenshu/181107ANFZ0BXSK4/index.html?docId = 4fe3cab686984f8f91313ec8b921b96c.

Q 公司的诉讼请求缺乏事实和法律依据,不能成立。遂判决驳回 Q 公司的全部诉讼请求。

Q 公司不服,提出上诉。其主要上诉理由为:

1. 一审判决对本案相关商品市场未作认定,属于案件基本事实认定不清。

2. 一审判决在分析相关商品市场时基本方法错误,对于本案的免费产品不应直接适用假定垄断者测试("SSNIP 测试")界定相关市场,且其运用 SSNIP 价格增长测试也是错误的。本案相关商品市场应界定为综合了文字、语音、视频的个人电脑端即时通信软件和服务。

3. 一审判决对相关地域市场的认定明显错误,本案中相关地域市场应为中国大陆地区。

4. 一审判决认定 T 公司在相关市场不具有支配地位是错误的。T 公司在相关市场的市场份额均超过二分之一,应当推定其具有市场支配地位。

5. T 公司实施了滥用市场支配地位的行为,依法应当承担法律责任。

裁判结果:最高人民法院于 2014 年 10 月 8 日做出(2013)民三终字第 4 号民事判决:驳回上诉、维持原判。

诉讼焦点:如何界定互联网领域的相关市场。

核心知识产权风险点:互联网领域相关市场的界定方法。

基于本案例,典型知识产权风险指标见表 4.20。

表 4.20 典型知识产权风险指标

一级指标	二级指标	三级指标	指标解读
知识产权保护风险	垄断侵权风险	相关市场界定	互联网领域作为新兴领域,其在相关市场界定方面有不同于传统领域的地方,不能单凭市场份额来确定其市场支配地位。 本案例中,对于相关市场界定的作用、目的、方法等,最高人民法院在判决中根据互联网领域的独特特点,对于传统《反垄断法》的分析方法进行了创新和发展,在全球领域内首次对互联网领域相关市场的界定方法给出了创造性的答案。可见互联网领域相关市场界定的复杂性,也体现了互联网领域垄断侵权风险所在

4.4.3 互联网市场背景下对《反不正当竞争法》第二条规定的适用及技术创新、自由竞争和不正当竞争的界限

案例：

Q 公司、Q 软件公司与 T 公司、TJ 公司不正当竞争纠纷案[1]

基本案情：

在上诉人 Q 公司、Q 软件公司与被上诉人 T 公司、TJ 公司不正当竞争纠纷案中，Q 公司、Q 软件公司针对 QQ 软件专门开发了扣扣保镖，在相关网站上宣传扣扣保镖全面保护 QQ 用户安全，并提供下载。本案中，在安装了扣扣保镖软件后，该软件会自动对 QQ 软件进行体检，然后显示"体检得分 4 分，QQ 存在严重的健康问题"，"共检查了 40 项，其中 31 项有问题，建议立即修复！重新体检"，"在 QQ 的运行过程中，会扫描您电脑里的文件，为避免您的隐私泄露，您可禁止 QQ 扫描您的文件"等用语。同时，以红色字体警示用户 QQ 存在严重的健康问题，以绿色字体提供一键修复帮助，同时将"没有安装 360 安全卫士，电脑处于危险之中；升级 QQ 安全中心；阻止 QQ 扫描我的文件"列为危险项目；查杀 QQ 木马时，显示"如果您不安装 360 安全卫士，将无法使用木马查杀功能"，并以绿色功能键提供 360 安全卫士的安装及下载服务；经过一键修复，扣扣保镖将 QQ 软件的安全沟通界面替换成扣扣保镖界面。

2011 年 6 月 10 日，T 公司、TJ 公司以 Q 公司、Q 软件公司的上述行为构成不正当竞争为由，提起诉讼。广东省高级人民法院一审认为，Q 公司、Q 软件公司针对 QQ 软件专门开发的扣扣保镖破坏了合法运行的 QQ 软件及其服务的安全性、完整性，使 T 公司、TJ 公司丧失合法增值业务的交易机会及广告、游戏等收入，扣扣保镖通过篡改 QQ 的功能界面从而取代 QQ 软件的部分功能以推销自己的产品，上述行为违反了诚实信用和公平竞争的原则，构成不正当竞争行为。Q 公司、Q 软件公司针对 T 公司、

---

[1] 最高人民法院. (2013) 民三终字第 5 号 [EB/OL]. (2014-10-17) [2020-10-22]. http://www.dffyw.com/sifashijian/ws/201402/35240.html.

TJ公司的经营，故意捏造、散布虚伪事实，损害了T公司、TJ公司的商业信誉和商品声誉，构成商业诋毁。遂判决Q公司、Q软件公司公开赔礼道歉、消除影响，并连带赔偿T公司、TJ公司经济损失及合理维权费用共计500万元。Q公司、Q软件公司不服，提起上诉。

裁判/判决结果：

最高人民法院于2014年2月18日做出（2013）民三终字第5号民事判决：驳回上诉、维持原判。

诉讼焦点：互联网市场领域中的不正当竞争的特殊性，技术创新不能成为干涉他人正当商业模式的借口。

核心知识产权风险点：互联网市场领域中的不正当竞争的认定——关于技术创新、自由竞争和不正当竞争的界限问题。

基于本案例，典型知识产权风险指标见表4.21。

表4.21 典型知识产权风险指标

一级指标	二级指标	三级指标	指标解读
知识产权保护风险	不正当竞争风险	不正当竞争认定风险	传统的不正当竞争行为正在互联网领域延伸和拓展，也催生了各种新型不正当竞争行为。新类型不正当竞争行为的司法认定在实践中争议较大，一般认定新型不正当竞争行为，通常只能适用《反不正当竞争法》的兜底条款（一般条款）。我国于2017年11月4日通过的新《反不正当竞争法》，其中增设了"互联网专条"，针对的便是采取技术手段进行不正当竞争的情况。 从目前的司法实践来看，互联网新类型不正当竞争案例主要包括以下类别：擅自抓取数据、流量劫持、恶意不兼容等。本案例可以归为恶意不兼容类不正当竞争。 本案例中Q公司以技术创新为借口否定不正当竞争行为，但最高院认为，技术革新应当成为公平自由竞争的工具，而非干涉他人正当商业模式的借口，因此难以认定Q公司符合互联网自由和创新之精神，从而不能支持其上诉理由。 互联网竞争行为不正当性的构成要件包括：一是法律对该种竞争行为未做出特别规定；二是其他经营者的合法权益确因竞争行为受到了实际损害；三是该竞争行为违反诚实信用原则和公认的商业道德。其中第三条是关键，而且是最难以界定的问题，也是不正当竞争认定风险重点所在

4.4.4 商业秘密侵权诉讼中行为保全措施的审查与适用

案例：

美国某来公司、某来（中国）研发公司诉黄某侵害技术秘密纠纷案❶

基本案情：

申请人（原告）美国某来公司。申请人（原告）某来（中国）研发有限公司（以下简称"某来中国公司"）。被申请人（被告）黄某。2013年7月2日，美国某来公司、某来中国公司向上海市第一中级人民法院（以下简称"上海一中院"）起诉状告黄某侵害技术秘密，同时向该院提出行为保全的申请，要求法院责令被告不得披露、使用或者允许他人使用从申请人处盗取的21个商业秘密文件。

申请人称：被申请人于2012年5月入职某来中国公司，担任化学主任研究员工作。某来中国公司与被申请人签订了《保密协议》，并进行了相应的培训。2013年1月，被申请人从某来中国公司的服务器上下载了48个申请人所拥有的文件（其中21个为原告核心机密商业文件），并将上述文件私自存储至被申请人所拥有的设备中。经交涉，2013年2月，被申请人签署同意函，向申请人承认"我从公司的服务器上下载了33个属于公司的保密文件……"，并承诺："我允许公司或公司指定的人员检查第一手非公司装置和第二手非公司装置，以确定我没有进一步转发、修改、使用或打印任何公司文件。如果公司或其指定人员在非公司装置中发现任何公司文件或内容，我授权公司或其指定人员删除这些公司文件及相关内容……"

此后，申请人曾数次派员联系被申请人，要求其配合删除机密商业文件，并由申请人派员检查并确认上述机密商业文件已被删除。但是，被申请人无视申请人的交涉和努力，拒绝履行同意函约定的事项。鉴于被申请人严重违反公司制度，申请人于2013年2月27日致信被申请人宣布解除

---

❶ 上海市第一中级人民法院．(2013) 沪一中民五（知）初字第119号 [EB/OL]．(2013-10-15) [2020-10-22]．http://www.cnsymm.com/m/view.php? aid=6918．

双方劳动关系。申请人认为，被申请人私自下载的 21 个核心机密商业文件，系申请人的商业秘密，被申请人对此明知且已在承诺书中予以认可。由于被申请人未履行承诺，致使申请人的商业秘密处于随时可能因被申请人披露、使用或者许可他人使用而被外泄的危险境地，对申请人造成无法弥补的损害。据此，申请人依法请求法院责令被申请人不得披露、使用或者允许他人使用从申请人处盗取的 21 个商业秘密文件。为支持其申请，申请人还向法院提供了涉案 21 个商业秘密文件的名称及内容、被申请人的承诺书、公证书、员工信息设备配备表格、劳动关系终止通知函、直接及间接成本统计表等证据材料。申请人就上述申请还提供了担保金人民币 10 万元。

裁判/判决结果：

上海一中院裁定禁止被申请人黄某披露、使用或允许他人使用申请人美国某来公司、某来（中国）研发有限公司主张作为商业秘密保护的 21 个文件。

诉讼焦点：商业秘密纠纷中行为保全措施的适用标准。

核心知识产权风险点：商业秘密侵权诉讼中行为保全措施的审查与适用、执行方式。

基于本案例，典型知识产权风险指标见表 4.22。

表 4.22 典型知识产权风险指标

一级指标	二级指标	三级指标	指标解读
知识产权保护风险	商业秘密保护风险	商业秘密日常管理风险	由于商业秘密并不具有强力的法律权利证明，在进行商业秘密维权前、在日常商业秘密管理过程中，需要做好充分、全面、有效的管理。对商业秘密涉及的信息，对商业秘密接触的人员等均需要有策略、有规划地进行风险管控。 本案例中，申请人某来中国公司与被申请人签订了《保密协议》，并进行了相应的培训。并且被申请从某来中国公司的服务器上下载了多个申请人所拥有的文件（其中 21 个为原告核心机密商业文件），并将上述文件私自存储至被申请人所拥有的设备中。后经交涉，被申请人向申请人承认其获取商业秘密行为并承诺其允许申请人对其商业秘密相关储存设备进行处置，并签署了同意函。 申请人的上述种种措施为其后续进行商业秘密维权奠定了扎实的基础

续表

一级指标	二级指标	三级指标	指标解读
知识产权保护风险	商业秘密保护风险	商业秘密维权风险	商业秘密在维权中的重点和难点是商业秘密的认定和赔偿额的确定。而本案例中，因为申请人在日常商业秘密管理中做得比较到位，因此其在维权中的重点主要是制止商业秘密侵权行为的继续蔓延。为此，申请人提出了行为保全。该做法是国内首例依据《中华人民共和国民事诉讼法》（2013 年 1 月 1 日起施行）在商业秘密侵权诉讼中适用行为保全措施的案件。而人民法院也顺应社会需求，在案件审理中慎重考虑了行为保全措施的裁定和执行方式。 而行为保全不同于财产保全，其实施效力难以控制。因此，在本案裁定做出之后，法院在送达法律文书之外还传唤被申请人到法院谈话，当庭告知其裁定的内容及违反裁定的后果，增强了生效法律文书的威慑力，能在一定程度上保证当事人自觉履行法院裁定

4.4.5 商业秘密纠纷中客户名单的认定以及侵权人承担停止侵权民事责任的适用

案例：

鹤壁市某光材料有限公司与宋某、鹤壁某特科技有限公司、李某侵害商业秘密纠纷案[1]

基本案情：

上诉人宋某、鹤壁某特科技有限公司（以下简称"某特公司"）与被上诉人鹤壁市某光材料有限公司（以下简称"某光材料公司"）、原审被告李某侵害商业秘密纠纷一案。某光材料公司成立于1996年4月4日，经营范围为反光材料及应用反光材料制品、镀膜制品、加工销售等。某光材料公司提交了该公司2010年（5页）、2011年（4页）、2012年（4页）、2013年（3页）、2014年（2页）共计18页与东北地区客户的交易记录明细

---

[1] 河南省高级人民法院．(2016) 豫民终 347 号 [EB/OL]．(2018 - 12 - 04) [2020 - 10 - 22]．https：//wenshu.court.gov.cn/website/wenshu/181107ANFZ0BXSK4/index.html? docId = 6a230ac20cb84739947da9ab009a24ba．

表。包含有"日期""客户名称""品种""规格""数量""单价""收入""地址""联系人""联系电话""备注"等信息。宋某自2006年起在某光材料公司任业务员，主要负责黑龙江省、吉林省、辽宁省及内蒙古自治区的销售及客户拓展工作。某光材料公司与宋某先后签订两份劳动合同，并约定有保密条款、竞业限制条款。某光材料公司对其经营信息制定有保密制度，对客户及潜在客户信息采取了必要的保密措施，同时向宋某及其他业务员支付了保密费用。之后，某光材料公司发现宋某自行购买反光布，于是向法院申请诉前保全及诉讼，请求查封宋某存放的收货人为宋某翔的14件反光布，判令宋某、某特公司、李某停止侵权，赔偿合理费用及损失50万元。

鹤壁市山城区某欣反光材料经营部（以下简称"某欣经营部"）成立于2006年4月3日，经营者姓名为李某，联系电话为130××××××9。鹤壁市某欣商贸有限公司（以下简称"某欣公司"）成立于2011年6月22日，经营范围为钢材、建材、五金交电、涂板、反光护栏。法定代表人两次变更的联系电话均为130××××××9。2011年11月12日，宋某办理了该公司经营项目变更，增加的经营项目为：反光材料制品、服装、纺织品、卫生用品、橡胶制品等。2013年8月27日，宋某办理了某欣公司法定代表人的变更手续。另外，在某欣公司经营期间，宋某还参与了办理营业执照、公司事项变更、提交年检报告等公司工商登记手续的相关工作。某欣公司于2015年1月19日名称变更为某特公司。宋某的身份证号码为4106××××××××1537，宋某翔的身份证号码为4106×××××××7510，两个名字系同一人。号码为130××××××9的SIM卡由宋某翔使用。宋某以宋某翔名义先后10次通过郑州德邦物流有限公司鹤壁分公司向东北地区发送货物，货品有"反光布、3纤"等，"反光条、2纤""布、5纤"等。宋某翔于2014年2月8日通过中铁股份有限公司鹤壁市营业部向东北地区发送货物。宋某翔先后7次通过上海佳吉快运有限公司鹤壁分公司向东北地区发送货物，货品有"布、3""布、4""布、9"等。部分客户名单与某光材料公司客户名单相同。某欣公司的银行往来账目显示，自2011年8月1日至2015年7月31日期间，某欣公司与东北地区客户中，与某光材料公司交易客户相重复的客户10户，供货交易 38 笔，交易金额 830512.50 元。宋某翔以个人名义从某欣公司账户取款 27 笔，金额为 1270603.42 元。

判决结果：

河南省鹤壁市中级人民法院于 2015 年 12 月 25 日做出（2015）鹤民初字第 96 号民事判决：判令宋某、某特公司停止对反光材料公司商业秘密的侵权行为，并在两年内不准使用某光材料公司所拥有的商业秘密，并赔偿 35 万元。一审宣判后，宋某、某特公司不服，向河南省高级人民法院提起上诉，请求撤销一审判决，驳回某光材料公司的诉讼请求。河南省高级人民法院于 2017 年 8 月 2 日做出（2016）豫民终 347 号民事判决：驳回上诉，维持原判。

诉讼焦点：客户名单及名单以外影响交易的深度信息构成商业秘密的认定。

核心知识产权风险点：商业秘密认定风险。

基于该案例，典型知识产权风险指标见表 4-23。

表 4.23 典型知识产权风险指标

一级指标	二级指标	三级指标	指标解读
知识产权保护风险	商业秘密保护风险	商业秘密认定风险	商业秘密的认定必须具备至少三方面的技术特征，包括：不为公众所知悉、能为权利人带来经济利益、具有实用性并经权利人采取保密措施。这对权利人在管控商业秘密风险方面提出了较高的要求。同时在商业秘密维权时认定商业秘密的难度也比较高。 本案例中，某光材料公司的商务资料中，如将向东北地区客户出具的增值税发票、发货清单、与客户资金往来汇款凭证等认定成包含详细经营信息的客户名单，并为此耗费了大量的时间、金钱和劳动。这些内容构成了某光材料公司经营信息的秘密点，体现了某光材料公司特有的客户信息，不能从公开的信息中获取，符合商业秘密认定的第一个条件。并且上述证据能够为某光材料公司带来经济利益、竞争优势，符合"能为权利人带来经济利益、具有实用性"的认定条件。某光材料公司为上述经营信息制定了具体的保密制度，对客户及潜在客户信息采取了必要的保密措施，与宋某签订的劳动合同书中明确约定了保密条款、竞业限制条款，反光材料公司也向宋某及其他业务员支付了相应的保密费用。以上证据证明了反光材料公司为上述经营信息采取了合理的"保密措施"。综上，某光材料公司制作的客户名单符合商业秘密的三要素，构成商业秘密

续表

一级指标	二级指标	三级指标	指标解读
知识产权保护风险	商业秘密保护风险	商业秘密维权风险	由于商业秘密并不具有强力的法律权利证明，在采取商业秘密维权前及日常商业秘密管理过程中，需要做好充分、全面、有效的管理。对商业秘密涉及的信息，对商业秘密接触的人员等均需要有策略、有规划地进行风险管控。 本案例中，某光材料公司正是做好了充分的商业秘密日常管理，才能够在商业秘密维权案件中取胜

4.4.6 经营者占有市场支配地位的认定

案例：

吴某与陕西广电网络传媒（集团）股份有限公司捆绑交易纠纷案❶

基本案情：

原告吴某诉称：2012年5月10日，其前往陕西广电网络传媒（集团）股份有限公司（以下简称"广电公司"）缴纳数字电视基本收视维护费得知，该项费用由每月25元调至30元，吴某遂缴纳了3个月费用90元，其中数字电视基本收视维护费75元、数字电视节目费15元。之后，吴某获悉数字电视节目应由用户自由选择，自愿订购。吴某认为，广电公司属于公用企业，在数字电视市场内具有支配地位，其收取数字电视节目费的行为剥夺了自己的自主选择权，构成搭售，故诉至法院，请求判令：确认被告2012年5月10日收取其数字电视节目费15元的行为无效，被告返还原告15元。

裁判/判决结果：

陕西省西安市中级人民法院于2013年1月5日做出（2012）西民四初字第438号民事判决：1.确认陕西广电网络传媒（集团）股份有限公司2012年5月10日收取原告吴某数字电视节目费15元的行为无效；2.陕西

---

❶ 最高人民法院. (2016) 最高法民再98号 [EB/OL]. (2016-08-26) [2020-10-22]. https://wenshu.court.gov.cn/website/wenshu/181107ANFZ0BXSK4/index.html?docId=2a673a725b624857ae42c8b835b0c096.

广电网络传媒（集团）股份有限公司于本判决生效之日起十日内返还吴某15元。

陕西广电网络传媒（集团）股份有限公司提起上诉，陕西省高级人民法院于2013年9月12日做出（2013）陕民三终字第38号民事判决：1. 撤销一审判决；2. 驳回吴某的诉讼请求。

吴某不服二审判决，向最高人民法院提出再审申请。最高人民法院于2016年5月31日做出（2016）最高法民再98号民事判决：1. 撤销陕西省高级人民法院（2013）陕民三终字第38号民事判决；2. 维持陕西省西安市中级人民法院（2012）西民四初字第438号民事判决。

诉讼焦点：市场支配地位的认定标准及垄断行为的认定。

核心知识产权风险点：反垄断法的适用。

基于该案例，典型知识产权风险指标见表4.24。

表4.24 典型知识产权风险指标

一级指标	二级指标	三级指标	指标解读
知识产权保护风险	垄断侵权风险	反垄断法的适用与认定	本案例原告为个人，被告为陕西境内唯一合法经营有线电视传输业务的经营者，体量庞大，是垄断纠纷中的以小博大的经典案例。 本案例的重点在于《反垄断法》的适用与认定，首先在于对被告广电公司的市场支配地位的认定；广电公司在市场准入、市场份额、经营地位、经营规模等各要素上均具有优势，占有支配地位，因此被法院认定为具有市场支配地位；其次在于对广电公司在向吴某提供服务时是否构成搭售行为的认定。广电公司利用其市场支配地位，将数字电视基本收视维护费和数字电视付费节目费一起收取，客观上影响消费者选择其他服务提供者提供相关数字付费节目，同时也不利于其他服务提供者进入电视服务市场，对市场竞争具有不利的效果。因此最终法院认定广电公司违反了《中华人民共和国反垄断法》第十七条第一款第（五）项之规定

4.4.7 解决权利冲突的原则：保护在先权利与权利共存并重

案例：

北京趣拿信息技术有限公司与广州市去哪信息技术有限公司不正当竞争纠纷案[❶]

基本案情：

2005年5月9日，庄辰超注册了"qunar.com"域名并创建了"去哪儿"网。北京趣拿信息技术有限公司（以下简称"北京趣拿公司"）于2006年3月17日经工商登记成立后，"qunar.com"域名由庄辰超（北京趣拿公司法定代表人）转让给公司。经过多年使用，"去哪儿""去哪儿网""qunar.com"等服务标识成为知名服务的特有名称。

广州市去哪信息技术有限公司（以下简称"广州去哪公司"）前身为广州市龙游仙踪旅行社有限公司，成立于2003年12月10日，经营范围与北京趣拿公司相近。2003年6月6日，"quna.com"域名登记注册。经过多次转让，苑景恩（广州去哪公司法定代表人）于2009年5月9日受让取得该域名。2009年5月26日，广州去哪公司经核准变更为现名，"quna.com"域名也随即转让给公司。公司随后注册了"123quna.com""mquna.com"域名，并使用"去哪""去哪儿""去哪网""quna.com"名义对外宣传和经营。

2011年4月25日，北京趣拿公司以广州去哪公司使用"去哪""去哪儿""去哪网""quna.com"名义对外宣传和经营构成不正当竞争为由，向一审法院提起诉讼，请求判令广州去哪公司停止不正当竞争行为并赔偿经济损失人民币300万元。

裁判/判决结果：

一审法院据此判决：

[❶] 广东省高级人民法院．（2013）粤高法民三终字第565号［EB/OL］．（2014-05-27）[2020-10-22]．https：//wenshu.court.gov.cn/website/wenshu/181107ANFZ0BXSK4/index.html?docId=4c978239c1c04facb3b5019c40c5ab38．

1. 广州去哪公司停止使用"去哪"作为其企业字号；

2. 广州去哪公司公司停止使用"去哪""去哪儿""去哪网""quna.com"作为其服务标记；

3. 广州去哪公司停止使用"quna.com""123quna.com""mquna.com"域名，并限期将上述域名移转给北京趣拿公司；

4. 广州去哪公司赔偿北京趣拿公司经济损失人民币35万元；

5. 驳回北京趣拿公司的其他诉讼请求。

广州去哪公司不服一审判决上诉至广东省高级人民法院。理由是该公司享有的域名"quna.com"是于2003年6月6日合法登记注册的，是在先权利。该公司受让并使用"quna.com"域名，以及随后注册"123quna.com""mquna.com"域名没有恶意。

二审法院于2014年3月19日做出二审判决。认为：北京趣拿公司使用的"去哪儿""去哪儿网""qunar.com"构成知名服务的特有名称；广州去哪公司使用"去哪"作为企业字号构成不正当竞争行为。但是，广州去哪公司使用域名"quna.com""123quna.com""mquna.com"属于对在先权利的使用，有合法依据。二审法院据此维持了一审判决关于广州去哪公司停止使用"去哪"企业字号及"去哪"等标识的判项；撤销了广州去哪公司停止使用"quna.com""123quna.com""mquna.com"域名，并限期将上述域名移转给北京趣拿公司的判项；并把赔偿数额相应减少为人民币25万元。

诉讼焦点：多种知识产权权利冲突时的衡量和取舍。

核心知识产权风险点：域名纠纷中的侵权或不正当竞争的认定。

基于该案例，典型知识产权风险指标见表4.25。

表 4.25 典型知识产权风险指标

一级指标	二级指标	三级指标	指标解读
知识产权创造风险	品牌创造风险	域名注册风险	域名的注册、获取与商标的相关规定有一定的相似性，但也有其特殊性。根据域名注册规则，域名在全球范围内具有唯一性，相同的二级域名只可能存在于不同的顶级域名下。只要两个域名之间存在细微的差别，如只有一个符号之别，或者仅仅是相同符号在排列顺序上有所区别，便足以使计算机将两者完全区别开来，都可以获得注册。这一点与商标注册需要具备的显著性和区别性具有本质的不同。 本案例中两个仅相差一个字母的域名"qunar.com""quna.com"也能构成各自有效的域名权利
知识产权保护风险	品牌维权风险	域名及知名服务的特有名称维权风险	对于创新组织的品牌，由多种不同类别的知识产权综合组成，包括商标、专利、著作权、域名、商业秘密等。 本案例中重点突出了品牌纠纷中的域名权的纠纷，而其特殊之处是在先域名与在后知名服务的特有名称的冲突。对此，司法裁判给出了自己的价值取向，认为权利冲突的实质是利益冲突，重新确定和明晰权利边界的过程是一个对冲突的利益进行衡量和取舍的过程。二审法院判决中认定本案双方当事人均享有来源合法的域名权益，双方需要彼此容忍，互相尊重，长期共存。一方不能因为在经营过程中知名度提升，就剥夺另一方的生存空间；另一方也不能恶意攀附知名度较高一方的商誉，以谋取不正当的商业利益。这对创新组织在域名类知识产权的风险管控策略、力度方面具有很好的借鉴意义

4.5 植物新品种篇：风险指标体系（含案例分析）

培育新的植物品种需要投入研发、资金和时间，具备新颖性、特异性、一致性、稳定性，并有适当命名的植物新品种，完成其育种的单位或个人对取得授权的品种依法享有排他使用权。植物新品种的风险管理与工业领域的知识产权风险管理在管理基础上存在相似性，因此在知识产权风险管理指标体系的"企业知识产权风险管理基础"部分可采用相同的二级、三级评价指标。但是由于植物新品种独特的保护范围，使得其风险管理也具备一定特殊性。本节通过一件案例，分析植物新品种的常见风险，并通过解读知识产权风险管理指标，说明如何通过该指标体系进行植物新品种的风险管理。案例分析如下：

天津某种业科技有限公司与江苏某种业科技
有限公司侵害植物新品种权纠纷案[1]

基本案情：

天津某种业科技有限公司（以下简称"天津某公司"）与江苏某种业科技有限公司（以下简称"江苏某公司"）相互以对方为被告，分别向法院提起两起植物新品种侵权诉讼。

北方杂交粳稻工程技术中心（与辽宁省稻作研究所为一套机构两块牌子）、徐州农科所共同培育成功的三系杂交粳稻9优418水稻品种，于2000年11月10日通过国家农作物品种审定。9优418水稻品种来源于母本9201A、父本C418。2003年12月30日，辽宁省稻作研究所向农业部提出C418水稻品种植物新品种权申请，于2007年5月1日获得授权，并许可天津某公司独占实施C418植物新品种权。2003年9月25日，徐州农科所就其选育的徐9201A水稻品种向农业部申请植物新品种权保护，于2007年1月1日获得授权。2008年1月3日，徐州农科所许可江苏某公司独占实施徐9201A植物新品种权。经审理查明，江苏某公司和天津某公司生产9优418使用的配组完全相同，都使用父本C418和母本徐9201A。

2010年8月5日，一审法院根据江苏某公司申请，委托农业部合肥测试中心对江苏某公司公证保全的被控侵权品种与C418和徐9201A是否存在亲子关系进行鉴定。

检验结论：

利用国家标准GB/T 20396—2006中的48个水稻SSR标记，对被控侵权品种与C418和徐9201A的DNA进行标记分析，结果显示，在测试的所有标记中，被控侵权品种完全继承了C418和徐9201A的带型，可以认定

---

[1] 江苏省高级人民法院．（2011）苏知民终字第0194号、（2012）苏知民终字第0055号[EB/OL]．（2017-03-06）[2020-10-22]．https：//www.chinacourt.org/article/detail/2017/03/id/2574945.shtml．

被控侵权品种与 C418 和徐 9201A 存在亲子关系。

2010 年 11 月 14 日，一审法院根据天津某公司申请，委托农业部合肥测试中心对天津某公司公证保全的被控侵权品种与授权品种 C418 是否存在亲子关系进行 DNA 鉴定。

检验结论：

利用国家标准 GB/T 20396—2006 中的 48 个水稻 SSR 标记，对 9 优 418 和 C418 的 DNA 进行标记分析，结果显示，在测试的所有标记中，9 优 418 完全继承了 C418 的带型，可以认定 9 优 418 与 C418 存在亲子关系。

根据天津某公司提交的 C418 品种权申请请求书，其说明书内容包括：C418 是北方杂粳中心国际首创"籼粳架桥"制恢技术，和利用籼粳中间材料构建籼粳有利基因集团培育出形态倾籼且有特异亲和力的粳型恢复系。C418 具有较好的特异亲和性，这是通过"籼粳架桥"方法培育出来的恢复系所具有的一种性能，体现在杂种一代更好地协调籼粳两大基因组生态差异和遗传差异，因而较好地解决了通常籼粳杂种存在的结实率偏低、籽粒充实度差、对温度敏感、早衰等障碍。C418 具有籼粳综合优良性状，所配制的杂交组合一般都表现较高的结实率和一定的耐寒性。

根据江苏某公司和徐州农科所共同致函天津市种子管理站，称其自主选育的中粳不育系徐 9201A 于 1996 年通过，在审定之前命名为"9201A"，简称"9A"，审定时命名为"徐 9201A"。以徐 9201A 为母本先后选配出 9 优 138、9 优 418、9 优 24 等三系杂交粳稻组合。在 2000 年填报全国农作物品种审定申请书时关于亲本的内容仍沿用 1995 年配组时的品种来源 9201A×C418。徐 9201A 于 2003 年 7 月申请农业部新品种权保护，在品种权申请请求书的品种说明中已注明徐 9201A 配组育成了 9 优 138、9 优 418、9 优 24、9 优 686、9 优 88 等杂交组合。徐 9201A 与 9201A 是同一个中粳稻不育系。天津某公司侵权使用 9201A 就是侵权使用徐 9201A。

裁判/判决结果：

就天津某公司诉江苏某公司一案，南京市中级人民法院于 2011 年 8 月 31 日做出（2009）宁民三初字第 63 号民事判决：

1. 江苏某公司立即停止销售 9 优 418 杂交粳稻种子，未经权利人许可不得将植物新品种 C418 种子重复使用于生产 9 优 418 杂交粳稻种子；

2. 江苏某公司于判决生效之日起十五日内赔偿天津某公司经济损失 50 万元；

3. 驳回天津某公司的其他诉讼请求。

一审案件受理费 15294 元，由江苏某公司负担。

就江苏某公司诉天津某公司一案，南京市中级人民法院于 2011 年 9 月 8 日做出（2010）宁知民初字第 069 号民事判决：

1. 天津某公司于判决生效之日起立即停止对江苏某公司涉案徐 9201A 植物新品种权之独占实施权的侵害；

2. 天津某公司于判决生效之日起 10 日内赔偿江苏某公司经济损失 200 万元；

3. 驳回江苏某公司的其他诉讼请求。

江苏某公司、天津某公司不服一审判决，就上述两案分别提起上诉。江苏省高级人民法院于 2013 年 12 月 29 日合并做出（2011）苏知民终字第 0194 号、（2012）苏知民终字第 0055 号民事判决：

1. 撤销江苏省南京市中级人民法院（2009）宁民三初字第 63 号、（2010）宁知民初字第 069 号民事判决。

2. 天津某公司于本判决生效之日起十五日内补偿江苏某公司 50 万元整。

3. 驳回天津某公司、江苏某公司的其他诉讼请求。

诉讼焦点：分别持有植物新品种父本与母本的双方当事人的权利纠纷的判定标准。

核心知识产权风险点：植物新品种相互侵权纠纷。

基于该案例，典型知识产权风险指标见表 4.26。

表 4.26 典型知识产权风险指标

一级指标	二级指标	三级指标	指标解读
企业知识产权风险管理基础	策划	了解组织及其环境	创新组织在设计其知识产权风险管理框架时，应该检视并理解其内部和外部环境。对于涉及农业领域的创新组织，其无论是商标品牌，还是专利、商业秘密，植物新品种保护等各类知识产权的保护和风险管控都至关重要，需要根据组织内外部环境进行针对性的和全面的策划
	评价	为了评估风险管理框架的有效性，创新组织应该： （1）根据其目的、实施计划、指标和预期行为定期衡量风险管理框架的绩效。 （2）确定它是否仍然适合支撑组织目标的实现	创新组织是否对其知识产权风险管理框架有效性进行周期性评价，决定其风险管理的绩效和目标实现。对于涉及农业领域的创新组织，需要随时根据市场发展和变化进行各类知识产权战略的规划和调整，同时其相应的知识产权战略和风险管控策略也随之进行评估，以确认是否仍然满足和支撑组织目标的实现
	改进	（1）创新组织应持续监控和调整风险管理框架，以解决内外部的变化。 （2）应不断改善风险管理框架的适用性、充分性和有效性，以及风险管理流程的整合方式	创新组织是否根据评价结果对其知识产权风险管理框架进行持续有效的改进，决定其风险管理对组织的适应性、充分性和有效性。对于涉及农业领域的创新组织，植物新品种保护以及商标品牌等其他知识产权的竞争都非常激烈，需要企业及时根据知识产权风险评价结果进行改进，并主动应对和改进其潜在知识产权风险的管控
知识产权保护风险	植物新品种保护风险	植物新品种获权风险	植物新品种获权要求包括：新颖性、特异性、一致性和稳定性，并有适当命名。任何一项不满足都将获得不了权利，或者即使获得了植物新品种的权利，也处于不稳定状态。其中新颖性对植物新品种的申请时间有明确要求，而特异性要求植物新品种的创造人对外部相关技术应该有一定关注，一致性和稳定性则对植物新品种的本身的创新技术有一定要求。这些条件的缺失或者不确定都将带来植物新品种的获权风险
		植物新品种运营风险	植物新品种的运营方式主要包括转让、实施许可等，均需按照法律规定的程序才能保证效力。本案例中的当事人天津某公司与江苏某公司的植物新品种权利均是获得的他人独占许可实施。因为双方各自仅获得了单独的父本和母本，而造成了相互侵权纠纷

续表

一级指标	二级指标	三级指标	指标解读
知识产权保护风险	植物新品种保护风险	植物新品种维权风险	植物新品种维权基于其享有的排他独占权。任何单位或者个人未经品种权所有人许可，均不得为商业目的生产或者销售该授权品种的繁殖材料，且不得为商业目的将该授权品种的繁殖材料重复使用于生产另一品种的繁殖材料。但是也有特殊例外情况。 本案例的侵权诉讼有其特殊性，不仅仅是个体的利益问题，而是涉及社会利益。因此，法院指出上述植物新品种的排他独占权不适用于本案情形，双方当事人在行使涉案植物新品种独占实施许可权时，均应当受到限制

4.6 集成电路布图设计篇：风险指标体系（含案例分析）

集成电路布图设计是微电子技术的核心，电子信息技术的基础，随着计算机、通讯、电子、电气行业的迅猛发展，集成电路布图设计的保护得到了越来越多企业的重视。本节通过集成电路布图设计专有权侵权判定的案例，分析如何运用知识产权风险管理指标体系进行集成电路布局设计的风险管理。案例分析如下：

某泉光电科技（上海）股份有限公司与深圳市某微科技有限公司、上海某创电子零件有限公司侵害集成电路布图设计专有权纠纷案[1]

基本案情：

在上诉人（原审原告）某泉光电科技（上海）股份有限公司（以下简称"某泉公司"）与上诉人（原审被告）深圳市某微科技有限公司（以下简称"某微公司"）、原审被告上海某创电子零件有限公司（以下

---

[1] 上海市高级人民法院. (2014) 沪高民三（知）终字第 12 号 [EB/OL]. (2014-10-19) [2020-10-22]. https://wenshu.court.gov.cn/website/wenshu/181107ANFZ0BXSK4/index.html?docId=23dc09960ebe4bab90df45f469a185fc.

简称"某创公司")侵害集成电路布图设计专有权纠纷案中,某泉公司于2008年3月1日完成名称为"ATT7021AU"的布图设计创作,同年进行布图设计登记。该集成电路布图设计登记的图样共有16层,登记文件中的"ATT7021AU集成电路布图设计结构、技术、功能简要说明"记载:

1. 达成业界相同芯片(单相电能计量)功能/性能最优化面积的版图设计诉求;

2. 数模混合高抗干扰/高静电保护芯片版图设计;

3. 采用电路设计技术和金属层、扩散层、信号流合理布局等版图技术实现灵敏信号噪声屏蔽,大小信号干扰隔离。

国家知识产权局专利复审委员会经审查,未发现某泉公司涉案布图设计专有权存在不符合《集成电路布图设计保护条例》规定可以被撤销的缺陷,故终止了某微公司提出的撤销程序。

2010年1月20日,某泉公司经公证在某创公司经营场所购买集成电路芯片100片,该芯片显示的型号为RN8209G。某创公司确认该芯片系其销售,某微公司确认RN8209、RN8209G芯片系其制造、销售。某微公司网站中显示:2010年9月RN8209销售量突破1000万片。

2011年8月24日,原审法院根据原告的申请,做出查封、扣押被告某微公司2008年5月6日至本裁定之日销售RN8209集成电路芯片的销售合同、销售发票、出库单以及反映该芯片销售情况的财务账册作为证据的民事裁定。被告某微公司根据此裁定,向原审法院提供了2009年8月至12月期间集成电路销售收入明细账、2009年10月至2011年7月RN8209G芯片销售的增值税专用发票7张、2009年8月至9月RN8209芯片销售发票8张及2008年12月、2009年12月损益表各1张。上述增值税专用发票显示销售RN8209G芯片共计1120片,单价大多在5.50元至4.80元之间,有1张发票显示单价约为2元;销售RN8209芯片共计6610片,单价在4.80元至4.20元之间。

2006年,某泉公司分别与陈某、赵某签订劳动合同和保密合同,某泉公司聘用陈某为销售经理,聘用赵某在研发部门从事IC设计工作。后陈某至某微公司担任总经理，赵某亦至某微公司任职。庭审中，赵某陈述称：在某泉公司看到过某泉公司的ATT7021AU集成电路布图设计；某微公司没有对某泉公司ATT7021AU芯片进行反向工程。

原告认为，两被告的行为侵犯其集成电路布图设计专有权，遂诉至法院，请求判令两被告停止侵权、公开赔礼道歉、赔偿经济损失人民币1500万元。

裁判/判决结果：

上海市第一中级人民法院于2013年12月24日一审判决：某微公司立即停止侵害某泉公司享有的ATT7021AU（登记号为BS.08500145.7）集成电路布图设计专有权；某微公司赔偿某泉公司经济损失以及为制止侵权行为所支付的合理开支共计人民币320万元；驳回某泉公司的其余诉讼请求。某泉公司、某微公司均不服一审判决，向上海市高级人民法院提起上诉。上海市高级人民法院于2014年9月23日二审判决驳回上诉，维持原判。

诉讼焦点：在集成电路布图设计的侵权判定标准及布图设计中受法律保护内容的界定。

核心知识产权风险点：集成电路布图设计专有权的侵权判定及赔偿额的确定。

基于该案例，典型知识产权风险指标见表4.27。

表4.27　典型知识产权风险指标

一级指标	二级指标	三级指标	指标解读
企业知识产权风险管理基础	策划	了解组织及其环境	创新组织在设计其知识产权风险管理框架时，应该检视并理解其内部和外部环境。 对于芯片制造商，除了关注专利、商标、著作权、商业秘密等知识产权，也不能忽视集成电路布图设计专有权的保护和维权。需要根据组织内外部环境对集成电路布图设计专利权的风险管控进行有针对性的策划

续表

一级指标	二级指标	三级指标	指标解读
企业知识产权风险管理基础	评价	为了评估风险管理框架的有效性，创新组织应该： （1）根据其目的、实施计划、指标和预期行为定期衡量风险管理框架的绩效。 （2）确定它是否仍然适合支撑组织目标的实现	创新组织是否对其知识产权风险管理框架有效性进行周期性评价，决定其风险管理的绩效和目标实现。 对于芯片制造类企业，需要随时根据市场发展和变化进行集成电路布图设计专有权的规划和调整，同时其相应的知识产权战略和风险管控策略也随之进行评估，以确认是否仍然满足和支撑组织目标实现的需要
	改进	（1）创新组织应持续监控和调整风险管理框架，以应对内外部的变化。 （2）应不断改善风险管理框架的适用性、充分性和有效性，以及风险管理流程的整合方式	创新组织是否根据评价结果对其知识产权风险管理框架进行持续有效的改进，决定其风险管理对组织的适应性、充分性和有效性。 对于芯片制造商企业，无论是专利技术、商业秘密还是可被直接复制模仿的芯片布图设计都是争议的热点，需要企业及时根据知识产权风险评价结果进行改进，并主动应对和改进其潜在知识产权风险的管控
知识产权保护风险	集成电路布图设计保护风险	集成电路布图设计专有权获权风险	集成电路布图设计专有权是对具有独创性的集成电路布局设计进行保护的一种知识产权。 取得集成布图设计专有权需要满足独创性，以及在申请人创作时不是公认的常规设计这两个条件。 集成电路布图设计的获权门槛要低于专利权，但是申请日需要有充分的集成电路布图设计保护常识，积极获得自有布图设计创新的法律保护，避免权利流失的风险

续表

一级指标	二级指标	三级指标	指标解读
知识产权保护风险	集成电路布图设计保护风险	集成电路布图设计专有权维持风险	布图设计获准登记后有随时被撤销权利的风险，但布图设计人对撤销决定不服的，可以自收到通知之日起3个月内向人民法院起诉。本案例中的布图设计的撤销主要围绕某泉公司的布图设计是否具有独创性开展。 某泉公司对于其集成电路布图设计具有独创性的主张，提供了《集成电路布图设计登记证书》和专利复审委员会认为不存在被撤销缺陷的决定以及鉴定结论等证据完成了初步的举证责任。最终被认定其布图设计具有独创性
		集成电路布图设计专有权维权风险	本案例中体现集成电路布图设计专有权维权风险包括：布图设计中受法律保护内容的认定，侵权赔偿额的确定。 对于布图设计中受法律保护内容的认定方面，受保护的布图设计中任何具有独创性的部分均受法律保护，并且复制受保护的布图设计的全部或者其中任何具有独创性的部分，均构成侵权。 而在侵权赔偿额的确定方面，本案例全面考虑各方面因素综合考量赔偿额，值得借鉴。本案例在某微公司拒绝提供其财务资料，且双方均未提交证据证明被控侵权产品的销售利润的情况下，将某泉公司主张的某微公司在其网站页面显示的1000万片的销售数量作为本案赔偿数额的计算依据；并且没有简单按照布图在芯片中所占的比例来确定赔偿数额，而综合考虑布图设计的研发投入和市场竞争影响力来认定赔偿数额

4.7 知识产权刑事篇：风险指标体系（含案例分析）

对于侵权使用达到一定规模，非法使用人主观故意的侵犯知识产权的犯罪行为，国家法律对其提供刑事诉讼程序和刑事处罚。企业在进行知识产权管理时,一方面应注意排查遭受知识产权侵犯的风险,另一方面也要注意避免触犯国家法律、侵犯他人权利的风险。本节通过一件案例,简单分析在保护企业品牌时管理知识产权刑事风险的方法。

郭某升、郭某锋、孙某标假冒注册商标案❶

基本案情:

公诉机关指控:2013年11月底至2014年6月期间,被告人郭某升为谋取非法利益,伙同被告人孙某标、郭某锋在未经三星(中国)投资有限公司授权许可的情况下,从他人处批发假冒三星手机裸机及配件进行组装,利用其在淘宝网上开设的"三星数码专柜"网店进行"正品行货"宣传,并以明显低于市场价格公开对外销售,共计销售假冒的三星手机2万余部,销售金额2000余万元,非法获利200余万元,应当以假冒注册商标罪追究其刑事责任。被告人郭某升在共同犯罪中起主要作用,系主犯。被告人郭某锋、孙某标在共同犯罪中起辅助作用,系从犯,应当从轻处罚。被告人郭某升、孙某标、郭某锋及其辩护人对其未经"SΛMSUNG"商标注册人授权许可,组装假冒的三星手机,并通过淘宝网店进行销售的犯罪事实无异议,但对非法经营额、非法获利提出异议,辩解称其淘宝网店存在请人刷信誉的行为,真实交易量只有1万多部。

法院经审理查明:"SΛMSUNG"是三星电子株式会社在中国注册的商标,该商标有效期至2021年7月27日;三星(中国)投资有限公司是三星电子株式会社在中国投资设立,并经三星电子株式会社特别授权负责三星电子株式会社名下商标、专利、著作权等知识产权管理和法律事务的公司。2013年11月,被告人郭某升通过网络中介购买店主为"汪×"、账号为"play2011-××××"的淘宝店铺,并改名为"三星数码专柜",在未经三星(中国)投资公司授权许可的情况下,从深圳市华强北远望数码城、深圳福田区通天地手机市场批发假冒的三星I8552手机裸机及配件进

---

❶ 江苏省宿迁市中级人民法院. (2015) 宿中知刑初字第0004号 [EB/OL]. (2015-09-08) [2020-10-22]. http://www.stcourts.gov.cn/stzy/web/content?gid=34078&lmdm=1048.

行组装,并通过"三星数码专柜"在淘宝网上以"正品行货"进行宣传、销售。被告人郭某锋负责该网店的客服工作及客服人员的管理,被告人孙某标负责假冒的三星I8552手机裸机及配件的进货、包装及联系快递公司发货。至2014年6月,该网店共计组装、销售假冒三星I8552手机2万余部,非法经营额2000余万元,非法获利200余万元。

裁判/判决结果:

江苏省宿迁市中级人民法院于2015年9月8日做出(2015)宿中知刑初字第0004号刑事判决,以被告人郭某升犯假冒注册商标罪,判处有期徒刑五年,并处罚金人民币160万元;被告人孙某标犯假冒注册商标罪,判处有期徒刑三年,缓刑五年,并处罚金人民币20万元。被告人郭某锋犯假冒注册商标罪,判处有期徒刑三年,缓刑四年,并处罚金人民币20万元。宣判后,三被告人均没有提出上诉,该判决已经生效。

诉讼焦点:在被告人辩称网络销售记录存在不真实交易而没有相关证据证实的情况下,假冒注册商标犯罪的非法经营数额、违法所得数额的确定标准。

核心知识产权风险点:假冒注册商标犯罪的非法经营数额、违法所得数额的确定。

基于该案例,典型知识产权风险指标见表4.28。

表4.28 典型知识产权风险指标

一级指标	二级指标	三级指标	指标解读
知识产权保护风险	品牌保护风险	品牌维护风险	品牌维护过程中会遭遇外部多方干扰,需要主动去发现和排查风险,避免后续更多的风险发生。对于知识产权刑事类案件更需要创新组织采取有效和严厉的防控措施。 如本案例中三星公司的注册商标"SAMSUNG"遭遇假冒,并且侵害人获得了较大的不法收入。如果不及时并有效制止,将给权利人带来更多的侵害

续表

一级指标	二级指标	三级指标	指标解读
知识产权保护风险	品牌保护风险	品牌侵权风险	品牌侵权风险有两面性，一是自有品牌侵犯他人权利，二是他人侵犯己方品牌。需要对外部有损品牌的行为进行持续监控，并同时对内部在品牌策划、运营过程中存在的风险进行周期性排查和预警。 本案例中的被告郭某升、郭某锋、孙某标故意假冒注册商标获取非法利益，已经达到触犯刑法的程度。而其利用电商销售中存在的刷单行为来辩解非法经营数额、违法所得数额因为没有证据证实而不被法院采纳。这对权利人获得有利侵权赔偿额可以提供借鉴

4.8 知识产权风险指标案例篇小结

本章通过 WIPO 和最高院典型知识产权诉讼案例分析，按不同知识产权类型依次分解出企业 IP 风险监测预警与防控指标体系。

专利篇，再现了六个典型知识产权风险点/风险场景，包括：原研药与仿制药的专利纠纷，"外貌型"产品外观设计专利纠纷，化合物专利授权风险，专利侵权应诉风险，侵权纠纷损害赔偿额以及电商及电商平台的知识产权风险。

商标篇，再现了八个典型知识产权风险点/风险场景。商标风险牵涉的主体相较于专利更丰富多样，科技型、制造型、大众消费品企业及电视台、房屋开发商、图书出版社等均有涉及，而商标的风险点则集中于商标注册、使用、侵权和维权纠纷等。

著作权篇，再现了图书制品、民间文艺衍生作品、书信手稿、音乐、网络游戏，剧本及影视剧等六个典型知识产权风险点/风险场景。

垄断、竞争篇，再现了知名商品特有的包装/装潢权益、互联网领域不正当竞争、反垄断、商业秘密侵权、域名权纠纷等七个典型知识产权风险点/风险场景。

此外，本章还依次分解了植物新品种、集成电路布图设计、知识产权刑事案件中的典型知识产权风险点/风险场景，基本覆盖了知识产权可能涉及的全部风险类型。

综上，知识产权本身涉及的保护客体及其风险类型相对复杂多样，对于各大科技产业和不同规模、领域的企业而言，知识产权风险指标识别、分解及其预警应对亦各有侧重。企业应根据实际情况实时监测、重点防控、及时预警、有效治理。

第5章 名企知识产权风险管理实务指南

5.1 基于实务经验浅谈桂林三金药业股份有限公司中成药知识产权保护策略

陈文财

作者简介

陈文财，广西灵川人，中国海洋大学医学硕士（药物化学专业）；中国政法大学在职研究生在读（知识产权专业），工程师，就职于桂林三金药业股份有限公司，从事企业知识产权管理多年。

自2019年底以来，全球性的新冠疫情在持续蔓延，官方数据显示，截至2020年7月中旬，全球确诊人数已超过1200万人。疫情暴发初期，中医药全面介入新冠疫情的防治，效果显著，国内的新冠疫情在很短的时间内就得到非常有效的控制，中医药"三药三方"在新冠疫情控制方面发挥了尤为突出的作用。其中的"三药"都是经过国家药品监管部门严格审批且上市多年的中成药。中药对疾病的治疗作用再次得到了国家层面及世界医学的全面认可，与之密切相关的话题也成为各界人士讨论的热点，中药知识产权保护是近些年制药企业、学者乃至国家呼吁的重点，国家先后出台了一系列政策促进和激励中医药的现代化开发、利用和保护❶。

如何对中成药更好地进行知识产权保护，是目前困扰广大制药企业从业人士的一道难题，三金片是桂林三金药业股份有限公司（以下简称"桂林三金"）自主研发和经长期市场开发培育出来的中药大品种❷，其知识产权保护策略值得借鉴，笔者结合三金片的案例进行探讨。

简单概括起来，中成药就是在中医理论指导下，使用现代化的设备和工艺将中药材制成便于携带和服用的成药，具备可大批量生产的优势，规格和用法用量确切，目前已成为我国除中药材外最主要的中药用药形式。随着我国中医药事业的快速发展、临床需求及现代制药技术的引进，中成药的剂型取得长足的进步，由传统的丹剂、散剂发展到现代的胶囊剂、片剂、滴丸剂等制剂，中成药的品种也越来越多，目前已超过5000余种❸，中成药在我国医疗健康领域已占有举足轻重的地位。

尽管中医药有一定的特殊性，目前我国并没有对其进行特殊的知识产权保护，没有制定特别的保护制度，在知识产权保护方面均以现行的法律和行政法规为依据，例如，专利、商标、地理标志、商业秘密、著作权等，中药品种保护和国家地理标志产品是中药的主要行政法规方式，本文主要介绍三金片在专利、商标、商业秘密和著作权及相互结合等方面形成的知识产权保护策略，简要介绍中药品种保护行政法规制度，另对地理标志在中药知识产权保护的应用进行介绍和评析。此外，我国对中药的管理极为严苛，对其生产和创新有一定的影响和限制，为更好地让读者对药品有所了解，笔者先对主要的中药管理法律法规进行简要介绍。

5.1.1 中药有关法律法规概述

药品是一类非常特殊的商品，药品监管部门对药品的研制和生产等都

---

❶ 赵帅眉，宋江秀. 防治新冠肺炎中药复方的知识产权保护探析［J］. 中国发明与专利，2020，3：15-22.

❷ 李耿，李振坤，郭宇博，等. 中药大品种科技竞争力报告（2018版）概要［J］. 中国现代中药，2019，21（1）：1-19.

❸ 甄亚钦，孔德志，任雷鸣. 传统药物对西药药代动力学影响的研究与探索［J］. 药学学报，2014，49（2）：175-182.

实行极为严格的管理,为保证技术的实用性,药品的技术创新应符合相应的法律法规的要求,《药品管理法》《药品注册管理办法》《中国药典》是药品管理最基本的法律法规。

(1)《中华人民共和国药品管理法》。

该法规是我国药品管理方面最为基本的法律依据,第一版于1985年7月1日颁布实施,其后历经3次修改,现行的是2019年版。新版的药品管理法新增了上市许可人的管理制度,在处罚力度方面也做出了较大幅度的调整,对中药的制造和监管产生了深远影响。根据专业人士的解读,新的药品管理办法更加突出临床价值为向导,中药质量控制也发生较大的转变,打破了一直以来中药新药研发过于片面地遵循化学药研发模式❶。笔者认为,国家管理要求的转变必将导致中药技术创新的转变,也必将产生新的技术成果和相应的知识产权。

(2)《药品注册管理办法》。

该法规是关于药品申请上市和注册管理方面的操作性法规,与药品的研发密切相关,药物研发的最终目的即为注册申请上市,该办法对相关工作均有具体要求。2020年7月1日起施行的最新版是目前的现行版本。最新版在中药的注册审批管理方面做出了大幅调整,对中药进行了全新分类,首次提出中药创新药的分类,意味着我国中医药由单纯的历史传承向创新转变。最新版还提出,要建立以临床价值为导向的技术评价体系,将中药注册管理制度调整到更加符合中医药的特点,鼓励将现代药物生产技术运用于中药的研发和生产,鼓励在中药研发方面将传统办法与新技术相结合。为将上述的转变变为现实,让中药新药研制和注册的管理更具有操作性,药监部门还对相应的专门规定进行了修订,目前还处于征求意见阶段。

(3)《中国药典》。

《中国药典》是我国药品标准的根本法典。药品管理办法规定,所有的药品均应符合国家药品标准,该国家标准就是国家药监部门颁布的《中

---

❶ 曾瑾,杨安东,张爱军,等.古代经典名方中药复方制剂的注册管理及高质量转化要素分析[J].中药药理与临床,2020,36(3):242-254.

国药典》。除此之外,《中国药典》还是我国从事药品研制、药品经营,甚至药品的监督管理都应当遵循的法定技术标准。随着技术的更迭和该标准的突出地位,《中国药典》内容不断调整,现行的2020年版是第十一版药典。新版药典共四部,中药属于一部。新版药典落实了习近平总书记提出的关于药品监管工作"四个最严"要求的精神,以"最严谨的标准"要求设置的项目科学、限度合理。具体到中药,从农药残留限量和重金属及有害元素的指导限度等多个角度提升安全性控制水平,从来源表述规范化、饮片质量标准等完善以中医临床为导向的中药质量控制技术体系,以中药实际存在的问题为导向提高标准的实用性与适用性,进一步提升中药制剂的质量标准。

以上仅是药品管理基础的法律法规,在所有行业当中,医药行业需要执行的法律法规可能是最多的,医药知识产权保护既要符合医药相关的法律法规,还要符合知识产权行业法律法规的要求。

5.1.2 专利风险及专利保护策略

(1)概述。

中成药最重要的是其具体产品和技术,例如其处方和制备工艺,对于有一定知名度的中成药,其外包装也需要保护。在现行的知识产权的法律当中,使用专利对上述内容进行保护是最为恰当的,发明专利可保护中成药的产品和技术,外观设计专利可对中成药的外包装进行有效保护。通常而言,发明专利可分为产品和方法两类,中药组合物(处方)、中药制剂、有效提取部位等具体的中药产品可申请产品专利保护,生产工艺、中药材的炮制工艺、制备方法和中药的用途、测定方法等可申请方法专利保护。具体的,中药领域也经常称为处方专利、制备工艺专利、标准专利(含量测定专利)和用途专利。

(2)专利保护策略。

随着专利制度在我国不断发展,专利申请人和从业人员不再满足于单一专利的保护,更加强调采用构建专利池或专利组合等保护策略对该产品进行全面有效的保护。笔者认为,对于中成药来讲,在技术上可以考虑对中成药的处方、制备工艺和质量控制方法等内容进行专利布局，构建起核心专利，再根据具体产品的实际生产情况和原药材等方面布局外围专利，由此形成体系化的专利池，在商业上应当同样注重外观设计专利的保护作用。关于核心专利，国内许多学者给出了不同的定义。笔者认为，对于具体中成药产品来讲，就是生产该中成药必须用到的、竞争对手无法通过技术手段绕开的技术所对应的专利，该专利技术成为法规或标准要求的内容是一种具有可操作性和可行性手段。上述的发明专利组合，笔者更加强调在技术上能相互关联，在保护效果上能够起到联动作用。

三金片是桂林三金完全自主研发，并拥有独立知识产权的中药大品种，其科技竞争力在泌尿领域中成药中排第三名。长期以来，桂林三金对该品种开展持续不断的技术研发，并进行专利布局和知识产权保护。在产品上市初期，桂林三金对该三金片同时申请了以处方为核心的发明专利和外观设计专利保护，其发明专利可在技术上杜绝他人实施强仿行为（"药品强制仿制"，简称"药品强仿"），外观设计专利也可在外包装上防止他人的模仿。在产品生产销售的过程中，桂林三金对产品技术改进形成的科技成果及时跟进，并进行专利挖掘和申请专利保护工作，逐步构建起专利池和专利组合。目前共有19件有效发明专利对其进行全方位的保护，其中有3件涉及处方、制备工艺和检测技术方面的核心专利，有8件涉及产品检测技术方面的系列专利，还有8件外围专利。其中，还有少许专利是围绕某一核心技术而构建起来的专利组合。由此，构筑起包含了原药材育种繁殖、种植、质量控制、产品处方、生产工艺、标准、产品用途等产品所有相关方面的完整的保护体系。

5.1.3 商标风险及商标保护策略

（1）概述。

商标，俗称牌子，是生产经营者或服务提供者用来将自己的货物或服务与他人相同或类似的货物或服务相区别的一种标志，包括图形、字母、颜色、文字、数字、三维标志中的一种或几种组合。在我国市场经济日益成熟的今天，商标更成为企业形象、信誉和活力的象征。我国商标法规定,经商标局核准注册的商标,包括商品商标、服务商标、集体商标和证明商标。驰名商标是一种带有特殊性质的商标,由于其特殊性可以实现跨类别的保护❶,已经成为我国商标法治工作中的一个重要组成部分。

尽管有个别学者认为,商标在整个中药知识产权保护体系中处于不重要的地位,但笔者与大多数学者一样,认为商标对于中药知识产权保护有着重要的意义,是中药知识产权的组成部分,特别是对于市场销售的中成药来讲,其知识产权保护作用突出。当今社会,商标不仅有识别功能,还具有品质保证功能,商标在一定程度上代表着商品质量。广大患者一般都不具备识别中药产品质量优劣的能力,往往通过对生产厂家和商标的认知度来进行选择,因而中药制造企业更需要对企业商标进行保护。

(2)商标保护策略。

商标的主要功能是对中成药生产企业的标注,使之与其他药品相区别,为更好地保护具体中成药,在商标的注册和使用方面也应当有一定的策略。众多学者在商标注册和保护方面给出过一些切实可行的策略,笔者不再予以一一赘述,笔者强调的是,在商标注册时应当充分考虑制药企业和中成药产品的实际,要考虑企业的品牌战略,考虑中成药的用途、剂型和特点等,也要考虑到今后的维权。商标的使用是建立在成功注册的基础上,没有好的注册商标,商标使用策略就无从谈起。

对于一个具体的中成药,笔者认为,最基本的是要使用商标组合策略,即在一个中成药的包装盒上同时使用多个商标,可以组合在一起使用,也可在符合相关规定的情况下分散在包装盒的不同位置。在此基础上,将多个商标分一下主次,建议可将企业标识(企业 Logo)的商标作为主商标,通过产品的销售,不断提升企业的识别度,逐步树立起企业品牌。

三金片是桂林三金药业股份有限公司的核心产品,在产品的销售过程中,桂林三金长期保持其包装盒设计的稳定性,对其没有进行明显的改变,使得该产品在广大患者心中树立起显著的识别度。在产品包装盒的知

---

❶ 张冬,牟群鹏. 知识产权运营中发展权保护的几个基本问题 [J]. 学术交流,2018,297(12):93-100.

识产权保护方面，桂林三金采取了外观设计专利和商标的双重保护。具体措施是，在设计包装盒时，使用公司已注册的商标，同时对包装盒上具有特色和显著识别新的设计注册商标进行保护，完成设计后，及时申请外观设计专利进行保护。在具体商标的注册和使用方面，桂林三金以企业创始人或法人代表头像注册商标，这也是我国早期较为常用的策略，在提升识别度的用时，又能够结合肖像权对商标和商品进行较好的保护；另外就是注册和使用企业 Logo 商标，其代表着企业形象，具有较好的识别度，是企业的一种重要的知识产权❶。简要概括，可以得出以下几点商标注册和使用的策略：其一，将产品包装盒的核心设计元素注册商标；其二，将企业独有的元素注册商标；其三，在商标注册时尽可能构建起一套组合；其四，在产品上使用多个商标。

5.1.4 商业秘密风险及其与专利联合保护策略

（1）商业秘密。

在我国的法律制度当中，商业秘密保护主要以《反不正当竞争法》为法律依据，据其规定，商业秘密是指不为公众所知悉、能为权利人带来经济利益、具有实用性并经权利人采取保密措施的技术信息和经营信息❷。根据定义，商业秘密保护的对象主要分为技术信息和经营信息。中药商业秘密主要涉及药材种植、采收、加工、炮制和制剂生产等方面的技术信息❸，与专利保护对象有一定的相似性，发明专利保护的对象之一便是技术方案。商业秘密侧重于在企业内部采取保密措施对技术形成保护，防止他人窃取企业的技术资源，也可防止企业内部员工对技术资源的泄露。由于商业秘密是一种防御性质的保护，其保护力度偏弱，需要企业按照具体要求实行严格的保密措施。

---

❶ 黎琳. 企业 Logo 如何获得知识产权保护［J］. 中华商标，2017（9）：82-83.
❷ 王大壮. 浅议医疗机构中药制剂知识产权保护［J］. 江苏卫生事业管理，2020，31（2）：141-144.
❸ 戴玮，王继永. 基于玉屏风散相关专利分析的经典名方中药复方制剂知识产权保护策略思考［J］. 中国现代中药，2019，21（7）：975-982.

(2) 商业秘密与专利联合使用策略。

有学者认为商业秘密可以作为专利保护的有效补充。笔者认为，专利和商业秘密是保护中药技术的两种方式，商业秘密一直是中医药传统知识的重要保护手段，并非"补充"，权利人应当结合两种方式的特点，根据中药技术的属性，策略性地选用不同的保护方式，对中药进行综合性的保护。以公开换保护是专利的原则之一，申请专利保护势必对所保护的技术方案进行公开，部分权利人不愿意公开所有的技术；同时，获得专利授权需要满足其较高的审查标准，有些技术不一定能够符合该标准的要求，以上两种情况或许可选用商业秘密进行保护。专利权的保护范围明确，且该权利由国家法律授权，便于权利人维权。

具体而言，我国的法律法规对药品的生产有非常严格的要求，对于中药而言，在发布的标准中会公开其处方、制法、质量标准和用途，如能获得专利授权，将会对该中药形成较为稳固的保护，甚至起到核心专利的作用。另外，影响中药质量的因素非常多，例如药材种植、采收、加工、炮制和制剂工艺参数等，制药企业经过长时间的积累逐步掌握了某个具体产品生产的诸多需要控制的要点，能够生成出质量稳定的药品，这些参数、诀窍和要点，企业更应当对其采取保密措施，作为商业秘密进行保护。从三金片的核心专利来看，其权利要求多是保护一个范围，药品生产的最优技术方案则作为企业的技术秘密进行保护。

5.1.5 著作权风险及其与外观设计和商标联合保护策略

(1) 著作权。

著作权是指文学、艺术和科学作品的创作者依法律规定对这些作品所享有的一种民事权利。我国著作权法没有对著作权做出一个明确的定义，但列举了9种具体的"作品"和著作权人拥有的16种权利。在我国的知识产权体系中，著作权是一种非常重要的知识产权，也是权利人拥有最早的一项权利，自作品完成之日即产生，具有独创性和可复制性两种属性。

(2) 著作权与外观设计和商标联合保护策略。

中成药包装盒外观设计或其中的部分元素可作为美术作品受到著作权

的保护。随着知识产权的普及,制药企业在完成药品包装盒的外观设计后往往会及时地申请外观设计专利。但外观设计专利也存有一定的缺陷,首先是其保护时间只有 10 年,对于一个疗效显著并获得患者认可的中成药来讲,这个时间很短,无法满足权利人长期保护的要求。另外,外观设计专利还要求申请保护的设计具备创造性,与现有设计相比具有显著的区别,因而一个已经在市面有销售的中成药的包装盒是无法再获得外观设计专利保护的。与外观设计专利相比,著作权的保护时间长,其保护期是创作者有生之年加死亡后 50 年。另外,著作权强调独创性,而非创造性,制药企业会对已售药品包装盒做出一定的调整,调整后的新设计可能无法获得外观设计专利权,但可以获得著作权登记。

笔者认为,对于药品包装盒保护是比较棘手的,潜在的侵权者往往会采取"打擦边球"的方式侵权。为使保护更加有效,笔者建议采用组合的方式。具体是,对新设计的包装盒申请外观设计专利保护的同时,做好著作权登记,并且采用整体和拆分的模式。拆分模式是指将包装盒当中一些具有独创性的图案单独做好著作权登记,对其中新的设计元素再申请注册成商标,如此便形成了专利权、商标权和著作权的组合,可对该包装盒进行全面的和长期的知识产权保护。

5.1.6 中药品种保护风险防护

中药品种保护,表现为我国在特殊时期制定的对中药进行行政保护的行政法规,和设置的专门的管理机构——中药品种保护审评委员会——由该部门对中成药品种进行审评、监督以及考核。中药品种保护的核心作用是保护具体产品生产企业的生产地位,保护的对象是符合国家药品标准、具有较高品质的中药品种。此外,该品种还应当具备显著的疗效和较高的产业化水平,需要提供一套完整的材料予以证明。该制度具有明显的时代特征,新中国成立初期,我国的药品标准既有国家标准,又有地方标准,各地的标准之间以及各地标准与国家标准之间存有差异、不统一,由此造成中药品种繁多,但质量参差不齐。

1986 年,卫生部整顿中成药品种,陆续发布实施中药成方制剂部颁药品标准，中药制造企业争相仿冒中成药特别是一些疗效显著的名优品种，有的产品过剩、质量下降。国家相关部门对产生的问题果断地采取行动，1992年，国务院正式颁布《中药品种保护条例》，并于1993年1月开始实施。该制度的颁布实施，对于推动我国中医药事业的发展，提高中药产品质量和疗效都起到非常积极的作用。但由于该制度是我国针对当时中药品种的特殊情况而实行的一项行政保护制度，具有时代的局限性，对已经快速发展的中医药事业产生了限制：第一，保护的力度偏弱，也没有法律所具备的强约束性；第二，保护方式和地域有限；第三，不具有独占性，获批企业没有垄断地位；第四，仅针对申请保护的具体剂型，无法保护中成药的处方组成；第五，需要的成本偏高。笔者认为，中药品种保护制度从发布实施至今有一定的调整，虽存有一定的局限性，但中药制造企业仍可选择性地应用于中成药的知识产权保护。

5.1.7 地理标志产品相关风险防护

地理标志是一种在国际公约和我国法律中都予以保护的独立的知识产权客体，我国对地理标志存有两套保护制度，一是法律，二是部门规章。《中华人民共和国民法典》第123条规定："将地理标志、商标、商业秘密等列为我国知识产权保护的客体"《中华人民共和国商标法》（2019修订版）第16条规定："构成对地理标志保护规范的同时，也赋予了地理标志的商标属性。"在部门规章方面，始于《原产地域产品保护规定》的制定和出台。该规定是由原国家质量技术监督局于1999年发布，其后于2005年转换为《地理标志产品保护规定》，由当时的国家质量监督检验检疫总局在之前的基础上制定和发布，原产地产品与国际接轨转换为地理标志产品。根据《地理标志产品保护规定》，地理标志产品可以理解为该产品生产于特定的区域，产品的品质等相关特性与其产地密切相关，受到产地的自然因素或特殊生产工艺等影响。还有就是地理标志产品需经过有关部门的审查和批准，并以产地的地理名称进行命名。

此外，《农产品地理标志管理办法》和《林产品地理标志管理办法（征求意见稿）》分别由原农业部和林业局颁布实施。2018年，原产地地理标志管理职责由重新组建的国家知识产权局管理。

因此,地理标志产品的地理因素与药材的产地要求比较相似,特定的工艺可以与中药材的炮制工艺或中成药特殊的制备工艺结合,制药企业可以综合中药的特定情况考虑是否合适注册地理标志产品予以保护。目前,广西玉林制药集团有限责任公司生产的正骨水和桂林三金药业集团有限公司生产的西瓜霜是国家地理标志产品。对于地理标志产品,其保护的方式还只是停留于行政保护手段,保护力度和作用均较小,一方面难以阻碍相同产地和运用相同工艺的产品核准使用该标志;另一方面不能阻止其他地区的相同产品正常销售,只能阻止其生产企业使用该标志,甚至该企业还可根据其所在地的自然和人文因素,结合其产品的品质而另行注册新的地理标志产品,且这种情况已大量出现。如将其注册成为集体商标或证明商标,则能有效提升其保护力度,也可简化寻求保护的程序。

5.1.8 利用知识产权维护产品合法权益案例

2000年前后,药品改剂型并申请新药注册是红极一时的中药创新,但从技术角度来讲,是一种技术革新程度非常低的创新,当时的药品监管部门对药品的注册管理偏松,这是被国家药品监管部门所允许的。那个时期,很多知名产品都被他人以改剂型的方式以申报新药,也有部分产品因没有有效的手段予以制止而被他人改剂型抢注成功。三金片是泌尿系统疾病用药的明星产品,也有众多企业对其虎视眈眈,都想将其注册申报成自己的产品,例如滴丸剂、分散片剂、口服液等剂型。桂林三金得知后,合理利用国家药品管理相关法规,及时向国家药品监管部门反映三金片受发明专利保护,相关企业侵犯了桂林三金的专利权。经国家药品监管部门查明后,停止了该企业药品注册流程,成功地阻止了他人对该品种通过改剂型进行强行仿制,保持企业对该品种具有独家生产的权利,有效地维护了该产品的合法权益。

5.1.9 结语

中成药是我国中药的主要用药形式,是中药继承和创新的重要载体,在过去的几十年时间里，我国中成药快速发展。近年来，习近平总书记提出中医药工作要传承精华守正创新，中药创新需要遵循中医药理论，同时也不断强调要加强中药的知识产权保护。企业既是知识产权创造者，也是知识产权保护的客体，中药制药企业在传承和发展中药的同时，也应当重视知识产权保护，要正确、充分地利用现行知识产权制度保护中药技术创新。笔者建议综合运用专利、商业秘密、商标、著作权和中药品种保护、地理标志等组合方式进行保护。但是对于中医药更大的范畴，还需要国家做好顶层设计，完善我国现有的知识产权制度，让中成药能够得到更好的保护。

5.2　三一集团知识产权风险管理实务[1]

陈路长

作者简介

　　陈路长，三一重工知识产权部部长，创建了三一集团知识产权部，深耕企业知识产权管理20年，国家知识产权专家库专家，湘潭大学知识产权学院兼职导师，重庆理工大学知识产权学院兼职教授，专利代理师。

5.2.1　企业知识产权风险管理基础

　　知识产权风险管理，通常是指对知识产权可能涉及或引发的风险进行管理和控制。

　　对于企业特别是制造业企业而言，知识产权风险管理一般主要涉及两方面内容，一方面是侵权风险预警，主要指避免侵犯他人知识产权的风险，对于制造业企业来说，一般主要涉及专利和商标的侵权风险；另一方面则是规避他人侵犯企业自身知识产权的风险。

　　要做好企业知识产权风险管理，比较重要的是团队建设和管理制度。

---

[1] 本部分根据作者口述内容及相关资料整理，经作者及其所在企业授权同意后首次公开。

好的团队不仅应该在专业上过硬，更重要的是其能力应该适应企业的业务、规划和发展各阶段，满足企业的管理需求。管理制度则可使人员岗位职责成为一种强制性义务，是让管理活动有序进行的保证。想要做好知识产权风险管理，就必须制定一套与企业经营活动相契合的知识产权管理制度，使工作和员工有据可循有法可依，使知识产权风险管理工作能够融入企业经营活动及经营战略，并形成一种管理文化。

5.2.2　三一集团有限公司的知识产权风险管理实务经验

三一集团有限公司（以下简称"三一集团"或"三一"）非常重视知识产权风险管理，在知识产权管理制度和流程的建立过程中，我们也经历了一个学习、发展的过程。例如"流程四化"工作——"标准化、在线化、自动化、智能化"，将知识产权管理从线下搬到线上，并与公司 OA（Office Automation，办公自动化）系统对接，实现知识产权管理在业务处理、审批、发布等方面全方位提高效率，且 OA 系统中的审批节点必须在 24 小时之内完成，保证了流程执行的效率。当然，管理体系内团队的工作能力及执行力也很重要，否则即使流程制度设计好了，没有一个很有经验的团队来执行，也执行不到位。为了做好风险管理，三一集团开展了以下方面的工作。

（1）知识产权管理团队建设。

三一集团属于以"工程"为主题的装备制造业，产品覆盖多种工程机械，主导产品为混凝土机械、挖掘机械、起重机械、筑路机械、桩工机械、风电设备、港口机械、石油装备、煤炭设备等全系列产品。其中挖掘机械、桩工机械、履带起重机械、移动港口机械、路面机械、煤炭掘进机械为中国主流品牌，混凝土机械为全球品牌。

在国内，三一建有北京、长沙、上海、沈阳、昆山、乌鲁木齐六大产业基地。在海外，三一建有印度、美国、德国、巴西四大研发和制造基地。目前，集团业务已覆盖全球 100 多个国家和地区。

对于这样规模的企业，要想对全集团各事业部进行充分的知识产权风险管理，必然离不开一个专业、高效的知识产权管理团队。我们组织了一个由集团知识产权职能部门及各事业部知识产权工程师共同组成的团队。集团知识产权职能部门对各事业部知识产权工程师进行工作指导、考核和服务，各事业部知识产权工程师根据集团要求，紧密结合本事业部研发工作做好知识产权风险管理。各研究院每百位研发人员至少配一名专利工程师，保证知识产权管理工作的有效执行。

（2）制度建设。

有了团队，还需要有严格的制度来保证知识产权风险管理工作的有序进行。三一集团职能部门制定各项管理制度，集团各事业部统一执行，并接受集团考核。

著名的管理学者、管理咨询专家彼得·德鲁克（Peter Drucker）曾说过："如果不能衡量，就无法管理。"要想将知识产权风险管理到位，企业所制定的流程制度执行到位，就必须对这些工作进行衡量，也就是考核，通过考核发现问题点才能形成管理的闭环。

三一的知识产权考核制度主要分为针对知识产权管理团队的考核和针对研发团队的考核。

①针对知识产权管理团队的考核。

知识产权管理团队有详细且明确的岗位职责，集团知识产权职能部门依据集团经营状况、市场环境、管理需求调整知识产权管理团队的岗位职责，并对团队成员的工作进行考核。例如，为了保证专利布局工作的开展，我们每个月都会对各事业部研究院的专利申请数量进行考核，以此增加我们在市场上的筹码。此外我们对专利的检索、风险分析、知识产权工程师的配备等工作也都有考核。

②针对研发项目的考核。

研发是创新的源头，将源头的知识产权风险控制好，风险控制工作就成功了一半。一个新产品的产生需要经过顶层设计、产品定义、产品开发、产品设计、小批量产、定型决策等几个阶段。在这些不同阶段，我们对研发项目设置知识产权考核维度。例如，在专利预警方面，研发项目在产品顶层设计阶段都要做专利分析，检索竞争对手的重要专利，并在产品详细设计阶段出具专利风险分析与信息利用报告。如履带起重机、汽车起重机、泵车等,几乎每一个产品都会检索到有重要参考价值的专利。这一方面为我们规避侵犯他人知识产权的风险提供了依据,另一方面也为研发人员提供了公开的技术信息,站在巨人的肩膀上进行创新。

③整体风险控制体系。

知识产权的风险管理是企业整体风险管理的一部分,必须与企业整体风险管理活动相结合。三一集团设置有审计监察总部及营销风险总部,审计三一集团在不同层面上可能存在的风险,例如营销、研发、人力资源等。知识产权风险管理与研发工作结合最紧密,因此三一的知识产权管理机构一般设置在研发部门,同时,知识产权的风险管理工作也需要与营销部门的工作相配合,例如产品出口及产品参展,三一都会提前进行专利风险分析并管控知识产权风险。

5.2.3 供应链及进出口贸易的知识产权风险管理

要想控制好供应链及进出口贸易的知识产权风险,首先,需要考虑产品的全生命周期管理。一个产品的产生需要经过市场需求调研、产品顶层设计、产品定义、产品详细设计——这是产品生命周期的前端;然后经过采购、生产制造、市场推广、产品出口直到产品退市——这是产品生命周期的后端。要控制好产品生命周期后端的知识产权风险,不能只在产品经历到后端时才着手进行。例如在产品调研阶段,我们会对产品的投放市场、投放国家进行初步的专利分析,在这个阶段就需要进行检索,来判断产品将来在哪些国家可能有风险、需要进行怎样的专利布局……这些工作已经固化到公司流程制度中,无论谁来做这个工作,无论是什么样的产品,都会经过这样的风险控制过程,因此保障了集团内各事业部风险控制的一致性。

其次,需要注意在参加展会之前,特别是在参加国外的展会和国内一些规模较大的展会之前,对参展产品知识产权风险再进行一次复查。尽管在产品设计初期我们已经做过相关的风险分析,但由于专利信息公开的连续性,在产品生产阶段到产品量产销售这个阶段,会有新的专利信息,需要在参展前对参展产品知识产权风险再进行一次复查。

再次，在供应链的知识产权风险管理方面，需要注意与供应商签订的合同应包括知识产权条款。目前，三一集团推动开放式创新，即鼓励进行对外技术合作，合作开发和委托开发的项目要多于从前，因此对于新产品的研发项目，如果是直接采购的零部件，在签订采购合同时，我们要求供应商须声明未侵害第三方知识产权，并承担全部零部件侵害第三方知识产权风险。如果是委托设计或者合作开发的，需要供应商根据我们给出的技术参数进行设计、生产、制造；共同开发某种产品的，则要求供应商提供检索报告，并将检索结果报备给三一集团，同时也需要在签订的合同中明确不得侵犯第三方知识产权，并承担相应的责任。

这些与 GB 29490 中的规定是一致的，只是 GB 29490 是一个通用的规范，它适用于各种类型的企业，因此 GB 29490 给出的是一个通用的管理方法，具体到不同的企业，企业根据自身不同的情况，会有不同的管理形式。三一集团的知识产权管理制度是 GB 29490 在企业落地实施的一种方法，是将 GB 29490 的管理思路落地到每一个制度和每一个合同具体条款的一种具体操作方式，将其格式化、参数化、固定化。

最后，在供应商的选择上，要防范风险。制造业比较特殊，属于一个比较基础的行业，而且我国的制造业基础发展没有国外的时间长。以前，国外进口部件性能优于国内，在知识产权的占有上也长期垄断市场，侵权风险较低，因此国内的很多大型制造企业都比较倾向于采购进口产品。如今，我国制造业技术水平的不断提高，知识产权意识不断增强，国内企业越来越注重对知识产权的保护。2019 年中共中央办公厅、国务院办公厅联合印发《关于强化知识产权保护的意见》，让我们看到近年来国家对知识产权加强管理的决心和取得的显著成果，政策的支持将更有力地促进创新环境和营商环境持续优化。相比国内环境的不断向好，国际环境却日趋复杂，以西方国家为首的奉行单边贸易势头逐步显现。2020 年又面临全球新冠肺炎疫情，我国制造业企业在选择国外供应商时需要注意国外企业停供的风险。当下，相对于国外供应商，选择国内优质供应商是不错的选择，因为国内供应商供货周期短、成本低、沟通方便，作为采购方我们更熟悉国内的法律法规，当遇到知识产权纠纷时维权也更加方便。

5.2.4 制造业企业的知识产权风险管理经验总结

与其他行业的产品相比，制造业的产品比较明显的特点是大型工程机械产品的门槛比较高，产品结构容易观察。例如三一的一台产品可能成本需要几百万或者几千万元，而生产研发这样的设备公司所需要的投入，包括厂房、设备、研发、原材料等，需要以亿元来计算。设备拆开后，产品结构一目了然，除了控制上的算法和工艺过程不容易观察，其他机械结构经过拆卸都非常容易看到，这就使制造业产品容易遭受侵权，一旦遭受到侵权企业前期投入就可能会付之东流，损失惨重。这是一把双刃剑，一方面我们要防止侵犯他人的知识产权；另一方面被侵犯时，取证也会比其他行业要更容易一些。所以在这方面，应该有一个操作规范或流程，被侵权时用法律武器来维护自身权益。

一般来说，维权取证困难，但是制造业整体发生的诉讼案例并不算多。我们曾做过一个专门的分析，通过检索行业内企业，包括卡特、小松等的行业国际领先企业所发生的诉讼，发现行业内整体诉讼发生率较低，行业环境整体比较友好，虽然也有一些侵权事件，但比其他一些新兴产业，例如通信领域，发生诉讼的情况较少。这一方面是因为行业本身发展的历史较长，机械行业的发展已经有几百年的历史，很多通用的技术已经属于公知技术，技术创新多存在于较细的技术分支，竞争不像如通信这样的新兴行业激烈；另一方面，机械产品结构具有多样性，实现相同的功能可以通过设计不同的结构来实现，而结构不同就可能不构成侵权，比较容易进行规避设计，例如我们使用手机，必须要使用相同的通信协议才能实现通话，这样进行规避设计就会比较困难。

因此，制造业企业知识产权管理应当作为一个完整的体系，这个体系包括研发、生产、采购、销售等与企业经营密切相关的方方面面。同时知识产权风险管理应与企业整体风险管理相结合，并作为企业整体风险管理的良好支撑。在企业知识产权管理中，有效的手段是根据企业自身情况，建立适用于本企业自身发展的、具有实用性的流程和制度，条件具备时可采用办公自动化系统将这些流程和制度在线上实施，所谓

"工欲善其事，必先利其器"，好的工具可以起到事半功倍的效果。当然，考核也是非常重要的，这是保证风险管理能够顺利进行的重要环节。考核一方面可以督促人员尽职尽责；另一方面也可以发现风险管理中的薄弱环节，并加以整改。

任何一个企业的知识产权风险管理都应是动态的，企业风险管理体系的建设都要经历一个从学习、设计到改进的过程，管理的内容和方法应随着市场环境、企业工作思路和需求的变化而变化。三一集团也经历了这样的过程，并且仍在不断地吸收新的管理方法、理念，不断学习、调整，使企业发展紧跟时代发展的步伐。相信我国知识产权环境的不断改善，将会为国内制造业企业带来更多更好的发展机遇。

5.3 合肥美的电冰箱有限公司知识产权风险防控与管理经验谈[1]

张世国

作者简介

张世国，美的集团合肥美的电冰箱有限公司知识产权管理中心负责人，专利高级工程师，高级知识产权管理师，优秀企业知识产权总监；在美的从事知识产权管理工作十多年，兼任国家知识产权专家库专家、安徽省知识产权专家顾问团专家、《高价值专利培育与评估》副主编、重庆理工大学知识产权学院兼职教授等社会职务，获中国杰出知识产权经理人、全国专利信息务实人才、专业技术拔尖人才等荣誉。

5.3.1 美的知识产权管理成长之路

合肥美的电冰箱有限公司（以下简称"美的冰箱"或"合肥美的冰箱"）是美的集团旗下一家以研发、制造和销售冰箱、冷柜、酒柜、展示

---

[1] 根据作者口述内容及公开资料整理，经作者及其所在企业授权同意后首次公开。

柜及相关冷冻产品为主的家电企业，总部位于安徽省省会合肥，拥有安徽合肥（经开区、高新区）、广东（南沙、南海）、湖北荆州、泰国六个制造基地，同时经营着"美的（Midea）""COLMO""东芝（Toshiba）""小天鹅（LittleSwan）""华凌（WAHIN）"5个知名品牌，拥有各类授权专利7500件，其中发明专利超过2000件，海外专利180件，是国家知识产权示范企业和国家知识产权运营试点企业。

合肥美的冰箱的知识产权的管理在公司成立之初比较薄弱，当时的知识产权是由技术管理人员兼职管理，没有专职的知识产权工程师，不论是知识产权创造能力，还是知识产权的保护能力，都没有形成体系。

最初，企业并未进行发明专利的申请，也没有进行过相关的风险预警，企业部分产品是代工生产。知识产权管理工作的薄弱导致企业在成立初期也曾收到国外的一些同行发来的涉嫌专利侵权的警告函。针对这样的情况，我们设置了专职的专利管理人员，并向高层领导汇报了公司当时的知识产权情况以及当时企业与行业中其他企业的差距，并提出应进行知识产权管理体系建设的建议。

此后不久，在高层领导的支持下，公司开展了知识产权管理体系建设，组建了知识产权团队，经过一年的时间，无论从人才建设还是专利创造方面都取得了巨大成果。在知识产权人才建设方面，组建了知识产权管理团队，团队成员有在企业工作多年的专利管理人员，也有在代理所等知识产权服务机构的专业人员，富有经验。

在知识产权创造方面，围绕公司技术规划，加大关键技术和重点项目的专利挖掘和布局，年申请量从不足100件飞跃到突破1000件，其中发明专利突破500件，占比约50%，同时对海外申请进行了布局，申请量达到100件。

在知识产权信息获取方面，公司购买了一些国内外专利信息数据库账号，同时在公司的局域网中搭建了适宜企业员工操作的个性化知识产权检索分析系统，实现了所有的技术人员可以通过局域网完成检索。在系统中我们还建立了专利数据导航，以方便技术人员随时通过该导航根据产品开发情况检索所需技术相关资料，进行查新对比，拓宽技术人员的创新思路，降低创新风险，对风险点进行有效规避。同时，知识产权管理人员也积极发布行业知识产权监控信息的分析报告，监控整个行业知识产权最新动态，这样我们的知识产权管理，特别是知识产权风险管理初步形成了一个体系。

随着公司不断的快速发展和高层对知识产权的重视，知识产权的管理能力也会得到进一步的提升。尤其是在知识产权风险管理体系方面，现在知识产权风险管理体系已经贯穿生产经营全流程。

（1）在研发部门，对于专利检索工作，要赶在技术立项和产品开发之前进行，还要输出专利风险报告。在后续产品开发过程中，专利风险检索依然要做，并再次输出专利风险分析报告。在产品上市前，也就是在技术研究项目结束之前，也必须输出专利布局报告和风险预警报告。

（2）在供应链层面，知识产权管理人员常常设置在研发架构下，但实际上供应链中的知识产权管理也是非常重要的一环。目前，美的冰箱对供应链的知识产权管理，一方面对采购活动中涉及的合同加大知识产权条款和一些相关约定的管控，以降低知识产权风险；另一方面对供应商知识产权情况也做一些了解和备案。

（3）在销售环节，主要加强合同中知识产权条款的约束，以及各市场区域的知识产权风险调查。在人力资源环节，知识产权的风险越来越受到关注，例如对新员工技术人才的背景调查，保密协议的签订，竞业协议等等。同时行业内企业间会有互相引进人才的现象，对于同行业引进的人才需要对职务发明做出相关约定。在生产环节，对于自制件、工艺方法及工装、模具以及衍生技术、可替代技术涉及的发明创造都需要积极地进行保护。对于生产环节的采购件，例如采购的模具，也需要进行知识产权风险的防范。

现在，美的全集团实现系统化和流程化管理，借助电子办公系统，知识产权风险管理已经贯穿到企业经营活动中的各个环节，一旦发现存在风险，知识产权评审节点会给出意见并驳回相关申请，在企业内部管理活动中实现知识产权一票否决。经过不断的改进、发展知识产权管理，美的冰箱获得了安徽省首批年申请超千件专利企业、国家知识产权示范企业、国家知识产权运营试点企业认定，并荣获多项中国专利奖和安徽省发明专利金奖。

5.3.2 知识产权管理架构与体系建设经验

美的集团知识产权管理分为两级架构，第一级为集团知识产权管理部门，属于一级职能部门，主要负责统筹规划、战略方向指引、拉动体系建设、业务支持和资源管理等工作。第二级是分布在各个事业部的知识产权团队，集团内根据产品品类划分为不同的事业部，例如冰箱、空调、洗衣机是不同的事业部，各事业部建立自己的知识产权团队，负责具体知识产权业务，包括围绕自身产品开展的知识产权风险评估、识别、分析、评价和应对等工作。各事业部知识产权管理团队根据集团知识产权管理部制定的流程制度进行工作，并通过无纸化办公系统保证流程管理。例如，新的研发项目或技术开发，在立项阶段根据流程必须进行可行性分析，各事业部知识产权管理团队会根据风险分析的结果给出意见。

一个产品从设计开发到上市、退市，中间的每个环节知识产权管理人员都会参与，对关键节点进行知识产权风险分析，出具报告并给出意见。如果经过评估具有风险，则在办公系统中给出驳回流程的意见，保证知识产权风险能够得到控制。

知识产权团队一般设置在研发架构下，这是因为研发是创新的主体，也是风险控制中非常重要的部分。在技术开发的最开始把风险控制住，后期的供应链和销售环节的风险也会得到比较好的控制。所以很多企业都是把知识产权管理放在研发下面。但是在建设整个公司的知识产权风险管理体系时，往往会遇到阻力。知识产权团队在与其他业务部门协调推进具体工作的过程当中，常存在交流不畅、推进受阻等问题。

在美的冰箱，我们很好地避免了这方面的问题，这一方面得益于高层领导的支持，另一方面是知识产权管理人员不仅站在研发角度考虑问题，更站在整个公司的角度来考虑问题。虽然知识产权管理职责在研发架构下，但一个公司只有一个知识产权部门，这个知识产权部门有责任立足于公司，统筹整个公司的知识产权风险管理体系建设。

在设计知识产权风险管理体系时，不能只将知识产权管理部门看作研发体系下的一个机构，而应该考虑整个公司所有部门的经营活动，在推进知识产权风险管理体系时，需要将公司各部门都纳入到体系中来，在同一个体系下各部门分别开展各自工作才能取得较好的效果。对于知识产权负责人来说，需要站在公司的全局高度去进行风险防控，需要考虑各部门各环节的知识产权风险，并将防范这些风险的方法落实到各项经营活动中去，与相关部门做好充分的沟通，而且要主动去做。要认识到企业中只要是涉及知识产权的，就是知识产权管理部门的工作，不能将知识产权部定义为研发、销售或供应链等其他部门的支持机构，不能有这样的表述或行为，否则在工作实际中发生问题时就很难推进。所以总结来说，一个子公司、一个标准、一个体系，与整个公司的目标是一致的，各个部门的目标也是保持一致的。只有这样，知识产权部门或者知识产权职能机构在与各个部门充分沟通的基础上，大的目标就容易推进下去。

5.3.3 特定产品的知识产权风险防控经验

冰箱或者大家电具有结构比较易于观察的特点，例如在商店里，直接观察外观或打开冰箱门就可以非常容易地观察产品的外观和部分结构。这样的特点决定了产品比较容易被模仿，也比较容易遭到侵权，同时侵犯他人权利的风险也会高于其他产品，例如工艺类或是化学类的产品。

因此对于冰箱这类产品需要在创新方面加大投入，加大专利技术的挖掘和布局，增强保护。例如除了对独立的结构进行保护，还可以对产品外观进行保护，并且对产品相关的其他结构进行配合布局，例如与结构相关的连接部件可以通过申请发明或实用新型来进行保护，对产品进行系统性、策略性和全面性的布局。

我们现在经常提到的专利布局是指综合技术、市场、法律、时间、地域等因素，通过对专利的申请内容、申请时机、专利类型进行选择和策划，构建严密有效的专利保护网，以实现对产品、技术进行保护、占有市场的目的。专利布局分为两种，一种是狭义的概念，是指根据具体技术申请若干专利或到某个区域进行申请；另一种是广义的概念，是指除了针对技术本身进行专利保护，还需要对产品产业链上下游、竞争对手的专利布局、前瞻性的技术储备、知识产权保护类型等方面进行策略性、全面性和系统性的考虑。例如针对一些核心技术，不仅需要围绕产品结构进行布局，还需要对产品新的系统、控制方式、产品外观、产品商标、版权市场区域等进行综合考虑，对核心技术进行全面的布局保护。

美的在加强自身保护的同时，还加大了对市场中侵权风险信息的搜集力度。例如我们建立了由导购员组成的反馈群，由于导购员对企业产品非常了解，也比较容易观察到市场上其他产品的情况，因此通过将产品专利保护信息发送至导购员、对导购员进行培训等方式，增强导购员知识产权风险防护意识，使他们能够及时反馈风险信息，建立一线防御系统。另外，我们的知识产权管理人员也会不定期地访问一些相关网站，或者去线下的大型商场搜集相关情报信息。

在维权方面，我们会通过各种方式进行调查取证，例如去相关的市场区域进行现场走访、拍摄照片、搜集宣传单页等，进行多种证据的搜集，并通过当地执法部门对侵权商家进行行政查处，也会通过法院进行诉讼。在维权时需要综合考虑维权的方式，例如对于遭受外省企业侵权，如果采取行政执法的方式，跨省行政查处的难度相对比较大，所以更好的方式是直接到法院进行诉讼。在诉讼前将证据准备充分，这样诉讼过程会比较顺利，也会以比较快的速度获得赔偿。

控制知识产权风险首先要关注和重视知识产权管理团队的建设，美的冰箱建立了专职应对知识产权风险和知识产权维权的团队，美的集团设置有专职的维权团队、专职律师。通过建立专业团队，配合企业比较成熟的知识产权管理流程和制度，可以形成良好的知识产权风险管理体系。

5.3.4 品牌保护、维权等风险防控经验

企业的品牌是知名企业重要的无形资产。良好的品牌建设，可以为企业提高知名度，提高产品溢价能力和客户忠诚度，提高企业在市场中的竞争能力，增强目标客户吸引力和辐射力，并从长远降低产品市场推广成本。品牌建设通常包括品牌设计、市场规划、品质保障、媒体推广等多个方面的工作，但是这些工作的共同基础是企业商标的合理布局及权利保护的稳定性。

在商标或者商誉的维权方面，美的集团包括各事业部均配备了专门的专业团队，对主营业务相关的商标进行布局和保护，形成"美的"商标组，对主营业务产品进行多品类的保护。对一些副品牌和功能性品牌也特别注重这些新技术的卖点并进行提炼，及时进行商标注册。在进行商标注册之前，美的还会进行全面的风险排查，并在品牌推广之前强制进行商标检索和申请注册。此外，在开展产品市场宣传活动之前，美的会根据与产品主题相关的技术发展趋势，进行商标预先布局规划，以降低品牌被抢注的风险。

自美的集团1981年注册"美的"商标以来，美的集团在全球先后注册了"小天鹅""威灵""华凌"等超过8000件商标，针对不同产品分类的不同品牌在不同的销售国家和地区进行了较好的商标注册保护，为美的品牌提供了良好的风险防范和稳固的效益保障。

5.3.5　知识产权风险管理体系建设经验总结

总体而言，创新能力的持续培养与创新成果的全面保护，其实应该是知识产权风险管理的重要部分。近年来，随着我国对知识产权重视程度的不断提高，我国知识产权正从高数量向高质量发展转变。2019年以来，随着《商标法》等新法改革实施，知识产权侵权行为的惩罚性赔偿额上限得以显著提高，司法实践中以往高判赔案例稀缺的局面亦将得以改变。而侵权成本和赔偿费用的大幅提高，无疑将逆向促进企业不得不提高自身创新能力，更为重视自主创新或合作创新成果及其保护，从而使知识产权风险在产品创新开发初期就得到良好预防和控制，也将在业界形成更为规范化的知识产权风险防控环境。

因此，企业要进行知识产权风险管理与防控，需要建立起一套规范的知识产权风险管理体系，从产品创新环节开始梳理并排查企业经营全过程、各环节潜在的知识产权风险，予以实时监控，达到全面防控风险并降低损失的目的。体系建设是企业预防知识产权风险，保护企业科技创新成果的基本保障。员工根据体系规范明确自身职责和工作流程，企业也可以通过体系建设来识别、预防、监测知识产权风险，使各项经营活动稳定有序进行。

总结多年来的知识产权管理实务，有以下经验：知识产权风险管理与防控的关键在于建立一支专业的管理团队，通过团队人员的专业能力和优势互补，根据知识产权风险管理体系的职责分工，做好创新成果保护、风险信息监控和预警防控应对；通过加强自身的保护，以专利、商标、著作权等多种知识产权类型对创新成果进行组合布局；同时还应加强对企业人员的知识产权风险意识培训，让风险管理流程与方法贯穿到公司管理职能各个层面，将知识产权风险管理应用到企业经营活动的每个环节。

此外，企业知识产权风险管理还应注重知识产权管理工具的投入和使用，例如选择使用专业的检索数据库等，帮助企业了解最新的技术发展趋势，通过对竞争对手的跟踪预警监测，了解其研发布局和市场动向。合理利用数字化工具可以大幅降低重复研发的风险，节省研发费用，从而达到实时监控、管理产品侵权风险的目的。企业的知识产权风险管理不是一座孤岛，健全的知识产权风险管理体系不仅需要在企业内部建立一套规范的管理流程和制度，选择适用的管理工具，还应有效利用优质的外部资源，例如专业的知识产权代理师、律师等。外部资源的引入，不仅能拓宽企业管理的视野和思路，引进更先进的管理方法和策略，同时还能提高企业知识产权风险管理水平。尤其对于尚无知识产权风险管理团队的中小企业，借助外部力量可帮助企业合理规避风险。大型企业的重大风险项目，也可以借助外部专业团队进行知识产权风险预警分析评价等工作。

5.4 林德（中国）叉车有限公司知识产权风险识别与防控

柯家昌

作者简介

柯家昌，林德（中国）叉车有限公司标准与知识产权支持主管，国际标准化组织工业车辆技术委员会机动工业车辆安全分技术委员会安全规范工作组注册专家，国际标准 ISO 21262：2020《工业车辆使用、操作与维护安全规范》项目负责人，福建省知识产权专员，20 多项中国专利（含发明、实用新型和外观专利）的发明人，研究方向为工业车辆标准、工业车辆知识产权。

知识产权风险管理包括知识产权的获取、维护、运用和保护等方面的风险，各企业针对这些方面或多或少地都有采取一定的措施。从林德（中国）叉车有限公司［以下简称"林德（中国）"］在 2017 年决定贯标以来，就及时组织相关人员对 GB/T 29490—2013《企业知识产权管理规范》进行详细深入的学习，公司根据标准的每个条款对公司现有的知识产权管理现状进行逐一的梳理，通过标准的符合性检查来挖掘潜在的知识产权风险，通过严格执行每年的内部审核及外部审核来确保知识产权管理风险的持续挖掘和改进。同时，公司结合自身的营业特点，通过搭建一些创新交流平台来规避可能存在的潜在被动风险，尽可能较全面地挖掘公司知识产权管理存在的风险，充分保护公司的知识产权。

5.4.1 通过标准的符合性检查来识别基础风险

通过对 GB/T 29490—2013 的学习及结合公司的实际情况，挖掘出公司当前在知识产权管理方面存在的基础风险。通过符合性的检查，公司清楚了自身虽具备了知识产权方面的保护意识及采取了知识产权方面的必需和必备的措施，但仍有部分知识产权管理内容需要进一步的完善。例如，需要制定明确的知识产权长期方针，需要增加知识产权的相关培训及培训覆盖人群，补充对新入职员工的知识产权背景调查、创建知识产权手册和管理制度等。

5.4.2 借助内部审核和外部审核来挖掘剩余风险

为挖掘除根据 GB/T 29490—2013 标准符合性的检查发现的基础风险外的其他潜在的剩余风险，公司严格执行每年的内部审核，通过内部审核集中发现各部门在实际执行过程中存在的问题，及时进行处理和改进，以确保知识产权管理体系运行的符合性和有效性。同时，多次邀请第三方进行外部审核，借助第三方审核人员丰富的从业经验及开阔的视野协助公司挖掘知识产权体系制定过程中存在的不足和实际实施中仍存在的风险，尽可能地为公司的知识产权风险管理提供更为准确的判定和改进建议。经过2018—2020年的三次内部审核和外部审核，发现了公司在知识产权职能划分方面存在个别部门的职责不明确；对行政决定、司法判决等进行存档，但对其来源与取得时间、可识别方面并没有认真执行到位；对项目涉及的领域有进行专利数据库的检索，但对本领域的相关文献及其他公开信息等未进行充分的检索分析等问题。为此，内部审核和外部审核充分挖掘了公司在知识产权管理的潜在剩余风险，为知识产权的符合性管理提供保障。

5.4.3　通过主动创新及时占领市场避免被动风险

其他任何组织和个人提前申请的专利都将对公司的现有业务造成一定程度的影响。为了避免风险，公司在满足 GB/T 29490—2013 的立项阶段和研究开发阶段的知识产权管理要求外，还根据公司的实际情况搭建了有林德（中国）特色的专利监控、专利挖掘、技术分享、创新提案、创新大赛、创新培训等一系列创新交流平台来发掘潜在的创意，并对创意实时形成知识产权保护及布局，减少后续的产品开发及公司经营中可能遇到的被动风险。

5.4.4　通过完善制度和搭建平台来减少知识产权风险

完成第一步的知识产权管理潜在风险的识别后，结合公司知识产权的实际运行情况，公司通过完善管理体系、搭建创新交流平台两个主要方面来发现和规避公司在知识产权管理过程中存在的主要风险。

（1）完善管理体系规范风险管理。

林德（中国）的主营业务为向市场提供高效的物料搬运系统解决方案，所以决定了公司的知识产权管理风险主要围绕物料搬运系统的研发、制造和销售而产生。为此，自林德（中国）从决定贯标开始就统一由归属于研发中心的知识产权管理部门协调和指导关联的人力资源、研发、制造、采购、销售和售后等部门，根据 GB/T 29490—2013 检查和完善相关的管理制度、程序文件及表单。

在人力资源方面，公司已经针对如产品研究开发等与知识产权密切关联的岗位的员工签订的《保密协议》，涵盖了保密和竞业限制等方面的内容，但尚缺失入职员工的知识产权背景调查。为此，公司与产品研究开发及与知识产权密切关联的岗位的新入职员工补充签署了《入职员工知识产权背景调查》，详细了解其在入职前参与或涉及的知识产权情况，收集其前任雇主的信息，以确认新入职员工是否受到竞业禁止条款或其他知识产权条款等方面的限制，进一步杜绝新入职员工在入职后无意识地侵犯或泄露前任雇主的商业秘密，避免给公司带来不必要的侵权风险。

在研发方面，公司虽然制定了《专利检索申请》，但该申请无法确保设计人员能够及时主动地提交相关的申请，为此知识产权管理部门将专利的被动检索改成了主动检索，主动和各项目管理团队进行沟通，将核心专利的检索、专利的申请作为硬性的要求加入项目管理的控制流程中。如果专利检索及专利申请没有在规定的时间里完成，则该项目无法进入下一个项目节点。同时，在专利检索的过程中，增加了科技文献的检索，及时发现和比对最新技术，提升了新技术检索的全面性。此外，对于正在进行的所有研发项目和合作开发合同重新进行审核，对于项目过程中形成的知识产权归属进行详细的约定，并结合之前的项目研发中出现的问题及时总结经验教训，并分享给研发的同事。

在制造方面，根据 GB/T 29490—2013，及时评估、确认产品与工艺方法的技术改进与创新，明确保护方式，适时形成知识产权[1]保护。公司结合实际情况并充分考虑制造过程的工艺设备及检测设备形成专利容易、被第三方使用不易发现的特点，公司规定涉及生产流程或工艺设备及检测等的发明创造均按照公司技术秘密进行保护。

在采购方面，根据 GB/T 29490—2013 要求，在采购合同中应明确知识产权权属、许可使用范围、侵权职责承担等❶，但在实际签订的过程中，

---

❶ 中规（北京）认证有限公司. 名企聊知识产权 [M]. 北京：知识产权出版社，2020.

合作方可能不会主动告知其负责的某些产品或设计是否会再继续找第三方合作，企业自身也容易忽视这方面的问题而导致企业容易受到第三方知识产权保护的影响。为此，公司在制定合作开发合同时，注意进一步约定此方面的知识产权管理规定和权属等问题，提前规避风险，减少对项目开发时间和成本的影响。

在销售方面，在对外的宣传和展会中，公司一直都是采用自主设计的图片、文字和影像等，但对于产品资料的发布环节缺少对应的审核。为此，知识产权管理部门与法务部门、产品管理部门达成共识，在每次产品信息发布前都需要经过知识产权部门和法务部门的共同审核后才能对外发布销售。如果将要发布的销售资料有专利侵权等风险，则都需要统一提交到专利委员会进行讨论并制订下一步的应对计划。

公司根据 GB/T 29490—2013 进行标准的符合性检查、知识产权内部审核和外部审核等，及时完善相关的管理制度、程序文件及表单，保证公司能充分规避知识产权管理方面的基础风险和剩余风险。

（2）搭建创新平台挖掘潜在风险。

企业在知识产权的获取、维护、运用和保护方面都可能存在风险，但结合本公司知识产权的实际运行情况，公司分析出当前的知识产权风险主要集中在专利的获取方面，为此公司针对性地建立了以下创新交流平台来减少可能存在的专利风险。

①专利监控平台。

其他组织和个人已经申请的专利是公司现有业务最大的威胁，为此公司一直都会利用第三方专利数据管理平台及时关注重点监控对象的专利变化情况。监控过程不只局限于专利申请数量的变化，更关注其新研发技术的方向、行业热点方面的布局，对于潜在的核心专利进行分类学习及跟踪管理，对现存及未来业务可能存在威胁的则及时组织相关人员进行专利分析及考虑必要的专利布局。截至目前，该监控平台平均每年能为公司带来20多项创意。除了被动学习和挖掘可能存在的风险外，知识产权管理部门还针对重点项目进行立项前、项目中、项目后专利检索，主动和项目经理、项目负责人对技术要点进行深入的沟通，同时在立项初期针对核心技术进行专利挖掘，为后续的项目开发提供技术指引和专利布局建议，避免可能存在的开发风险，减少项目的开发时间和成本。同时，利用集团总部在知识产权管理方面的优势和经验，与集团的知识产权部门进行定期、针对性的沟通、合作，减少可能存在的专利重复申请，监控可能存在的专利侵权风险；必要时对一些专利申请及时进行海外主要目标市场的布局，以确保目标市场的领先地位。

②技术分享平台。

同行及跨领域的现有技术及新技术是产品开发过程中可以学习和借鉴的。知识产权管理部门会定期组织相关人员对于检索出的一些专利进行甄选和学习。该分享活动除了可开阔研发人员的视野、汲取跨领域的新技术和创新方法外，还可对好的创意及时进行深入的分析，最终形成知识产权保护。目前，通过技术分享，公司已收集了近10条创意并形成知识产权保护。

③创新提案平台。

好的想法可能转瞬即逝。为了保护大家的创意，减少没有及时记录导致的创意遗失，公司还专门开发了创新提案系统。该系统只需要简单地填写想法内容和创意优点等，研发创新部门则定期将这些创意进行分析和筛选，必要时联系提案人详细了解该创意的背景，对有价值的创意及时进行挖掘和调研，必要时形成项目进行开发、知识产权的保护申请。同时，与公司的持续改进部门合作，将持续改进部门在合理化建议平台上收集到的通过初步评估适合创新开发的金点子转交给研发创新部门进行二次评估，确保不遗漏任何创意的火种。这样，公司在保护创意的同时也避免了该创意被其他组织和个人提前申请的风险。通过创新提案平台，公司已经收集60余项创新提案，并形成了近10项知识产权保护。

④创新大赛平台。

为激发林德（中国）工程师的创新思维，加强公司创新文化的建设，收集高质量的创新点子，为公司开发更具价值、更具竞争力的产品提供创新思路和方案，林德（中国）先后组织了两次创新大赛。2018年的第一届创新大赛，主要是面向研发部门的内部创新。此次创新活动共收到64个创新点子，评选出10个优秀的点子进行概念设计和产品制作，并最终形成知识产权保护。2019年第二届创新大赛，则广邀与产品生命周期管理相关的部门，如研发、销售和售后等部门共同参与。此次大赛共收集到192个创新点子。这些点子不仅相对第一届创新大赛在数量上呈现倍数增长，质量上也得到了质的提升，也更贴合一线客户的实际需求，形成的知识产权保护数量也成倍地增长。

⑤创新培训平台。

为了帮助员工更好地了解专利及创新知识、开拓创新思维、掌握创新工具、增强创新能力，林德（中国）自2017年开始就有步骤地开展创新发明方法的培训工作，积极推广使用当前流行的TRIZ（Theory of Inventive Problem Solving，发明问题解决理论）。从TRIZ常用的发明方法中，知识产权管理部门先后推广了几十个发明原理、八大技术系统进化理论、冲突矩阵、物－场模型分析等创新发明方法。知识产权管理部门不仅对TRIZ理论进行培训课程认证，而且结合创新大赛，从TRIZ理论中汲取针对性的工业车辆创新发明方法，通过线下培训和实战练习等形式为大家解决问题提供新的思路和启发，迄今已经为公司的产品开发带来了20多个创新解决思路。为保证TRIZ的持续推广和使用，知识产权管理部门还从TRIZ理论中选择适合工业车辆的创新发明方法，形成TRIZ智库，供员工学习和借鉴。

5.4.5 总结与展望

从2018年开始贯标至今，林德（中国）严格按照GB/T 29490—2013进行探索和实践，不断地优化相关的管理制度、程序文件和表单，切实有效地建立和运行了一套符合林德（中国）实际情况的知识产权管理体系，在规范公司知识产权管理的同时，尽量规避潜在的主动或被动的风险，在公司创新发展的基础上，为公司知识产权的运用和保护等提供了有效的支撑。

随着新技术标准的出现，企业的知识产权管理风险将一直存在。企业只有通过不断的学习，并不断完善企业管理，才能为企业的知识产权风险管理带来创新的解决思路，在减少知识产权管理风险的同时也为企业抢占市场先机提供强有力的保证。

5.5 陕西煤业化工集团神木天元化工有限公司商业秘密风险管理体系的构建与实施

赵　宁

作者简介

赵宁，中共党员，研究生学历，工学博士，高级工程师，现任陕西煤业化工集团神木天元化工有限公司副总经理，负责公司科技研发及知识产权管理工作。领导的公司技术研发中心先后被认定为"国家能源煤炭分质清洁转化重点实验室——天元试验示范基地""陕西省企业技术中心"。累计申请国家专利31件，已授权专利15件。曾获陕西石化科学技术奖一等奖。

随着科技与知识经济的发展与兴起，知识产权为企业的经营发展、科技创新提供了强有力的支撑与保障。商业秘密作为一项重要的知识产权资产，在激烈的市场竞争中发挥着举足轻重的作用。保密就是保生存、保发展。建立一套完善的商业秘密管理体系，对企业而言战略意义重大。

5.5.1　什么是商业秘密

商业秘密既然在市场竞争中发挥着如此重要的作用，那么什么是商业秘密？该如何保护商业秘密？

《反不正当竞争法》规定，商业秘密是指不为公众所知悉、具有商业价值并经权利人采取相应保密措施的技术信息、经营信息等商业信息。

《关于侵犯商业秘密纠纷民事案件应用法律若干问题的解释（征求意见稿）》（以下简称《解释》）规定，保密措施应当与商业秘密的商业价值、重要程度等相适应。权利人采取的相应保密措施，可以包括下列情形：

（一）签订保密协议或者在合同中约定保密义务；

（二）通过章程、规章制度、培训等方式提出保密要求；

（三）对能够接触、获取商业秘密的供应商、客户、访客等提出保密要求；

（四）以标记、分类、隔离、封存等方式，对商业秘密及其载体进行区分和管理；

（五）对能够接触、获取商业秘密的计算机设备、电子设备、网络设备、存储设备、软件等，采取禁止或者限制访问、存储、复制等措施；

（六）要求离职员工登记、返还、删除、销毁其接触或者获取的商业秘密及其载体，继续承担保密义务。

依照法律法规给出的原则性定义与保护措施，企业应对商业秘密进行主动、前瞻性的管控，建立适合企业自身的商业秘密管理体系。

5.5.2 商业秘密管理体系构建与实施

完善的商业秘密保护，可以提升企业形象、提升客户信任度、提升核心竞争力、降低生产经营风险、带来良好的经济效益。企业建立商业秘密管理体系，势在必行。

陕西煤业化工集团神木天元化工有限公司（以下简称"陕煤天元化工"）成立于2005年8月，主要从事煤炭分质梯级利用技术研发及工业化推广。陕煤天元化工是陕西省高新技术企业、中国石油和化工行业技术创新示范企业，公司技术研发中心是陕西省企业技术中心、国家能源煤炭分质清洁转化重点实验室——天元试验示范基地。陕煤天元化工始终把技术研发、科技创新作为企业高质量发展的驱动力。2019年11月26日，陕煤天元化工与华陆工程科技有限责任公司合作研发的"大型工业化低阶粉煤回转热解成套技术开发与应用"科技成果，通过了中国石油和化学工业联合会组织的科技成果鉴定，整体技术达到国际领先水平。陕煤天元化工作为煤炭分质利用的技术探索者、产业践行者，商业秘密的管控至关重要。

陕煤天元化工的商业秘密管理体系是在贯彻《企业知识产权管理规范》（GB/T 29490—2013）的过程中逐步建立完善起来的：2018年6月，陕煤天元化工知识产权管理体系开始运行；2019年1月，通过企业知识产权管理体系初次认证；2019年12月，知识产权贯标年度监督审核，并针对企业转型升级提出扩大认证范围申请，全部经认证机构审核通过。

通过知识产权贯标，陕煤天元化工加强了对专利、商标、商业秘密等知识产权的管控，并进行了全面梳理。贯标前后发生了显著变化。尤其是商业秘密管控，通过贯标，搭建了保密组织机构，修订完善了保密制度，对涉密人员、涉密信息、涉密设备、涉密区域进行了全面梳理管控，建立了较为系统的保密管理体系。现将企业商业秘密管理体系构建与实施中的经验归纳整理如下，供各位同人参考、借鉴。

5.5.2.1 保密组织机构是保密管理的基本保障

保密管控是一项需要全公司协作开展的工作，一定要领导重视、全员参与。建立健全保密组织机构且明确职责是开展保密工作的基本保障，应成立保密管理委员会、明确保密工作机构、各单位设置保密员，形成保密工作网络化管理。下面为陕煤天元化工的保密组织机构设置。

（1）保密管理委员会：主任，由董事长或总经理担任；副主任，由公司分管保密工作的领导担任；成员，包括公司领导、各部办（车间）负责人及兼职保密员、法务组。保密管理委员会作为公司保密工作领导机构，对公司保密工作进行统筹、谋划、研究、部署；以正式文件形式下发《保密管理委员会成员及职责》通知，明确委员会成员及职责。

（2）保密工作机构。按照职责分工指定陕煤天元化工综合办公室作为保密工作机构，在保密管理委员会的领导下，组织实施保密工作。

5.5.2.2 保密制度是保密管理的依据

保密制度是企业管理商业秘密的依据，要利于执行、切合实际，杜绝两张皮现象。

制度要健全、不能有盲点，应涵盖保密组织机构设置、涉密人员、涉密设备、涉密信息、涉密区域等。

制度要繁简得当，既不能过于烦琐给工作造成障碍，也不能过于简单难以参照。

5.5.2.3 涉密人员管控是保密管理的关键

企业在生产经营过程中，部分员工在其职责范围内必然会知悉企业的商业秘密，人员管控是商业秘密管控的关键。

（1）教育与培训。

开展商业秘密培训是加强商业秘密保护的有效途径，制订保密培训计划，按计划组织开展保密教育和培训，使员工掌握企业保密要求，提高泄密防范能力。新员工入职要进行严格的保密培训，使保密培训全员普及。

开展保密管控，必然会给员工增加工作量或带来束缚，通过培训，使员工转变观念，认识到商业秘密保护与企业发展、个人发展都息息相关，建立保密意识，清楚在管控中各自承担的职责，确保保密工作顺利开展。

（2）入职。

对新入职员工应进行知识产权背景调查，对于入职与知识产权关系密切岗位的员工，应要求签署知识产权声明，避免在企业不知情的情况下侵犯其他企业的商业秘密。

①企业在招聘新员工时，应对其职业经历、原服务单位情况、知识产权背景及纠纷情况进行调查，并要求其签字确认。这样既有利于招聘到适合的员工，也可避免与其原服务单位发生诉讼风险。

②对与知识产权关系密切岗位的员工，企业应要求其签署知识产权声明，声明一般包括员工入职前与原服务单位有无知识产权纠纷、入职后遵守本单位知识产权规定等内容。

③企业可根据需要，制定特别岗位清单，在清单中明确需要签署竞业限制协议的岗位、知识产权声明的岗位，离职时需要签署保密承诺的岗位及其他需要特别规定的岗位，经企业领导审批后实施。

（3）人事合同。

企业应在人事合同中约定保密条款，明确规定保密责任和义务；对需要签署竞业限制协议的员工，签署协议，约定竞业限制及补偿条款。

(4) 离职。

对于因员工离职带走企业商业秘密的现象，企业要高度重视。对所有离职员工进行知识产权事项提醒；对于涉及核心知识产权的员工离职，企业应与其签署离职知识产权协议或已竞业限制协议。具体可采取以下措施：

①员工提出离职后，企业应约谈离职人员，提醒其离职后应遵守与企业签署的知识产权约定，约谈要形成记录并签字确认。

②清查离职员工所知悉、接触的企业商业秘密，形成清单，由离职员工签字确认。

③要求离职员工全部返还其保管的商业秘密及其载体，并签字确认。

④涉及核心知识产权的员工离职，已签署竞业限制协议的，执行竞业协议。企业应注意，竞业限制期限不得超过二年，期限内应按月给予离职人员经济补偿；未签署的，企业应与其签署离职知识产权协议。

⑤岗位变动员工保管商业秘密及其载体的，应进行商业秘密及其载体交接。

(5) 激励。

激励方式可以是多种多样的，精神奖励、物质奖励皆可。目前大部分企业只对专利的获取实施奖励，而缺失对获取商业秘密的激励政策，这样会打击员工的积极性，应建立保密考核与奖惩制度，明确表彰奖励的种类、评选先进的条件、评选办法和程序、表彰奖励方式及奖金额度，明确处罚的种类、形式、程序等。

(6) 明确涉密人员，设定保密等级和接触权限。

①以岗位职责或项目的涉密程度确定工作岗位的涉密等级，以工作岗位的涉密等级确定进入该岗位工作人员的涉密等级，即"以岗定人"；

②由涉密人员所在部门对于拟进入涉密岗位的人员提出涉密等级、接触权限的拟定意见，上报审批；

③企业要建立并及时更新涉密人员记录表；

④不允许员工接触权限之外的涉密信息，根据工作需要，将接触涉密信息的人员控制在最小范围；

⑤企业应与涉密人员签订保密协议书，根据员工在工作中接触的涉密信息，明确协议中的保密内容与范围；

⑥企业对挂职返聘人员应履行涉密人员的界定及相应管控流程；

⑦工勤服务人员因工作性质，可能会接触企业商业秘密，企业应对工勤服务人员加强管理。❶

5.5.2.4 涉密设备管控是保密管理的重要手段

对容易造成企业知识产权秘密流失的设备，尤其是存储涉密信息的计算机及存储介质、打印机、传真机、复印机、扫描仪、照相机、摄像机、3G 移动终端等具有信息存储和处理功能的设备，企业应建立管理制度和流程，规范其使用人员、目的、方式和流通❷；严格管控涉密设备，防止出现丢失、泄密等情况。

①建立涉密设备企业总台账、部门分台账；

②明确涉密设备的类型、资产编号、所属部门、责任人及采取的控制措施等；

③涉密设备均需在设备明显位置粘贴涉密标签，标签由企业统一制作管理；

④凡涉密设备均采取访问控制措施；

⑤未经批准及登记严禁将涉密设备带离办公区域；

⑥涉密设备应在维修前，清除其中的涉密信息；

⑦涉密设备脱密的，应进行相应技术检查和处理，消除涉密信息，并更新涉密设备台账。

5.5.2.5 涉密信息管控是保密管理的基础

涉密信息是指以文字、图表、音像及其他记录形式记载知识产权内容的资料，对这些记载知识产权的载体，企业必须进行严格的管理，明确涉

---

❶ 中华人民共和国国家质量监督检验检疫总局中国国家标准化管理委员会. 企业知识产权管理规范：GB/T 29490—2013 [S]. 北京：中国标准出版社，2013.

❷ 唐苏亚. 企业知识产权管理体系认证实用教程 [M]. 北京：中国质检出版社，中国标准出版社，2015.

密信息，规定保密等级、期限和传递、保存及销毁的要求[1]。

（1）明确商业秘密。

根据《反不正当竞争法》及其解释规定，作为商业秘密保护的信息包括技术信息和经营信息两方面。技术信息包括与科学技术有关的结构、原料、配方、材料、样式、工艺、方法或其步骤、算法、数据、计算机程序及其有关文档等信息；经营信息包括经营活动有关的创意、管理、营销、财务、计划、样本、招投标材料、数据、客户信息等。其中客户信息是对特定客户的名称、地址、联系方式、交易习惯、交易内容、特定需求等信息进行整理、加工后形成的客户信息。

依据商业秘密的非公知性、价值性、实用性三个特点来明确企业涉密信息，确定密点。明确企业涉密信息是保密工作难点，既不能认为没什么可保密的，也不可过度保护，影响正常工作。

（2）陕煤天元化工的保密办法。

采取"谁产生秘密，谁负责定密"的原则，各部办（车间）提出本单位涉密信息、密级、保密期限及接触权限的拟定意见，经保密管理委员会审批，保密工作机构备案，并根据工作需要对其实行动态管理，及时调整。

（3）商业秘密等级、期限。

法律法规对商业秘密等级划分没有具体规定，是否划分或如何划分密级，完全取决于企业保密工作需要。

企业可根据具体情况，自行设定商业秘密的保密期限。

商业秘密的密级和保密期限确定后，应当在涉密载体上做出明显标识，当密级、保密期限发生变更后，应废除原标识，并在原标识位置附近做出新标识。

（4）商业秘密的传递。

关于商业秘密的传递，建议如下：

---

[1] 中华人民共和国国家质量监督检验检疫总局中国国家标准化管理委员会．企业知识产权管理规范：GB/T 29490—2013［S］．北京：中国标准出版社，2013．

①网络传递。核心商密不得使用公共网络传递；普通商密需经公共网络传递到企业外部的，应采取加密方式传递。

②人工传递。核心商密需要传递到企业外部的，应指派专人传递，并与接收人办理核心商密的交接手续；普通商密需要通过邮递系统传递到企业外部的，应通过 EMS 或者挂号信形式传递。

（5）商业秘密的保存。

商业秘密的保存，要进行严格管理，可采取以下方式：

①企业应建立涉密信息总台账、各部门建立分台账。

②核心商密可由企业领导指定专人保存，核心商密的制作者在完成秘密信息的制作后，以规定形式提交，本人设备不得保留核心商密。可对核心商密进行分解，分别保管。

③普通商密由其产生部门的负责人指定专人保存。

④秘密信息载体要有专门存放场所，如保险柜、文件柜并上锁。

（6）商业秘密销毁。

保密管控要贯穿商业秘密的整个生命周期，销毁环节不可大意。当涉密信息或者涉密信息载体过期或者失效不再需要时，应当予以销毁。

涉密信息或涉密信息载体的销毁可指定专人在其部门负责人或企业领导监督下执行，在涉密文件销毁登记表上登记，并更新涉密信息台账。

涉密信息资料可通过碎纸机、焚烧炉等彻底销毁，不能简单地撕毁，更不能交由废品回收站处理。

5.5.2.6　涉密区域管控是保密管理的重点

涉密区域指在企业生产经营中产生、使用、管理及保存涉密信息较集中的区域，是保密管理的重点。企业要明确涉密区域，规定客户及参访人员活动范围等❶。陕煤天元化工对涉密区域主要采取如下管控措施。

①在涉密区域醒目位置张贴、摆放禁止拍照、录像标识，并采取安装监控设备、电子门禁、防盗门、人员值守等必要的控制措施；

---

❶ 中华人民共和国国家质量监督检验检疫总局中国国家标准化管理委员会．企业知识产权管理规范：GB/T 29490—2013［S］．北京：中国标准出版社，2013．

②涉密区域严禁无关人员进入；

③涉密区域脱密的，由公司保密工作机构检查脱密区域是否包含秘密信息，检查合格后方可脱密，并更新涉密区域清单；

④接待来宾参观，按规定路线由工作人员全程陪同，未经允许，不得拍照、录像、录音；特殊情况需访问涉密区域时，须由公司保密工作机构负责人审批并登记；

⑤公司门卫实施来访登记，未经接访部门通知，不准擅自让非公司人员入内。

5.5.2.7　风险应对为商业秘密保护护航

要及时发现和监控知识产权被侵犯的情况，适时运用行政和司法途径保护知识产权；在处理知识产权纠纷时，评估通过诉讼、仲裁、和解等不同处理方式对企业的影响，选取适宜的争议解决方式。

商业秘密风险主要包括受侵害或可能侵害他人商业秘密两种情况，企业要制订相应的应对预案。预案主要包括四部分内容：采取紧急措施防止事态进一步扩大，查明事实，收集证据，选择救济途径。

救济途径主要包括：协商、申请劳动仲裁、向工商等行政管理部门举报、向人民法院提起民事诉讼、启动刑事诉讼程序、向人民法院提起行政诉讼。企业可视情况，采取适当的救济途径。

2019年修订的《反不正当竞争法》在侵犯商业秘密的主体、行为、举证责任、赔偿等方面均做出了修改，从立法层面加强了对商业秘密权利人的保护。

2019年11月中共中央办公厅、国务院办公厅印发的《关于强化知识产权保护的意见》，明确提出了深入推进知识产权民事、刑事、行政案件"三合一"审判机制改革，完善知识产权案件上诉机制，统一审判标准。

2020年6月16日国家知识产权局印发《关于进一步加强知识产权维权援助工作的指导意见》的通知。

2020年6月28日提请全国人大常委会会议审议的《中华人民共和国

刑法修正案（十一）（草案）》，加强了商业秘密保护力度，增加了商业间谍犯罪，加大了侵犯商业秘密犯罪的惩处力度，侵犯商业秘密情节特别严重的最高法定刑由七年提高至十年。

国家陆续出台的法律、政策为维护企业商业秘密保驾护航。企业要优化商业秘密保护机制，形成法律保护、行政保护、企业自我保护"三位一体"的商业秘密保护模式。

5.5.3 总结

在企业商业秘密管理体系实施中，领导重视、转变意识、制度合理、检查、奖罚，是保密管控工作要点。把握住这些关键点，可以起到事半功倍的效果。

商业秘密保护是一项长期而艰巨的任务，任重道远。"商业秘密保护永远在路上"，是陕煤天元化工一贯秉持的理念，只有不断运行、改进、完善，才能使商业秘密管理工作真正取得实效，实现PDCA（Plan – Do – Check – Act，计划 – 执行 – 检查 – 处理）良性循环，促进企业技术创新，改善企业市场竞争地位，支撑企业持续发展，提升企业核心竞争力。

5.6 西安西电高压开关有限责任公司新产品开发管理的工具方法在企业专利风险防控中的应用

康　鹏

作者简介

康鹏，高级工程师，具有PMP、NPDP认证资格，现任西安西电高压开关有限责任公司技术中心主任级工程师。曾获得省、部级科学技术奖4项，西安市科学技术奖3项，被国家知识产权局评为"企业知识产权管理先进个人"。

5.6.1 企业专利风险管理概述

专利风险普遍存在于企业经营工作的各环节，为了有效地减少风险和损失，企业需要全面开展专利风险的管理工作。专利风险管理工作的重点是对该风险进行管理，可以从分析与该风险有关的企业内部组织、过程和外部产业环境因素入手，找出影响风险发生和风险损失的各类因素和相关主体，在此基础上通过停止该行为、调整行为方式或提供其他辅助措施等方式来实现风险控制与管理目的。

从企业专利工作整体来看，专利始于研发，获权于法律，应用于商业。因此，企业专利工作的目标及战略应根据企业整体战略规划尤其是技术研发战略来制定，并与技术研发战略相融合。而研发活动是企业推出新产品获取市场竞争优势的基础环节，在新产品研发项目的立项、技术方案的确定、成果的保护等不同阶段都涉及专利风险❶。因此，新产品开发管理的工具和方法同样应适用于专利风险管理工作。

本部分通过介绍新产品开发管理工作中的工具和方法，及其在专利风险的管理工作中的应用，希望能够为企业专利管理工作者在风险管理方面拓展思路和方法。

5.6.2 新产品开发管理的工具与方法简介

新产品开发是当代企业最具风险性但也是最重要的工作之一。从技术到产品，从创意到市场，是一个"风险—回报"过程。如何更好地管控这个过程以降低风险？国外围绕这一问题的调查和研究开始于20世纪70—80年代，SAPPHO项目、NewProd项目、美国生产力与质量中心标杆研究、美国产品开发与管理协会（Product Development Management Association，PDMA）的比较绩效评估研究以及普华永道、理特咨询、波士顿咨询公司的调查，都针对这一问题给出了相应的答案。这些答案的核心要点集中体现在PDMA系列丛书中，书中并总结了一系列工具和方法来降低新产品开

---

❶ 杨铁军. 企业专利工作实务手册 [M]. 北京：知识产权出版社，2013.

发的风险。

下面分别从定义、背景、关键要点、应用场景和方法方面介绍在新产品开发管理过程中常用的工具和方法。

5.6.3 战略分析工具

5.6.3.1 SWOT 分析

（1）概念适用。

SWOT 是 Strengths（优势）、Weaknesses（劣势）、Opportunities（机会）和 Threats（威胁）的首字母缩写。SWOT 分析的初衷是帮助企业寻找在商业环境中的自身定位，通常在创新的早期执行，综合分析的结果可以帮助做出决策。SWOT 分析能够帮助企业系统地分析其业务在市场中的战略位置，并且据此制订企业战略规划，为新产品研发指明方向。

（2）方法步骤

SWOT 分析中的 SW 分析组织内部有利与有害因素；OT 分析企业及其竞争对手在市场中的相对位置，然后制定相应的战略。具体包括以下几项。

①确定商业竞争环境范围。例如，企业所属的行业，下一步希望攻克的可能的战略领域。

②分析外部因素，区分机会和威胁。例如，目前的市场趋势、经济趋势和文化趋势，经销商、供应商面对的趋势，客户的需求，竞争对手的计划。

③制定公司优势与劣势清单，对照竞争对手逐条评估。聚焦核心竞争力，寻找市场机会。当设计目标确定后，再审查组织的劣势及瓶颈，分析阻力，解决相关问题。

④结合 SO 制定利用优势抢占机会的理想战略，结合 WO 制定弥补劣势获得机会的改进战略，结合 ST 制定强化优势减轻劣势的长板战略，结合 WT 制定减轻劣势回避威胁的防御战略。

5.6.3.2 PESTLE 分析

（1）概念适用。

PESTEL 是 Political（政治）、Economic（经济）、Social（社会）、Technological（技术）、Environmental（环境）、Legal（法律）的首字母缩写。PESTEL能够识别宏观环境中对组织有冲击的关键影响因素，辨析客户需求和商业机会，为制定商业战略、设计目标提供依据，催生创意想法。

（2）方法与步骤。

针对PESTEL的各个要素分别进行思维发散，筛选对产品有效的外部环境信息，在此基础上制定战略和目标。

①政治：对组织经营活动具有影响的政治力量和相关政策法规等，如政企关系、货币政策变化、进出口限制和特种关税等。

②经济：组织外部的经济结构、产业布局、资源状况、经济发展水平及未来经济走势等，如经济转型、地区生产总值变化、货币市场利率、失业率和汇率等。

③社会：组织所在社会的历史发展、文化传统、价值观念、教育水平、风俗习惯等，如人口环境、企业或行业特殊利益集团、消费习惯和社会责任等。

④技术：与企业生产有关的新技术、新工艺、新材料的出现、发展趋势及其应用前景，如行业关键技术水平对标、技术发展趋势和公司技术路线图等。

⑤环境：组织的活动、产品或服务与环境发生相互作用的要素，如企业概况、行业发展趋势、对其他行业的影响、产业环境的影响、媒体关注度和可持续发展空间等。

⑥法律：组织外部的法律、法规、司法状况和公民法律意识所组成的综合系统，如世界性公约条款、基本法、劳动保护法、公司法、合同法、税法、行业竞争法、环境保护法、消费者权益保护法和行业公约等。

5.6.4 创意工具

5.6.4.1 头脑风暴法（Brain Storming）

（1）定义与适用性。

头脑风暴是在新产品概念生成阶段经常采用的一种解决问题方法。其关键的假设前提为：数量成就质量。头脑风暴可用于设计过程中的各个阶段，尤其是创意生成阶段，也可针对单个特定要求或主题开展。头脑风暴通常是由一组参与者共同完成的，但独立设计师也可借鉴其原则和流程让创意过程相对系统化。

（2）方法与步骤。

事先挑选参与人员，人数以6~10人为宜，如果人数过多，可以考虑分组讨论。时间以20~60分钟为宜。在头脑风暴正式开始前，为整个活动过程设定流程、时间和方法。需要提前向参与者解释方法和原则，并且公示要讨论的问题，由主持人引导大家发散思维寻找方法、整理归类评估、聚合思维进入下一环节。

①定义问题。写一份问题说明，问句可以用"如何"开头。如果有必要，可能需要重新定义问题并且提前为参与者举行热身活动。先在白板上写下问题说明及头脑风暴的绝对性原则，主持人提出启发性的问题，并且将参与者的反馈写在白板上。

②发散思维。参与者针对问题各自进行思考，形成创意。参与者可以采用多种不同的方法来完成，如各自独立书写和绘图，在各小组内轮流口述等。一旦生成许多创意，就可以停止发散思维。如果计划时间用尽，可以决定加时或停止。

③归类评估。从问题出发，将所有发散思维的成果进行分类整理。此时可以采用多种归类方式，如简单聚类、思维导图等，在评估的过程中，可能需要借助一些设计标准作为参考。

④聚合思维。所有参与者共同选择，得出最有价值或大家最满意的产品创意或概念组合后，进入下一环节。在共同选择的过程中可以采用多种决策手段，如手势投票、圆点投票等。

5.6.4.2 脑力书写（Brain Writing）

（1）定义与适用性。

脑力书写参与者通过书写和阅读来互动。参与者将自己的想法写在纸上，然后其他参与者接力书写，每位参与者都可以在前人想法的基础上进行补充和拓展,以减少产出的阻碍,获得大量创意。脑力书写与头脑风暴有类似的使用场景。

(2) 方法与步骤。

参与人数以 4~8 人为宜,如果人数众多,可以分组;时间约半小时。参与者在纸上写下创意放入交换区,再从交换区拿走一个创意,在其基础上写下自己的想法,然后由下一位参与者进行补充,不断激发新想法。采用的方法如下:

①发散思维。参与者围着一张桌子坐下来,每位参与者人手一张 A4 空白纸,在纸的最上方写上题目或标题,之后写下一个观点并标上序号,然后把纸放在桌子中间(创意汇集区/创意交换区)。每个人从交换区拿走一张其他人的纸,继续上面的步骤,从此前的观点中获取灵感,相互补充或写下自己的新想法。参与者偶尔拿到自己写的那张纸也是可以的。当收集到大量的想法后,或者既定时间到了就停下来。

②聚合思维。通过讨论澄清并相互激发想法,排序找出每个小组的共同观点或选出最受欢迎的想法,将最受欢迎的想法与会场的其他小组分享。

5.6.4.3 奔驰法(SCAMPER)

(1) 定义与适用性。

奔驰法是一种辅助创新思维的常见创意工具,主要通过 7 种思维启发方式进行。SCAMPER 是 Substitute(替代)、Combine(组合)、Adapt(调整)、Modify(修改)、Put to another use(挪为他用)、Eliminate(消除)和 Reverse(反转)的首字母缩写。奔驰法特别适用于发散思维阶段,在创意构思后期或初始概念产生后、创造力枯竭时,可以暂时忽略可行性和相关性,运用奔驰法得到出人意料的创意。在头脑风暴的过程中也常常使用奔驰法,先通过头脑风暴得到一些创意,之后在一些创意的基础上通过奔驰法进一步拓展思路。独立设计师也可以在设计中独自运用此方法,打开设计思路。

(2) 方法与步骤。

创意者可以运用上述 7 种启发方式,针对现有的每个产品创意或概念进行提问，引发思考，以便产生更多的灵感或概念，然后运用其他方法对创意进行分类、排序、筛选，进一步深入设计。

①替代。思考当前创意或概念中有哪些内容可以被替代，例如，系统/产品中是否有可替换的原材料、组件、人员、工艺等。

②组合。思考哪些元素需要组合在一起来改善产品创意或概念。例如，将不同产品配整合在一起，将不同设计目标想法结合在一起，是否能产生意想不到的结果。

③调整。思考产品创意或概念中有哪些元素可以调整。例如，有哪些功能可以进行调整，是否可从他处借用部件、工艺或创意。

④修改。思考如何修改产品创意或概念，以便进一步改进。例如，哪些属性可以改变（大小、颜色、形状、味道、声音、包装、名字），哪些范围可以放大或缩小？

⑤挪为他用。思考如何将产品创意或概念运用到他处。例如，是否能将该创意或概念用到不同的场景/行业，废料是否可以回收并产生新产品。

⑥消除。简化已有的产品/概念，去除非必要的构成元素。例如，确定产品核心功能和非必要功能，如无必要则去除。

⑦反转。思考与你的产品创意或概念完全相反的情况是怎样的。例如，改变产品使用顺序、使产品里外反转或上下颠倒等会产生什么结果。

5.6.4.4 思维导图（Mind Mapping）

（1）定义与适用性。

思维导图是一种全脑思考式思维的视觉表达形式，能够自由发散思维联想，并且将各种想法、概念、信息、图示、数据进行分类组织连接，以类似神经元链接的方式呈现出来，有利于明确问题定义和主次要因素，或者启发设计师找到解决方案，并且标注每个方案的优劣势。

虽然思维导图可以用于设计过程的不同阶段，但是最常用于创意产生阶段，用来启发头绪，找到关联。思维导图可以个人使用，也可以团队共创。

（2）方法与步骤。

思维导图围绕一个中心主题绘制多个分支，每个分支针对不同的方面。要兼顾主题和分支的图文信息，在主题和分支上写下关键词，添加图示，方便理解和记忆。如果有必要，可以将某个分支作为另一张思维导图的中心词进行分层描绘。使用方法如下：

①聚焦目标。一般将空白纸横向放置，将中心主题的名称简述或中心主题的示意图放在空白纸的中央。可用线条圈起，方便从中心主题引出分支。

②发散思维。建立连接，对主题的每个方面进行头脑风暴，从中心向外绘制发散的线条，将想法总结成关键词写在不同的分支线上。

③根据需要在分支的基础上添加下层分支，不断细化，也可以后续对需要强调的关键词增加小图标。通过不断添加元素、想法和关联补充信息。

④研究思维导图，从中找出各个想法之间的相互关系，提出解决方案。

⑤在此基础上，可以根据需要重新组织图上的分支结构，也可以整理绘制新的思维导图。

5.6.4.5 六顶思考帽（Six Thinking Hats）

（1）定义与适用性。

六顶思考帽分别代表不同的思维类型，是指引注意力的工具，用来帮助我们在同一时间只用一种特定的思维方向进行某种特定类型的思考，避免团队由于意见不一致，或者过多争论对错，浪费团队能量。其强调的不是"它本身是什么"，而是集中团队所有人的智慧探索"它能够成为什么"。

六顶思考帽适合产品创意/概念生成的各个阶段，可由一人独立完成，也可由一名主持人带领团队完成。六顶思考帽最常见的用法，是在讨论时偶发地使用某一种帽子来打开思路，通常持续两三分钟。

六顶思考帽从事实信息、主观感受、反向质疑、正向说明、创意提议、程序控制6个方面进行集中思考。它们分别是：

①白帽。集中思考相关的事实、数据和信息，是对信息的客观描述。例如，我们有哪些信息？我们需要哪些信息？

②红帽。集中思考自己的情感、直觉甚至预感。例如，我在此时此刻对这件事情有什么感觉？

③黑帽。集中思考真相、判断合理性，这是一种质疑，寻找负面的观点，甚至指出逻辑上的错误等。例如，这合乎事实吗？有效吗？安全吗？可行吗？

④黄帽。集中思考优点和好处，代表着收益。例如，为什么是可行的？为什么有好处？

⑤绿帽。集中思考建议、提议、新的创意或其他选择，例如，我们在这里能做什么？还有其他不同的主意吗？

⑥蓝帽。集中关注思考的过程，控制思考的流程。例如，思考进行到哪里了？结论是什么？下个思考步骤是什么？

（2）方法与步骤。

①确定问题类型。使用帽子的顺序并不是固定的，根据问题的类型和现场情况可以调整顺序，因此首先明确问题的类型就比较重要。

②设定帽子顺序，并且按顺序展开思考。下列是一些参考建议：

寻找创意较适合的顺序：白、绿、黄、黑、绿、蓝、红；

选择方案较适合的顺序：红、黄、黑、绿、白、绿、黑、红；

简易顺序：黄/黑/红，白/绿，黑/绿，蓝/绿，蓝/黄。

5.6.4.6　德尔菲法（Delphi Method）

（1）定义与适用性。

德尔菲法是一种专家匿名集体多轮函询反馈的预测方法。由企业专门的预测机构向若干匿名的专家发出多轮调查问卷，背靠背地征询专家对未来产品、市场和技术等方面的意见或判断，统计获得的预测结果，进而清除权威效应和交流不充分的不利影响，得到更加充分、具有代表性的反馈和相对统一、可靠的结果。

德尔菲法是预测活动中的一个重要工具,可以广泛应用于产品、市场、技术和成本等诸多方面的预测,在实际应用中通常可以分为3种类型:经典型、策略型和决策型。

(2)方法与步骤。

一般德尔菲法都要经过多轮调查反馈,其步骤如下。

①前期准备。组织者拟定预测主题,编制预测问题的咨询表(说明研究目的、德尔菲法简介、专家的作用、专家信息收集、具体征询问题和必要的填表说明),选取专家以15~50人为宜。

②第一轮调查。第一轮调查表的问题是开放式的,不带任何框框,只提出预测问题,请专家围绕预测问题提出预测事件。要避免限制太多,漏掉一些重要事件。专家反馈后,组织者汇总并归类事件,排除次要事件,用准确术语拟出一张预测事件一览表,形成第二轮的调查表。

③第二轮调查。专家对第二轮调查表所列的每个事件做出评价。包括事件、事件发生的最大值、最小值、中位数、四分位数和四分位数间距及有关概念说明,以及事件发生在四分位数外的理由,并附上各专家第一轮答卷的复印供参考,说明事件发生的时间、争论的问题和事件或迟或早及发生的理由。最后,组织者整理统计第二轮反馈,得出第三张调查表。

④第三轮调查。发放第三张调查表,与第二轮类似,统计中位数和上下四分位数等,并附上部分专家不同意预测结果的意见,其重点是争论双方的意见,请专家重审争论,对上下四分位数外的对立意见做出评价,给出自己新的评价(尤其是在上下四分位数外的专家,应重述理由)。专家如果修正自己的观点,也应叙述修正的理由。组织者收集、总结新评论和新争论,形成第四张调查表。

⑤第四轮调查。发放第四张调查表,专家再次评价和权衡,做出新的预测。是否要求做出新的论证与评价,取决于组织者的要求。组织者回收第四张调查表,综合各轮意见进行统计分析,计算每个事件的中位数和上下四分位数,归纳总结各种意见的理由及争论点。

5.6.5 新产品开发管理的工具方法在企业专利风险管理中的应用

专利风险管理工作的基本目标是通过一系列的制度、行为规范、风险应对措施等，降低或消除风险发生的概率，或在风险不可避免时降低或尽量减少给企业带来的损失。

参照新产品开发项目中基于对项目和产品风险管理的良好实践，通过规范化的流程操作来有效地实现对专利风险的主动发现和处置应对。企业专利风险管理分为以下六个步骤。

①专利风险管理规划。从专利风险管理计划开始，规划专利风险管理工作、制订专利风险管理计划。②专利风险识别。识别专利风险来源、确定专利风险发生条件、描述专利风险特征、评价专利风险影响的过程并确定专利风险负责人。③专利风险定性分析。通过考虑专利风险发生的概率、专利风险发生后对项目目标的影响，对已识别专利风险的优先级进行评估。④专利风险定量分析。对专利风险发生的概率及其产生的影响，以及对专利风险的范围进行数值分析。⑤制定专利风险应对计划。提出处置意见和办法应对专利风险的过程。⑥专利风险监测和控制。根据专利风险的管理计划，对整个管理进程中的风险事件实施监测和控制。

5.6.5.1 专利风险管理计划

（1）专利风险管理计划。

定义每一项专利风险管理活动的角色和职责，即根据专利风险管理的需要完善相应岗位的人员配置，明确相关部门和人员在专利风险管理工作中的具体内容和权责范围。

（2）建立专利风险分解结构。

专利风险分解结构属于组织过程资产，帮助识别风险。根据 GB/T 29490—2013《企业知识产权管理规范》标准要求和企业的良好实践，对企业专利风险行为可能涉及的专利工作领域进行归纳和分类，整理出 5 级 37 类专利风险分解结构供企业参考（见表5.1）。

表 5.1 专利风险分解结构表

一级风险	二级风险	三级风险	四级风险	五级风险
管理风险	战略管理风险	经营战略涉及的专利风险		
		产品平台战略涉及的专利风险		
		技术战略涉及的专利风险		
		营销战略涉及的专利风险		
	资源管理风险	人力资源管理风险	教育培训管理风险	
			人事合同管理风险	
			入职与离职管理风险	
		基础设施管理风险	软硬件管理风险	
			办公场所管理风险	
			财务资源管理风险	
			信息资源管理风险	
	基础管理风险	专利获取管理风险	专利申请流程管理风险	
			专利代理机构管理风险	
			专利申请前的检索与分析的风险	
			发明创造人员署名权管理的风险	
		专利维护管理风险	专利评估管理的风险	
			专利权属变更和放弃的风险	
		专利运用管理风险	专利实施、许可、转让的风险	
			企业投融资管理的风险	
			企业重组管理的风险	
			与标准有关的专利风险	与国际标准和行业标准有关的专利风险
				与企业标准有关的专利风险
			参与或组建专利联盟的风险	

续表

一级风险	二级风险	三级风险	四级风险	五级风险
管理风险	基础管理风险	专利保护管理风险	产品研发管理专利风险	新产品项目立项管理的风险
				新产品研究开发阶段的风险
				委托研发或合作开发合同管理的风险
			产品采购过程管理风险	
			产品生产过程管理风险	生产过程涉及技术改进与创新及时保护的风险
				委托加工、来料加工、贴牌生产等对外协作过程的风险
			产品销售和售后过程的专利风险	产品销售前涉及的专利风险
				产品宣传、销售、会展等商业活动涉及的专利风险
				产品销售过程中涉及的专利风险
侵权风险	预警防范	专利情报类信息收集与分析风险		
		行业市场环境风险		
		重点产品侵权识别风险	专利检索风险	
			专利数据筛选风险	
			技术比对分析风险	
	争议处理	行政和司法保护环节的风险	专利复审与复议环节风险	
			专利无效与诉讼环节风险	
		诉讼、仲裁、和解等不同处理方式的风险		

(3) 专利风险概率和后果定义。

专利风险概率和后果定义指通过综合考量多方面的因素，来评测专利风险发生的概率以及风险发生后可能带来的损失。

(4) 修订相关方的专利风险容限度。

相关方的专利风险容限度可以从专利威胁度、行业专利诉讼风险度、专利竞争实力等三个维度进行测评。

(5) 专利风险汇报格式及追踪记录。

专利风险汇报格式和追踪记录主要结合企业专利文档管理工作的要求，一般而言，专利文档管理涉及专利提案、申请文件、审查及各类通知文件、专利证书等。除此之外，部分专利还涉及诉讼的相关事务。

5.6.5.2 专利风险识别

专利风险识别是风险管理的核心工作之一，只有及时识别出潜在的风险行为和风险专利，企业才能够提前研究应对策略、制订应对预案，采取必要的应对措施进行系统性的防范和规避，风险才能够被有效控制。此外，通过对排查出的专利风险进行归纳和分类，方便企业针对性地评估和应对风险，提高企业专利风险管理的效率。

根据风险的性质，企业在研发、生产、经营等活动中所面临的专利风险总体上可以分为两类：专利管理风险和专利侵权风险。对于专利管理风险的识别，对照各项与专利管理相关的工作制度、流程，查找制度和管理工作的漏洞和不足之处，并按照风险行为涉及工作领域或环节进行归纳和分类。对于专利侵权风险，主要是关注企业产品相关的风险专利，并按照风险专利涉及的技术点和产品进行归纳和分类。

5.6.5.3 专利风险识别的方法和工具

(1) 数据收集。

①头脑风暴法。通过开会集思广益，尽量提出更多想法。对于管理风险，可以参照各项专利管理工作的流程和工作要点进行逐一排查，查找制度设定和管理工作中不足之处，并按照风险行为涉及的工作领域或环节进行归纳和分类。对于侵权风险，主要是排查与企业所关注的产品相关的风险专

利，并按照风险专利所涉及的技术点和产品进行归纳和分类。

②SCAMPER策略。在企业的产品开发项目或技术研发项目启动之时进行，需要对与项目方案有关的各类专利、技术、市场等信息进行集，及时发现可能会威胁项目预期方案的风险专利，以便及时调整项目方向、更改设计以及采取必要的应对措施。

③六项思考帽法。组成多部门、跨专业的专利风险管理团队。团队成员将思维模式分成六种明确的职能和角色，每种角色对应一个思考帽。以财产损失度、非财产损失度、业务活动受影响度和波及的地域等维度设定帽子顺序，并且按顺序展开思考。

（2）数据分析。

①思维导图。所有专利检索、专利数据筛选、宏观分析、技术比对分析后的数据为假设条件并都意味着风险，以类似神经元链接的方式呈现出来，有明确的问题定义和主次要因素，通过分析假设条件是否可靠，以识别风险。从假设条件的不准确、不稳定、不一致或不完整，可以识别出威胁，通过清除影响过程执行的制约因素，可以创造出机会。

②SWOT分析。从组织的优势，分析组织面临的机会（有利风险），从组织的弱点，分析面临的威胁（不利风险）。

③PESTLE分析。设定关于可能引发单个专利风险以及可作为整体专利风险来源的风险类别的预设清单，用风险分解结构底层的风险类别作为提示清单，从政治、经济、社会、技术、法律、环境这些方面来识别相关的风险。

④德尔菲法。在专利检索之后，对所要进行的专利筛选宏观分析或技术比对分析征得专家意见之后，进行整理、归纳、统计，再匿名反馈给各专家，再次征求意见、集中、反馈，直至得到稳定的意见。

（3）专利风险登记册。

专利风险登记册列举出已识别的所有的专利风险以及专利风险识别过程中所获得的相关信息。内容可能包括但不限于：①已识别的专利风险清单；②潜在专利风险的责任人；③潜在专利风险应对措施清单。

(4) 专利风险报告。

专利风险报告包含企业整体的专利风险信息，以及关于已识别的单个专利风险的概述信息，是一项渐进式的工作。

专利风险报告和专利风险登记册的区别：风险登记册记录每项详细的单项风险，包括威胁和机会；风险报告中包含企业整体专利风险的信息，同时也包含在专利风险登记册信息的基础上，进行归纳汇总后得到的相关信息，如已识别的威胁与机会的数量，风险在风险类别中的分布情况、测量指标和发展趋势。

5.6.5.4 专利风险定性分析

这是确定已识别专利风险分类及优先次序的一种方法，以确定风险应对的优先级，关注高优先级的风险，低优先级的风险列入观察清单。

(1) 风险概率与影响评估。

针对识别的每项风险，确定风险发生的概率和影响程度。可通过挑选对风险类别熟悉的人员，采用召开会议或进行访谈等方式对风险进行评估。

(2) 概率/影响矩阵。

基于评定的风险概率和影响级别对风险进行等级评定。通常通过专利风险数据参照表的形式或概率/影响矩阵的形式，来评估每项风险的重要性，及其紧迫程度。对于专利风险概率和影响可以从风险发生可能性和风险发生损失度两个方面进行评价，综合两方面的因素，确定专利的风险水平（见图 5.1）。其中，对于每个方面都可以选取若干个维度和相应的指标进行评测。

(3) 专利风险数据质量评估。

该指标考察对专利风险的理解程度以及专利信息的质量和可靠性。如果数据的可靠度不能接受，那就有必要去收集更好的数据。

(4) 专利风险登记册更新。

专利风险登记册更新内容，可包括每项专利风险的概率和影响评估，优先级别或风险分值，指定风险责任人，风险紧迫性信息或风险类别，以及低优先级风险的观察清单或需要进一步分析的专利风险。

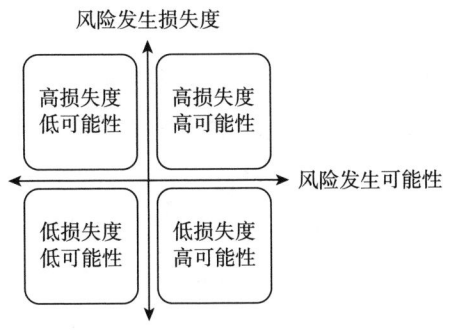

图5.1 专利风险概率/影响矩阵

5.6.5.5 专利风险定量分析

本过程是就已识别的专利风险对企业整体经营指标的影响,进行定量分析的过程,通过评估所有专利风险和其他不确定性来源对企业的综合影响,以量化专利风险的损失度,并提供额外的定量风险信息,以支持风险应对规划。

(1) 决策树分析(Decision Tree Analysis)。

该原理来源于预期货币价值(Expected Monetary Value,EMV)分析,是在不确定结果的情况下的一种统计方法,机会的 EMV 为正值,而风险的 EMV 为负值;假设风险中立,既不避险,也不冒险。分析和估计风险事件发生的概率、可能产生的收益/损失,然后将二者相乘,得出风险的期望值。为了便于比较不同专利之间的风险水平,可以通过设定一些评估标准、计算评估值的方式获得半定量的评估结果。在使用半定量的方式进行评估时,可以分别计算风险发生可能性的分值和风险发生损失度的分值,将二者相乘的结果,即可作为风险水平的评估值。具体可以参照如下公式进行:

①风险的可能性 = 可能性维度 1 × 权重 1 + 可能性维度 2 × 权重 2 + …… + 可能性维度 n × 权重 n;

②风险的损失度 = 损失度维度 1 × 权重 1 + 损失度维度 2 × 权重 2 + …… + 损失度维度 m × 权重 m;

③风险水平 = 风险发生的可能性 × 风险造成的损失度。

5.6.5.6 专利风险应对计划

规划专利风险应对计划的主要作用是通过制定应对企业整体专利风险和单项专利风险的适当方法，降低对企业整体经营目标的威胁。

(1) 风险应对责任人。

风险应对责任人负责实施风险应对计划，风险应对责任人需要在以后的监督风险过程中定期向组织汇报应对计划的有效性、未曾预料到的后果，以及提出风险应对中需要的纠正措施。

(2) 风险应对策略。

总体上，可以将风险应对的策略分为以下几种。

①风险避免。通过采取各种措施，保证风险完全不发生，例如规避设计、提起无效、主动寻求专利许可等。

②风险转移。通过采取控制措施，将专利风险转移给其他主体，例如向委托开发方、零部件供货商转移。

③风险降低。通过采取控制措施，降低风险发生的可能性或降低风险发生造成的损失程度，例如通过专利挖掘、专利购买、企业并购、企业联盟等措施提高企业的专利对抗实力。

④风险接受。对风险暂时不采取控制措施，例如在风险发生的可能性、负面影响较小而承担比控制更为经济的情况下可以采取这种策略。

(3) 风险应对措施。

专利风险的发生，实际是在一定市场环境下，由特定的专利权人以特定的风险专利为武器，对企业特定的产品提出的，因此，在应对专利风险时，企业需要以市场环境为背景，以专利权人为中心，以专利权人的风险、专利或风险专利组合为对象，结合企业自身的产品及产品规划而选择。一般情况下企业应对专利风险的措施有：规避设计；专利挖掘；收购专利和企业并购；寻求企业专利联盟；专利无效；签订专利许可或转让合同；委托开发和部件采购。

(4) 应急应对策略。

应急应对策略也称应急应对计划，指当已识别的风险发生时采取的具体应对方法；在风险还未发生时制定，在风险发生时执行。注意应急应对策略与全面措施的区别。

①备用策略。也称弹回计划，指应急应对计划不起效果时需要采用的补救方法。

②次生风险。也称二次风险，指采取应急应对策略后出现的新的风险。

③残余风险。指采取应对策略后，风险无法全部消除，还剩余的部分风险。

（5）风险应对计划的注意事项。

①风险应对策略应该与风险的重要性相匹配，能经济有效地应对挑战。

②应该为每个风险选择最有效的策略或策略组合，包括主要策略和备用策略（若必要），制定具体的应对行动。

③对次生风险和残余风险都应积极应对。在制订应对策略时，就应该考虑该策略实施后可能出现的二次风险和残余风险，并根据需要，同时制订应对策略。

④如果选定的策略并不完全有效，或者发生了新的风险，就需要制订应急计划（或弹回计划）。

⑤需要识别由实施风险应对措施而直接导致的次生风险。

⑥为风险进行时间或成本应急储备，并说明动用应急储备的条件。

（6）专利风险监测和控制。

风险应对责任人实施记录在风险登记册和风险报告中规划的风险应对措施，以提升机会带来的正面影响，降低威胁所带来的负面影响。

①监督风险。监督风险指识别、分析和规划新识别的风险，跟踪并重新评估风险登记册中已识别的老风险（尚未发生的），风险发生时及时应对，并评估应对的效力。

监督风险是监督已商定的风险应对计划的实施、跟踪已识别风险、识别和分析新风险，以及评估风险管理有效性的过程。其包括：实施的风险应对是否有效；整体风险级别是否已改变；已识别风险的状态是否已改变；是否出现新的风险；风险管理方法是否依然适用；风险管理政策和程序是否已得到遵守；应急储备是否需要修改；策略是否仍然有效。

②风险审计。风险审计用来评估专利风险管理过程的有效性。

③风险审查会。识别出新的风险（包括已商定应对措施所引发的次生风险），重新评估当前风险，关闭已过时风险，同时总结经验教训。

专利风险管理主要强调企业在专利工作过程中要高度关注专利风险，采取有效举措将专利风险纳入管理范围，尽可能防范专利风险的发生，并尽可能减小或消除其可能带来的不利影响。专利活动作为企业参与市场竞争的一种重要活动，其首要前提是要在确保企业行为在潜在风险最小化、安全性最大化的基础上进行。因此，在企业专利工作中，应当高度重视专利风险的有效管控。

5.6.6 结束语

企业专利源于创新，创新生长于产品研发，因此企业专利工作首先要实现与产品研发管理的深度融合。无论何种企业，其专利管理必须结合产品研发，建立与新产品研发流程相匹配的专利管理流程，确保各项专利活动深度嵌入新产品研发流程之中，植根于产品研发各个环节，并成为新产品研发活动的输出成果，真正实现专利工作与新产品研发活动融为一体。

5.7 开源软件限制许可声明的法律风险及防控

徐 明

作者简介

徐明，博士，同济大学上海国际知识产权学院副教授，研究方向为知识产权与知识管理。首批上海市青年法学法律人才库成员，近年来出版专著《科技企业专利组合竞争策略理论与实证研究》《欧洲专利制度研究》，主持国家自然科学基金"基于专利资产指数的专利组合价值评估与竞争策略研究"、上海市法学会"网络领域知识产权保护问题研究"等多个项目，在 CSSCI 期刊发表论文十余篇，参与编写的《中国专利制度运行宏观绩效分析》获得第九届全国知识产权优秀软科学研究成果一等奖。

2020 年 5 月 28 日，美国知名开源软件公司 HashiCorp 修改了用户协议，先是声明"禁止在中国境内使用、部署和开发"，后又修改为所谓的"由于中国的出口管制禁止 HashiCorp 出售或以其他方式在中国境内使用 VAULT 企业版，因此，未经 HashiCorp 书面同意，不得在中国境内使用、部署和开发"（见图 5.2）。

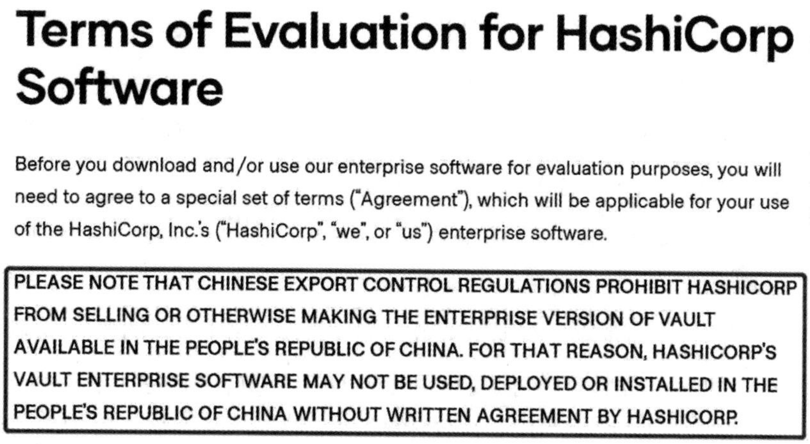

Terms of Evaluation for HashiCorp Software

Before you download and/or use our enterprise software for evaluation purposes, you will need to agree to a special set of terms ("Agreement"), which will be applicable for your use of the HashiCorp, Inc.'s ("HashiCorp", "we", or "us") enterprise software.

PLEASE NOTE THAT CHINESE EXPORT CONTROL REGULATIONS PROHIBIT HASHICORP FROM SELLING OR OTHERWISE MAKING THE ENTERPRISE VERSION OF VAULT AVAILABLE IN THE PEOPLE'S REPUBLIC OF CHINA. FOR THAT REASON, HASHICORP'S VAULT ENTERPRISE SOFTWARE MAY NOT BE USED, DEPLOYED OR INSTALLED IN THE PEOPLE'S REPUBLIC OF CHINA WITHOUT WRITTEN AGREEMENT BY HASHICORP.

图 5.2　美国开源软件公司 HashiCorp 的许可声明

此次受限的是 VAULT 企业版，许多公司担心如果开源软件也受到限制，在没有"B 计划"的情况下，公司将直接面临两难选择：要么冒着法律风险继续使用，要么终止使用但需要花费高昂的代价转移数据和寻找替代品。

通过调研笔者发现，国内产业界甚至是法律界，对于开源软件许可的法律特征、法律关系、法律效力及使用开源软件的法律风险等问题的理解不深，甚至有错误认知的情况。例如，有观点错误地认为，开源软件一定是免费软件，且由于开放源代码，故不受著作权法的保护。因此，下面将对上述几方面加以探讨，分析其中的法律风险。

5.7.1 开源软件许可的法律特征

（1）开源软件许可的复杂性。

与普通商业软件许可相比，开源软件许可所涉及的内容较为复杂，主要体现在以下五个方面。

一是许可种类多样，常见的就包括 General Public License（GPL，通用公共许可）、Berkeley Software Distribution（BSD，伯克利软件发行许可）、Common Development and Distribution License（CDDL，通用开发与发行许可）等数十种许可，不同的许可所要求的权利义务关系均有所区别。

二是许可版本繁多，即使是同一种许可，不同阶段又存在不同的版本。以 GPL 为例，自 1990 年开始先后出现了 GPL1.0、GPL2.0、GPL3.0 这三个版本，其中的核心思想也发生了变化，因此开源软件在选择许可类型时需要明确具体的版本号。

三是使用场景复杂，包括个人使用、商业使用、二次开发等多种场景，不同的场景所对应的条款又有所区别。例如，开源软件许可通常允许个人免费使用，但部分会对商业使用进行收费，而对于二次开发的情形，二次开发者所提供的许可协议与原始开发者的许可协议亦存在不同。

四是单方附加条款。由于开源软件提供商以公开其源代码作为代价，往往占据更为有利的谈判地位，在其许可声明中存在单方附加的条款。例如，2016 年 7 月 Facebook 修改了开源软件"React"的许可协议，要求使用人不能对 Facebook 专利提出无效宣告请求，否则有权撤销许可。

五是选择程序复杂。面对庞杂多样的许可类型，由于技术人员大多不懂法律，一旦选择了不合适的许可方案，就为今后的纠纷埋下风险的种子；而法务人员大多不太懂技术，也难以选择与技术方案相适应的许可方案，通常只能"依葫芦画瓢"，根据其他公司选择的开源许可来确定自己的许可。

（2）以开源换生态的合法性。

除商业秘密以外，著作权、专利权、商标权等知识产权均具有一定的公开性特征。虽然计算机软件著作权的取得并不以办理计算机软件著作权登记为前提，但未公开的软件缺乏广泛使用的价值，几乎无法占据市场份额。表 5.2 为计算机软件的著作权、专利权、商标权的公开性特征。

表 5.2　计算机软件的著作权、专利权、商标权的公开性特征

类别	公开性特征的表现形式
著作权	以开源代码的公开，换取更大的软件生态圈
专利权	以技术方案的公开，换取法律赋予的垄断权
商标权	以商业标识的公开，换取更广泛的市场份额

从技术进步的角度来看，将软件的源代码开放并允许二次开发，能够迅速建立基于其编程思想的软件生态圈，成功的例子包括以 UNIX 开源软件为基础的 Linux、Red Hat、Ubuntu、Android、GitHub 等生态圈。笔者调研了多位跨国公司的软件程序员，其均表示在进行项目开发时，首先是去开源软件社区检索是否有开源软件供使用，如有则在此基础上进行二次开发。

从法律意志的角度来看，软件源代码是否公开属于权利人自行决策的范畴。开源软件同样能够通过办理计算机软件著作权登记取得著作权证书，即使在办理登记之前已经公开了源代码，也不会存在类似专利申请丧失新颖性的情形。开源软件许可协议的本质是合同，根据合同法的相关规定，尊重当事人意思自治，只要合同没有违反法律的强制性规定，当事人意思表示真实，合同应当被认定为有效。

从社会福利的角度来看，开源软件与非开源软件相比至少有两个优点：一是"不用重新发明轮子"，降低了重复研发的成本；二是软件消费者效益的提高不以软件生产者效益的降低为代价，显著提高软件的正外部性效应，许多开源软件已经成为当前软件生态圈中的基础设施。

可以看出，以开源换生态的模式，只要不妨碍技术进步、不违反法律规定、不损害国家安全和公共利益，一般具有合法性。

（3）开源技术方案的地域性。

地域性是知识产权的普遍特征，开源软件尽管以软件代码为核心，但也可能涉及专利权和商标权的问题。例如，GPL3.0 官方许可中就存在涉及专利和商标的条款（见图 5.3）。

11. Patents.

A "contributor" is a copyright holder who authorizes use under this License of the Program or a work on which the Program is based. The work thus licensed is called the contributor's "contributor version".

A contributor's "essential patent claims" are all patent claims owned or controlled by the contributor, whether already acquired or hereafter acquired, that would be infringed by some manner, permitted by this License, of making, using, or selling its contributor version, but do not include claims that would be infringed only as a consequence of further modification of the contributor version. For purposes of this definition, "control" includes the right to grant patent sublicenses in a manner consistent with the requirements of this License.

- e) Declining to grant rights under trademark law for use of some trade names, trademarks, or service marks; or

图 5.3 GPL3.0 许可涉及的专利和商标条款（部分）

对于软件著作权保护而言，根据《保护文学和艺术作品伯尔尼公约》中国民待遇原则的相关规定，即使该软件并不在我国首次发表，我国也应当给予保护。对于未在我国注册的商标，只能按照未注册商标的保护规则加以保护。而对于开源协议中所涉及的专利条款，如果相关技术方案在我国并未获得专利授权，则不能获得保护。因此，对于开源软件协议中所涉及的知识产权条款，还应当区分看待其保护的地域性特征。

（4）开源软件保护的自律性。

开源软件保护的自律性主要体现为自愿遵守许可条款，相较于商业软件的破解、盗版等大量司法案件而言，与开源软件相关的法律诉讼并不常见。开源软件的提供者、二次开发者、开源社区和用户等主体更加注重自律，对于违反许可协议的行为通常会被程序员及社区排斥。曾有公司将基于开源软件的技术方案改进后申请专利，遭到了大量程序员的反对❶。近年来发生的 Artifex 诉 Hancom 案中，因 Hancom 未将使用 Artifex 开源软件二次开发后的软件开源而被诉违约，双方最终也以庭外和解而告终。

5.7.2 开源软件许可的法律关系

（1）开源软件的法律主体。

开源软件的法律主体包括源代码提供者、二次开发者、开源社区和用户。由于开源软件提供者允许在其源代码基础上进行二次开发，属于让渡

---

❶ 知名公司拿我的开源软件（XXL-JOB）申请国家知识专利，我该怎么办？[EB/OL]. (2017-06-19) [2020-10-22]. https://my.oschina.net/xuxueli/blog/918201.

著作权法中修改权的情形。二次开发后的代码因具有附加的创造性劳动，在不同的许可类型框架下，其署名权及财产权利的归属也将发生变化。例如，如果二次开发的软件中只要有一段代码适用了 GPL，那么整个软件也都必须适用 GPL 并开放源代码。

通过二次开发发布的代码仍然有可能被作为下次开发的基础源代码，因此，整个开源软件的开发过程构成了一条基于开源软件协议的许可链。该许可链之上可能附加多种开源许可类型，如果没有对修改权的默示许可，后续开发者需要逐一获得许可，其难度可想而知。

开源社区通常承载着开源软件发布和传播的功能。由于代码的提供者愿意在开源协议的范围内主动公开其源代码，因此通常著作权间接侵权的风险较低。对于用户而言，个人使用几乎不存在著作权风险，而商业使用则需要遵守许可协议。

（2）开源软件的法律客体。

开源软件的法律客体是以软件源代码为核心的一系列技术方案，对于不同的许可类型，还可能包括专利权和商标权。以国际知名开源社区平台 Github 为例，平台向开源软件供应商提供了许可选项，供其选择合适的许可协议，该协议直接针对的源代码即为其法律客体。

（3）许可双方的权利义务。

开源软件许可与非开源软件（如 Windows 等商业软件）许可之间具有本质区别，故许可双方的权利义务关系也有所不同。

非开源软件的许可通常涉及不作为义务，即不使用盗版、不破解软件等。非开源软件的许可只涉及使用权的许可，在购买正版软件的光盘或序列号获得许可之后，仅能获得该正版软件的使用权，不拥有软件著作权或代码的修改权❶。一般情况下，许可方不允许被许可方对软件进行任何形式的修改，即使免费非开源软件（例如 QQ 软件）也是如此，否则可能侵

---

❶ 《合同法》第 137 条：出卖具有知识产权的计算机软件等标的物的，除法律另有规定或者当事人另有约定的以外，该标的物的知识产权不属于买受人。

犯计算机软件作品的修改权或完整权❶，严重的甚至构成刑事犯罪❷。

开源软件的许可则更多侧重于作为义务，二次开发者需要按照许可的要求进行开源或署名。开源软件许可的目的是允许二次开发者在自己的源代码上二次开发，故通常不存在侵犯计算机软件作品的修改权或完整权的情形。在目前发生的为数不多的开源软件纠纷案件中，大多因为违反了开源许可协议的条款（违约纠纷），或者未按照开源许可的要求进行二次开源或署名，而由代码本身产生的争议并不大。

5.7.3 开源软件许可的常见误区

（1）误区一：开源软件是免费软件、自由软件。

开源软件、免费软件、自由软件是三个容易混淆的概念。在英文环境下免费软件和自由软件均是"Free Software"，而且开源软件通常以免费的形式提供，因此造成开源软件是免费软件的误区。事实上，三者是互有重合却相互独立的概念，见表5.3。

表5.3 开源软件、免费软件、自由软件的比较

类型	概念	实例
开源软件	开放源代码的软件	Android
免费软件	无偿获取并使用的软件	QQ
自由软件	自由使用、修改、发行、衍生的软件	MySQL

开源软件可以是收费软件，但销售时仍需要提供源代码。在没有限制使用的情况下，开源软件通常也是自由软件，但正如前文提到美国HashiCorp公司限制在中国境内使用、开发和部署，此时不再满足自由软件的条件。

免费软件也不一定是自由软件、开源软件，例如QQ等软件虽然免费，但不能自由修改或发行，其源代码也并不开放。同样，自由软件也不必然是免费软件。

---

❶ 北京市海淀区人民法院．（2006）海民初字第25301号［EB/OL］．（2011-03-22）[2020-12-01]．http：//www.law-lib.com/lw/lw_view.asp? no=13469.

❷ 深圳市中级人民法院．（2008）深中法刑二终字第415号［EB/OL］．（2018-01-04）[2020-12-01]．http：//www.110.com/ziliao/article-697226.html.

(2) 误区二：开源软件不受著作权法保护。

由于开源软件默许用户在其源代码上进行二次开发，且该领域的侵权案件较少，故形成了开源软件不受著作权法保护的误区。根据我国《著作权法》的规定，开源软件属于计算机软件作品，具有发表权、署名权等人身权利及财产权利，仅让渡了修改权从而默认授权他人修改源代码。

事实上，开源软件从未放弃著作权，例如 MIT 许可协议约定"在软件和软件的所有副本中都必须包含版权声明和本许可声明"，如果二次开发者未按许可协议进行开源或署名，原始代码的提供者仍然能够以违约或侵犯署名权为由进行维权。

5.7.4　限制许可声明的前沿问题

(1) 限制许可声明的含义。

限制许可声明是指开源软件提供商限制该软件的使用地区或附加其他使用条件。如前文所述，HashiCorp 公司在其用户协议中声明所谓"由于中国的出口管制禁止 HashiCorp 出售或以其他方式在中国境内使用 VAULT 企业版，因此，未经 HashiCorp 书面同意，不得在中国境内使用、部署和开发"，对 VAULT 企业版在中国境内的使用、部署和开发构成了限制许可。

在芯片等硬件领域，美国政府将华为等公司列入所谓"实体名单"，限制美国公司对其进行产品或技术输出。而此次 HashiCorp 公司限制许可的所谓声明，类似于软件领域的"实体清单"。由于这是开源软件生态圈中首次提出限制许可的声明，引起了对开源软件受限制的担忧。

(2) 限制许可声明的法律效力。

前文已经论证，开源许可协议本质上是软件源代码著作权的许可合同，许可方有选择是否进行许可的权利。以限制许可声明方式对被许可人的使用地域、使用方式加以限制，本质上属于附条件的许可合同，虽然其价值观与开源社区相左，但在法律层面通常具有效力。

2016 年 7 月 Facebook 修改了 React 开源软件的许可协议，声明"任何人不能将 React 用于与 Facebook 及其合作公司有直接或间接竞争关系的项目中，否则 Facebook 公司自动取消其使用许可"。这使得开源许可协议成了"附解除条件"的合同。而后 2017 年 7 月，Apache 基金会把 Facebook BSD + Patents 加入了黑名单，并从开源项目中移除，也仅是在开源社区平台中给予了回应。

但此次 HashiCorp 的限制许可声明与先前 React 存在不同的情形，其理由是"中国的出口管制"，由于 VAULT 企业版是私密信息管理工具，在中国不断加大数据出境监管的大背景下，可能存在数据合规方面的不当操作，如果确因存在违反中国相关法律而限制在中国销售，则其主观上或许存在规避法律风险的考量。从这个角度来看，实践中的数据监管与知识产权均应当予以考虑。

(3) 开源软件限制许可的法律风险。

VAULT 企业版的限制许可声明是独立事件还是为未来开源软件限制许可进行试探，目前尚不得而知。但笔者通过调研了解到，如果开源软件许可受到限制，鉴于其已经建立了完善的软件生态圈，在短时间内很难找到替代的方案。因此，有必要对开源软件限制许可的法律风险加以预判。

首先，开源软件生态圈下的基础源代码许可，类似于技术标准下的必要专利许可，但缺乏后者 FRAND（Fair, Reasonable, and Non‐discriminatory，公平、合理和无歧视）原则的支撑。在标准必要专利许可的框架下，专利权人必须以"公平、合理、无歧视"的方式对技术标准的使用人许可其专利权，这已经在世界范围内达成共识。但是，用户基于开源软件生态圈进行二次开发，却未有类似之规则，如果基础源代码的提供者拒绝对某地区的用户进行许可，只能理解为不愿与之达成许可合同的行为，法律、行政法规、行业惯例尚没有强制许可的规则或先例。

其次，开源软件的源代码虽然是一种技术方案，但是具有软件著作权，在著作权体系之下缺乏强制许可规则。我国《专利法》规定了强制许可制度，尽管该制度自建立以来从未付诸实践，但也为技术方案的强制许可留下了法律上的可能性。计算机软件作为受《著作权法》保护的对象，并没有强制许可的法律依据，不能以行政力量强加授权。

最后，开源软件著作权保护期长达 50 年❶，保护期届满后该软件几乎毫无价值。由于软件技术迭代很快，等到开源软件的著作权保护期届满后再使用相关代码，虽然没有著作权风险，但此时软件的技术水平已经完全落后，不具有使用价值。

（4）限制许可声明是否妨碍技术进步。

技术许可合同属于技术合同的一种类型。我国《合同法》规定妨碍技术进步的技术合同无效❷，《最高人民法院关于审理技术合同纠纷案件适用法律若干问题的解释》给出了具体的情形❸，包括"限制当事人一方在合同标的技术基础上进行新的研究开发"等。但是，限制许可声明与司法解释中所列出的情形并不完全一致，我国目前援引该条款进行审判的案例也均不涉及软件领域，更没有开源软件妨碍技术进步的先例。

从技术发展的历史来看，开源软件不仅没有妨碍技术进步，反而极大地促进了技术进步。对于垄断技术方案、将开源技术方案申请为软件专利等行为，虽然遭到了开源软件社区程序员的一致排斥，但却鲜有诉讼案例发生。从这个意义上看，限制许可声明也许会因为开源社区的反对而被撤下，但却很难以"妨碍技术进步"为由判决该声明无效。

---

❶ 《计算机软件保护条例》第 14 条第 3 款："法人或者其他组织的软件著作权，保护期为 50 年，截止于软件首次发表后第 50 年的 12 月 31 日，但软件自开发完成之日起 50 年内未发表的，本条例不再保护。"

❷ 《合同法》第 329 条："非法垄断技术、妨碍技术进步或者侵害他人技术成果的技术合同无效。"

❸ 《最高人民法院关于审理技术合同纠纷案件适用法律若干问题的解释》第 10 条：下列情形，属于合同法第三百二十九条所称的"非法垄断技术、妨碍技术进步"：

（一）限制当事人一方在合同标的技术基础上进行新的研究开发或者限制其使用所改进的技术，或者双方交换改进技术的条件不对等，包括要求一方将其自行改进的技术无偿提供给对方、非互惠性转让给对方、无偿独占或者共享该改进技术的知识产权；

（二）限制当事人一方从其他来源获得与技术提供方类似技术或者与其竞争的技术；

（三）阻碍当事人一方根据市场需求，按照合理方式充分实施合同标的技术，包括明显不合理地限制技术接受方实施合同标的技术生产产品或者提供服务的数量、品种、价格、销售渠道和出口市场；

（四）要求技术接受方接受并非实施技术必不可少的附带条件，包括购买非必需的技术、原材料、产品、设备、服务以及接收非必需的人员等；

（五）不合理地限制技术接受方购买原材料、零部件、产品或者设备等的渠道或者来源；

（六）禁止技术接受方对合同标的技术知识产权的有效性提出异议或者对提出异议附加条件。

（5）限制许可声明是否构成技术垄断。

"反垄断法"在欧盟通常称为"竞争法"（Competition Law），在德国称为"反对限制竞争法"（Gesetzgegen Wettbewerbsbeschränkungen），在美国称为"反托拉斯法"（Antitrust Law）。我国《反垄断法》第13条规定"禁止具有竞争关系的经营者达成下列垄断协议：……（6）限制购买新技术、新设备或者限制开发新技术、新产品"。

对于非开源软件而言，由于其衍生版本较少（例如Windows操作系统），用户的选择面更窄，更难找到替代产品。而对于开源软件而言，大量二次开发使得其衍生版本更多，用户的选择面更宽，找到替代产品较为容易。因此，如果软件公司先做出了非开源软件的限制许可声明，但没有被认定为技术垄断，那么借鉴"举重以明轻"的推理方式，将来再做出开源软件的限制许可声明，也不应当认定为技术垄断。从这个意义上讲，应当慎重对待HashiCorp限制VAULT企业版在中国境内使用的事件，并跟踪事件的进展方向。

从历史反垄断调查的对象来看，全球范围内的反垄断调查所涉及的公司均为大型公司，例如谷歌、微软、高通等，尽管HashiCorp公司的开源软件被广泛使用，但几乎不可能被认定为技术垄断。

（7）限制许可声明是否违背国民待遇原则。

有观点认为HashiCorp公司限制部分软件在中国境内的许可，违背了WTO的基本原则之一的国民待遇原则，笔者认为该观点是值得商榷的。

首先，国民待遇原则主要是指WTO成员的商品或服务进入另一成员领土后，应该享受与该国的商品或服务相同的待遇。目前的情形则与之相反，是WTO成员的公司主动限制自己的商品或服务进入另一成员，在场景上便无法适用该原则。

其次，国民待遇原则主要是为了约束立法或行政部门，即不得出台对他国产品或服务歧视对待的法律规则。此次HashiCorp公司限制许可的行为属于公司行为，目前尚未有证据表明其背后有政府部门的干预。

同理分析可知，限制许可声明也不违背最惠国待遇原则，除非该声明属于限制进口的情形且由一国政府做出。

(8) 限制许可声明背后的数据监管。

对于软件的限制许可声明，从表面上看是计算机软件著作权的许可问题，但结合 HashiCorp 的声明可以看出其背后可能涉及数据安全审查的问题。

此次限制许可的 VAULT 企业版是一款私密信息管理工具，HashiCorp 在其许可协议中写到限制中国境内使用的原因是"由于中国的出口管制"，如果要在中国境内使用，则必须符合中国信息安全方面的法律法规，如果要将所产生的数据出口到境外，则需要经过审查等程序。

我国《网络安全法》已经明确了数据采集❶、境内存储❷等规则，苹果公司将面向中国用户的 iCloud 服务器从境外迁移到贵州，其原因之一也是为了符合我国《网络安全法》对数据存储的要求。

2020 年 4 月 13 日，国家互联网信息办公室等十二个部门❸联合制定了《网络安全审查办法》，自 2020 年 6 月 1 日起实施，规定"关键信息基础设施运营者采购网络产品和服务，影响或可能影响国家安全的，应当按照本办法进行网络安全审查"。其中"大型数据库和应用软件"属于"网络产品和服务"的范畴❹。

网络安全审查重点评估采购网络产品和服务可能带来的国家安全风险，其中就包括"供应渠道的可靠性以及因为政治、外交、贸易等因素导致供应中断的风险"。在当前中美贸易争端尚未平息的阶段，VAULT 企业

---

❶ 《网络安全法》第 41 条："网络运营者收集、使用个人信息，应当遵循合法、正当、必要的原则，公开收集、使用规则，明示收集、使用信息的目的、方式和范围，并经被收集者同意。网络运营者不得收集与其提供的服务无关的个人信息，不得违反法律、行政法规的规定和双方的约定收集、使用个人信息，并应当依照法律、行政法规的规定和与用户的约定，处理其保存的个人信息。"

❷ 《网络安全法》第 37 条："关键信息基础设施的运营者在中华人民共和国境内运营中收集和产生的个人信息和重要数据应当在境内存储。因业务需要，确需向境外提供的，应当按照国家网信部门会同国务院有关部门制定的办法进行安全评估；法律、行政法规另有规定的，依照其规定。"

❸ 十二个部门为：国家互联网信息办公室、国家发展和改革委员会、工业和信息化部、公安部、国家安全部、财政部、商务部、中国人民银行、国家市场监督管理总局、国家广播电视总局、国家保密局、国家密码管理局。

❹ 《网络安全审查办法》第 20 条第 2 款："本办法所称网络产品和服务主要指核心网络设备、高性能计算机和服务器、大容量存储设备、大型数据库和应用软件、网络安全设备、云计算服务，以及其他对关键信息基础设施安全有重要影响的网络产品和服务。"

版很可能落入审查范围。

在具体实施层面，2020年4月28日，国家市场监督管理总局、国家标准化管理委员会发布的中华人民共和国国家标准公告（2020年第8号），全国信息安全标准化技术委员会归口的GB/T 20281—2020《信息安全技术－防火墙安全技术要求和测试评价方法》等26项国家标准正式发布，包括《信息安全技术——网络安全等级保护定级指南》《信息安全技术——网络安全产品类别与代码》等文件，不断明确了数据审查的具体标准。

在数据安全、数据出境审查标准不断提高的趋势下，违反相关规则甚至可能面临行政处罚和刑事诉讼，未来数据监管将成为开源软件公司在是否进行版权许可时重点考虑的因素之一，甚至采用以限制软件著作权许可降低数据监管法律风险的行为。

5.7.5 企业使用开源软件的风险及其防控

基于前文对开源软件法律特征、法律关系、常见误区、前沿问题的研究，对于企业而言使用开源软件应当注意做好相关的知识产权风险防范工作。

第一，使用开源软件需要同时做好知识产权和数据安全相关法律法规的合规审查。从私权角度来看，开源软件的使用、许可、开发、部署等行为均需要在许可协议所约定的范围之内；从公权角度来看，涉及信息安全、数据存储、数据出境等相关场景时，需要符合我国《网络安全法》《网络安全审查办法》等法律法规。随着我国网络安全、网络监管、数据出境审查的严格化，国外开源软件进入我国市场面临着更多的法律约束，建议企业内部也建立数据安全合规审查与知识产权合规审查的联动机制。

第二，在不妨碍技术进步、不构成技术垄断的情况下，"限制许可声明"具有有效性，继续使用需要承担一定的被诉侵权风险。由于限制许可声明这一情形并不多见，目前尚未有案例证据表明此类声明妨碍技术进步或构成技术垄断，且开源软件享有著作权保护，因此，在限制许可声明之下继续使用相关软件，存在一定的法律风险。另外，大多数开源软件协议中约定了解决纠纷适用美国法律、由美国法院管辖，一旦产生纠纷，我国企业将面临不利的局面。

第三，从技术共识层面建立国内外开源生态圈的连接。正如前文提到，开源软件生态圈具有较高的自律性，技术人员对开源理念的信仰往往比法律的强制措施更能促进产业的发展。如果能够在技术共识层面在源头上杜绝限制许可事件的发生，则是最优的解决方案。